지리언어학의 동향과 활용

지리언어학의 동향과 활용

김 덕 호 편역저

도서출판 역락

개별 단어의 변화사에 치중한 원자론적 연구에 관심을 보였던 小倉進平(1944)과 河野六郎(1945) 이래 국어 방언 연구사에서 공통적으로 발견되는 문제점은 방언학의 본령에 해당되는 언어지리학적 비교 연구가 전제되지 않은 기술적인 방언 연구가 주류를 이루어 왔다는 사실이다. 이러한 문제점을 인식하여 방언학의 본령으로 돌아가자는 지적은 오래 전부터 있었다. 그렇지만 방언 연구의 본령이라는 언어지리학적 연구는 어떤 다른 기술적인 연구보다 훨씬 더 많은 노력과 시간과 정력을 쏟아야만 하고, 애쓴 만큼의 결과를 얻을 수 있다는 보장도 없을 뿐더러 관심을 가진다고 하더라도 방법론이 부족하여 시행착오를 겪어야 하는 어려움 때문에 선뜻 나서기가 힘든 분야라고 생각된다. 다시 말하자면 언어지리학(Linguistics of Geography)은 용어 자체가 언어학의 한 분야라고 생각되기보다는 지리학의 한 분야에 해당되는 것처럼 생각되고 있으며, 또한 현상 분석을 위한 특별한 방법론도 개발된 적도 없으며, 심지어 이 연구의 출발점에 해당되는 방언 자료의 처리와 정리에 대한 논의나 이를 이용한 언어지도의 제작 방법에 대한 연구도 부족하여 지리언어학적 연구를 꿈꾸는 일조차 어려웠다.

20세기 후반에 들어 방언의 분포를 확인하는 작업이 방언학 분야에서 중요한 연구 과정 중의 하나라는 인식이 확산되면서 이에 대한 여러 가지 시도가 이루어졌다. 특히 우리나라에서도 1990년대 후반에 들어서면서 언어지도를 제작하는 방법론에 대한 논의가 많이 있었다. 그런데 언어지도를 연구 목적에 맞게 그리는 것도 중요하지만 이를 이용하여 언어 현상을 설명하는 방법론에 대한 연구도 필요하다는 주장들이 나타났다. 그렇다면 언어지도의 제작과 이를 활용하는 방법론은 어느 정도까지 진행되고 있는지 알아볼 필요가 있다.

이 책은 세계 각국의 언어지도 제작 상황과 이를 활용하는 방법론의 최근 연구 동향을 소개하는 데 그 목적이 있다. 2007년 8월 일본 국립국어연구소는 일본 도쿄에서 제14회 국제 학술 심포지엄을 개최하였다. 주제는 '세계의 언어지리학(世界の 言語地理學, Geolinguistics around the World)'으로 각국의 언어지도 제작 상황과 이를 활용하는 방법론을 소개하였다. 일본, 한국, 독일, 영국, 오스트리아, 스페인 등에서 온 발제자들은 언어지도를 제작할 수 있는 프로그램을 개발하여 언어지도를 제작하는 한편 언어 현상을 설명하는 방법론을 개발하여 언어 현상을 지리언어학적 관점에서 연구하고 있는 학자들이다.

8월 22일과 23일 이틀 동안 진행된 심포지엄에서 세계 언어지리학(지리언어학)의 최근 연구 동향을 확인할 수 있었다.

첫째 날의 주제는 '각 지역의 언어지도 작성 상황(各地の言語地圖作成狀況, Current Trends in Geolinguistics around the World)'으로 세계 각국에서 언어지도를 제작하는 최근 동향을 확인할 수 있었다. 둘째 날의 주제는 '언어지도의 활용 방법(言語地圖の活用方法, Application Techniques of Linguistic Atlas)'으로 언어지도를 적용하여 언어현상을 해석하는 방법에 대해 소개하였다. 2007년 심포지엄에 참가하여 직접 들었던 내용을 요약하여 2008년에 소논문으로 소개한 적이 있으나, 요약한 내용이라 발표자의 생각을 제대로 전달하지 못한 아쉬움이 있었다. 그래서 이번에는 발표집의 전체 내용을 한국어로 소개하기로 결정하고 작업을 하였다. 발표자의 의중을 되도록 살리자는 의도로 번역하다 보니 다소 연결이 고르지 못한 부분도 있지만, 전체 내용을 전달하는 데는 크게 문제가 되지 않을 것이라 믿는다.

이 책에서 소개한 논문의 집필자는 다음과 같다. 일본 국립국어연구소 연구개발 부문 주임 연구원으로 있는 오니시 타쿠이치로(大西拓一郎) 선생과 일본 가나자와 대학(金澤大學) 문학부에 재직하고 있는 레이 이와타(岩田礼) 교수, 일본 오사카 대학교(大阪大學校) 대학원 문학연구과에 교수로 재직하고 있는 사나다 신지(眞田信治) 선생, 독일 마아부르그 연구소 소속인 요하킴 헤르겐(Joachim Herrgen) 교수, 독일의 밤베르크 대학교 수석 전임강사인 하인리히 라미쉬(Heinrich Ramisch) 교수, 스페인 바르셀로나 대학교의 마리아 필라 페리(Maria-Pilar Perea) 교수, 그리고 오스트리아 잘츠부르크(Salzburg) 대학교 로망스어 문헌학부에 재직하고 있는 한스 괴블(Hans Goebl) 교수이다.

2007년 동경 발표집을 한국어로 소개하겠다고 메일을 보냈을 때 기꺼이 허락해주시고, 좀 더 좋은 그림 자료를 보내주신 분들께 이 자리를 빌려 감사드린다.

　이 번역서는 필자가 스스로 공부하기 위해서 번역을 시작한 것이다. 또한 1부 세 편의 논문은 필자의 졸고로 이 책을 이해하는 데 도움이 될 수 있다고 생각하여 싣기로 결정했다. 앞으로 이 분야에 관심이 있는 분들은 물론 좋은 의견을 가진 분들의 탁견이 계속해서 기술되기를 바란다.

2009년 8월

김 덕 호

차례

언어지도와 지리언어학

언어지도 유형과 제작 기법

김 덕 호

1. 들어가기

언어 현상의 지리적 분포를 밝혀내고, 그로써 크고 작은 방언 경계를 찾아내어서 그 경계들이 왜 생겨났으며 또 그것이 역사적으로 어떤 의미를 갖는지를 밝히는 일들은 방언 연구자들의 본연의 과제이다(이익섭, 1978). 이러한 지적에서도 알 수 있듯이 방언학이나 언어지리학에서는 수집된 방언 데이터를 이용해서 무엇보다도 먼저 언어지도로 만드는 작업을 일차적으로 수행해야 한다고 생각한다. 왜냐하면 언어 지도 제작은 언어 현상을 해석하기 위해 필요한 선행 작업이기 때문이다.

본연적인 언어지도는 1881년 벤커(G. Wenker)의 『독일제국의 언어지도』에서 비롯되었다. 하지만 그러한 업적에도 불구하고, 방언학 발전에 새로운 장을 연 사람은 스위스 태생의 언어학자 질리에롱(J. Gillieron)이다.

흔히 언어지리학(言語地理學)의 창시자로 불리는 질리에롱은 1902년부터 1910년 사이에 『불란서 언어지도(Atlas linguistique de la France, ALF)』를 완성하였다. 이러한 업적은 여러 나라의 언어학자와 방언학자들에게 자극을 주어 자국의 언어 분포를 연구하게 만들었고, 그러한 일련의 연구 과정에서 언어지도를 만들도록 하는 시금석이 되었다. 그러므로 그의 업적은 방언학 연구 분야에 새로운 패러다임을 부여한 것으로 평가된다.

이러한 금자탑을 수립한 지 100여 년을 맞이하는 지금, 언어지도의 유형도 다양해졌고, 제작 방법도 많이 발전해 왔다. 초기의 수작업 제작에서부터 최근 컴퓨터를 활용하여 제작하는 단계로까지 발전하였다. 또한 멀티미디어(음성) 언어지도를 만들어 내는가 하면, 지리정보시스템(GIS)을 활용하여 언어지도를 제작하는 방법까지 개발하여 언어지리학 연구의 새로운 전기를 맞이하고 있다.

본고에서는 언어지도의 유형을 몇 가지로 분류해보고, 그 유형이 적용된 언어지도의 활용도와 장단점에 대하여 알아보고자 한다. 또한 언어지도 제작 기법의 변천 과정을 알아 보고, 최신의 기법인 컴퓨터를 활용한 언어지도 제작 과정을 알아보겠다. 특히 현재로는 가장 발전된 기법으로 판단되는 음성 언어지도와 지리정보시스템(GIS)을 이용한 언어지도에 대하여 소개하면서, 이러한 최첨단 언어지도가 가지는 의미와 활용 가능성에 대한 전망을 살펴보기로 하겠다.

2. 언어지도의 유형

언어지도(言語地圖, Linguistic map)란 어떤 언어 현상의 여러 방언형의 지리적인 분포를 한눈에 알아 볼 수 있도록 지도 형식을 빌려 나타낸 것을 말한다. 이렇게 제작된 여러 장의 지도를 한데 묶은 것을 언어지도첩(linguistic atlas)이라고 한다. 수집된 방언 자료는 그 목적에 따라 여러 방면으로 이용할 수 있으나 전통적인 언어지리학에서는 그것을 토대로 언어지도(言語地圖)를 제작하는 것을 일차적인 과제로 삼았다. 이익섭(1984 : 109)은 어떤 나라가 방언 연구에 있어 다른 나라보다 앞서 있다는 것은 결국 남보다 먼저 훌륭한 언어지도를 만들었다는 것으로 귀결된다고 하면서 방언 연구에 있어 언어지도가 차지하는 중요성을 지적한 바 있다.

언어지도를 작성하기 위해서는 대상 지역의 언어적 특징을 잘 반영하고 있는 조사 지점을 선정해야 하고, 다양한 언어 현상을 파악할 수 있는 방언 자료들을 수집해야 한다. 또한 해당 지역의 지리적 특징을 담고 있는 바탕 지도와 조사된 방언 자료를 명시적으로 표현할 수 있는 다양한 기호들을 마련하여야 한다. 다음으로 이것을 언어지도의 해당 지점에 효과적으로 표현해야 한다.

이러한 언어지도는 방언 자료를 도면에 기입하는 방식에 따라 몇 가지로 나누어 생각할 수 있다. 이중 한 분류법은 진열 지도(display map)와 해석 지도(interpretive map)로 나누는 방식이 있다.[1]

그리고 원자료(raw data)를 언어지도를 만드는 과정에서도 정질적 지도 제작 방법(qualitative mapping techniques)에 의한 것인지, 정량적 지도 제작 방법(quantitative mapping techniques)에 의한 것인지에 따라 차이가 난다.[2]

---

1) 자료 표현 방식상의 분류는 이익섭(1984 : 110)의 기준을 근거로 하였다.
2) 제작 방법상의 분류는 기본적으로 방언학 사전(2001 : 329)을 근거로 하였다. 그리고 참고문헌에 명시되지 않은 언어지도는 방언학 사전의 자료를 재인용한 것임을 밝혀 둔다.

자료 표현방식 ＼ 제작방법	정질적 지도 제작 방법 (qualitative mapping techniques)	정량적 지도 제작 방법 (quantitative mapping techniques)
진열 지도 (display map)	• 어형 표시 지점 지도 (text style locality map) • 기호 표시 지점 지도 (symbol style locality map)	• 어형 / 기호 표시 지도 (text and symbol map) • 차트 / 격자-매트릭스 표시 지도 (Chart and Grid-Matrix map)
해석 지도 (interpretive map)	• 어형 표시 지역 지도 (text style area map) • 기호 표시 지역 지도 (symbol style area map) • 등어선 지도(isogloss map) • 구조적 / 체계적 지도 (structural / systematic map)	• 등어선 지도(isogloss map) • 분할 지도(participation map) • 언어적 거리 지도 (linguistic distance map) • 이차원과 다차원 척도 지도 (dual dimensional & milti-dimentional scaling map)

1) 진열 지도

진열 지도(display map)는 기초 지도(basic map), 직접 지도(direct map), 원
자료 지도(raw-data map), 지점 지도(locality map), 미해석 지도(uninterpreted
map), 기록 지도(documentary map)라고도 한다. 이 지도는 도면 위에 직접
방언형이나 방언형에 따른 다른 상징부호를 표시하는 방식으로 방언형
의 지역적 분포를 드러내는 데 주목적이 있다.

(1) 정질적 지도(qualitative map)

① 어형 표시 지점 지도(text style locality map)

단어 지도, 음성형 기호 지도라고도 한다([지도 1], [지도 2]).3) 이러한 지

---

3) [지도 2]의 경우는 진열 지도의 어형 표시 지점 지도이면서 해석 지도의 어형 표시

도는 도면 위에 직접 방언형을 기입하는 방식으로 지역에 따른 방언형 확인이 용이하기는 하나, 방언형의 지역적 분포상을 정밀하게 확인하기에는 불리한 언어지도가 될 수 있다.

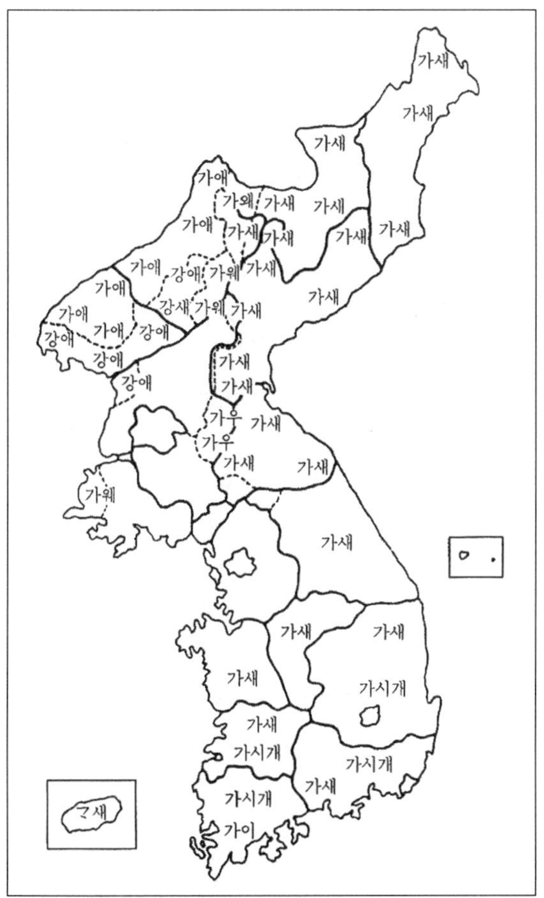

[지도 1] '가위'의 방언 지도(김병제, 1988 : 241)

지역 지도이기도 하다. IPA(국제음성기호)로 어형 표시가 되어 있기 때문에 그 예를 삼은 것이다.

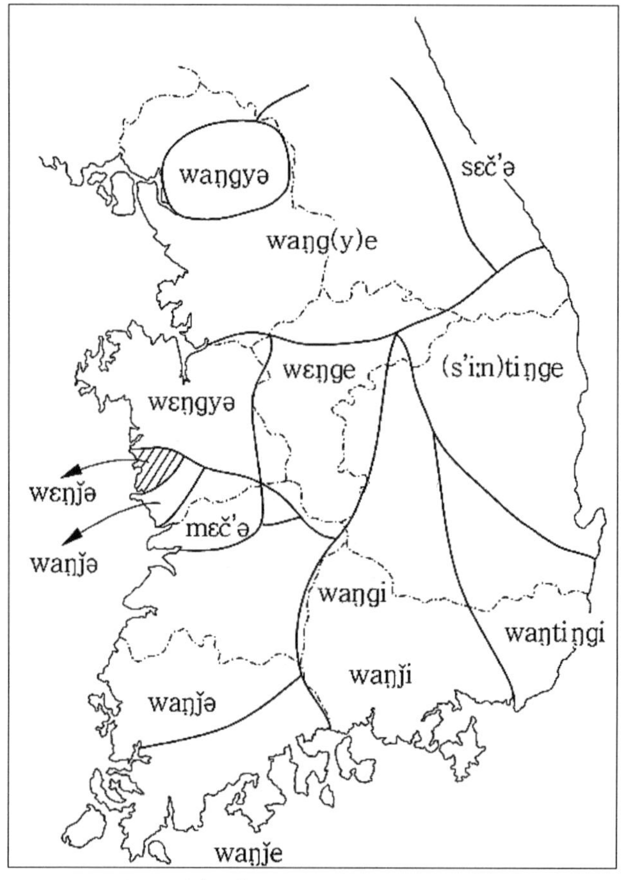

[지도 2] '왕겨'의 방언 분화(곽충구, 1982 : 3)

② 기호 표시 지점 지도(symbol style locality map)

도안형 지도, 상징 부호 지도라고도 한다([지도 3], [지도 4], [지도 5], [지도 6]). 이러한 지도는 방언형을 상징부호로 바꾸어서 도면상에 나타내기 때문에 전체를 한꺼번에 조감하기가 쉽다. 그리고 방언형의 위치나 분포상을 한눈에 확인할 수 있는 장점이 있다. 그러나 상징부호에 해당하는

방언형을 다시 확인해야 하는 번거로움이 있기 때문에 단번에 언어지도
를 해독하기가 쉽지 않다. 지금까지 나온 대부분의 진열 지도는 이러한
형식으로 표현되었다.

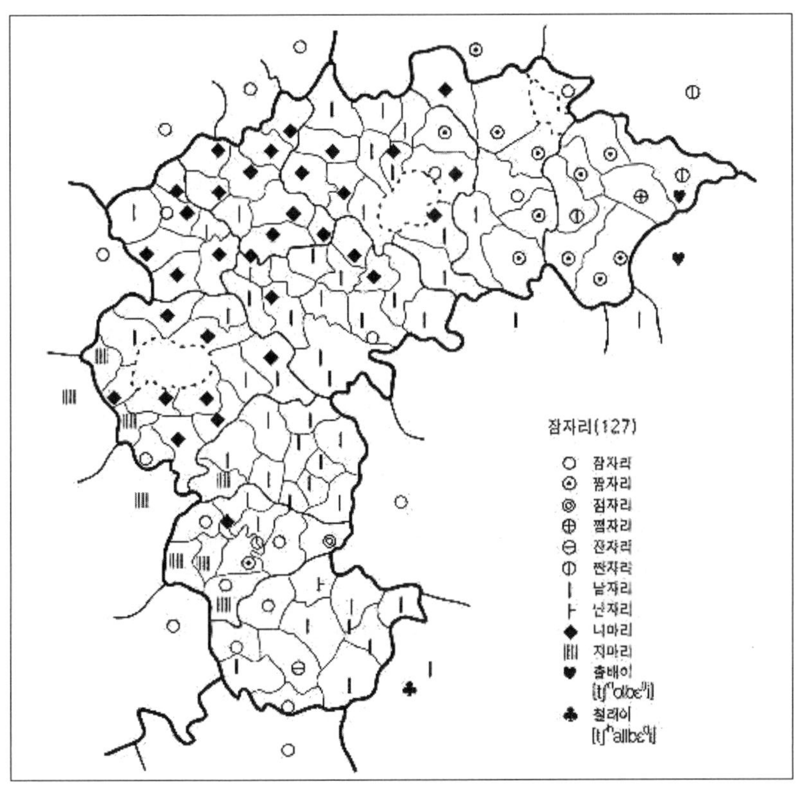

[지도 3] 상징기호 표시 지도(김충회, 1992)

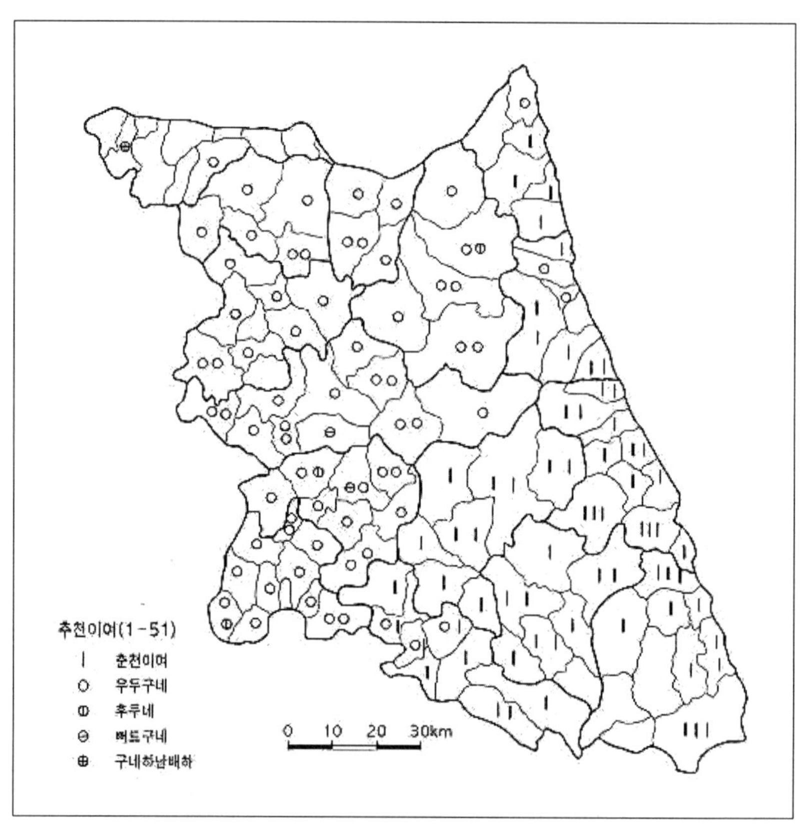

[지도 4] 상징기호 표시 지도(이익섭, 1984)

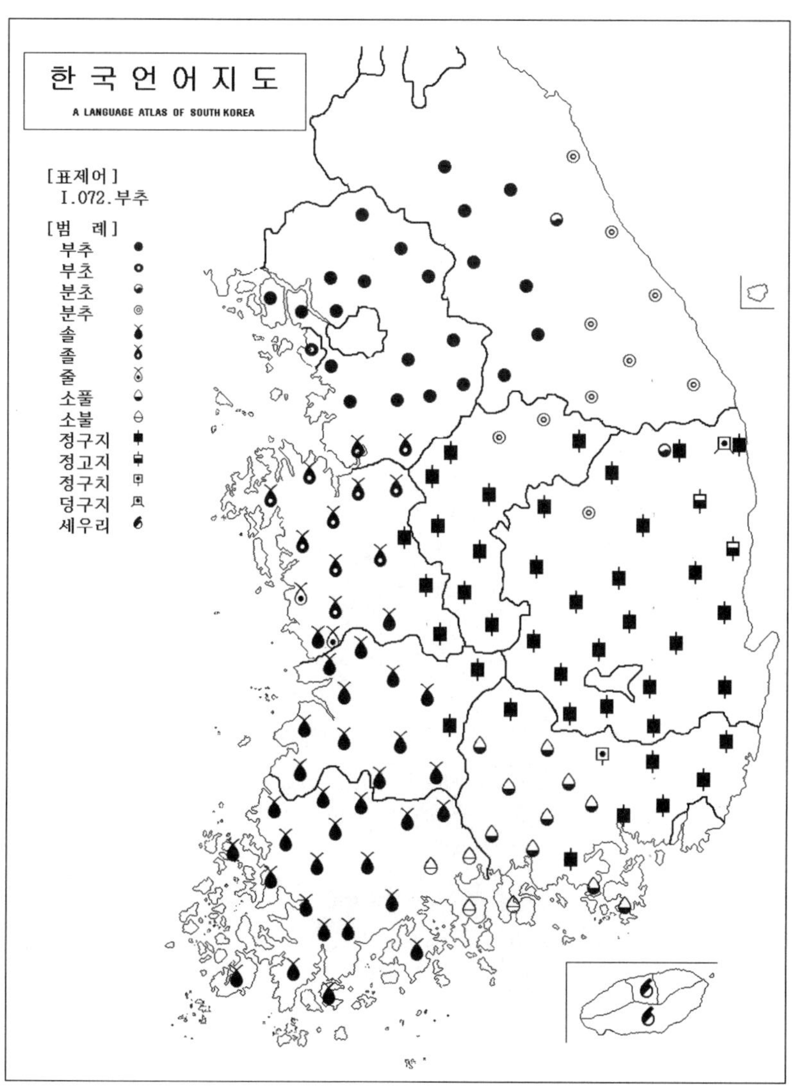

[지도 5] MapMaker 상징부호지도(이상규, 2005)

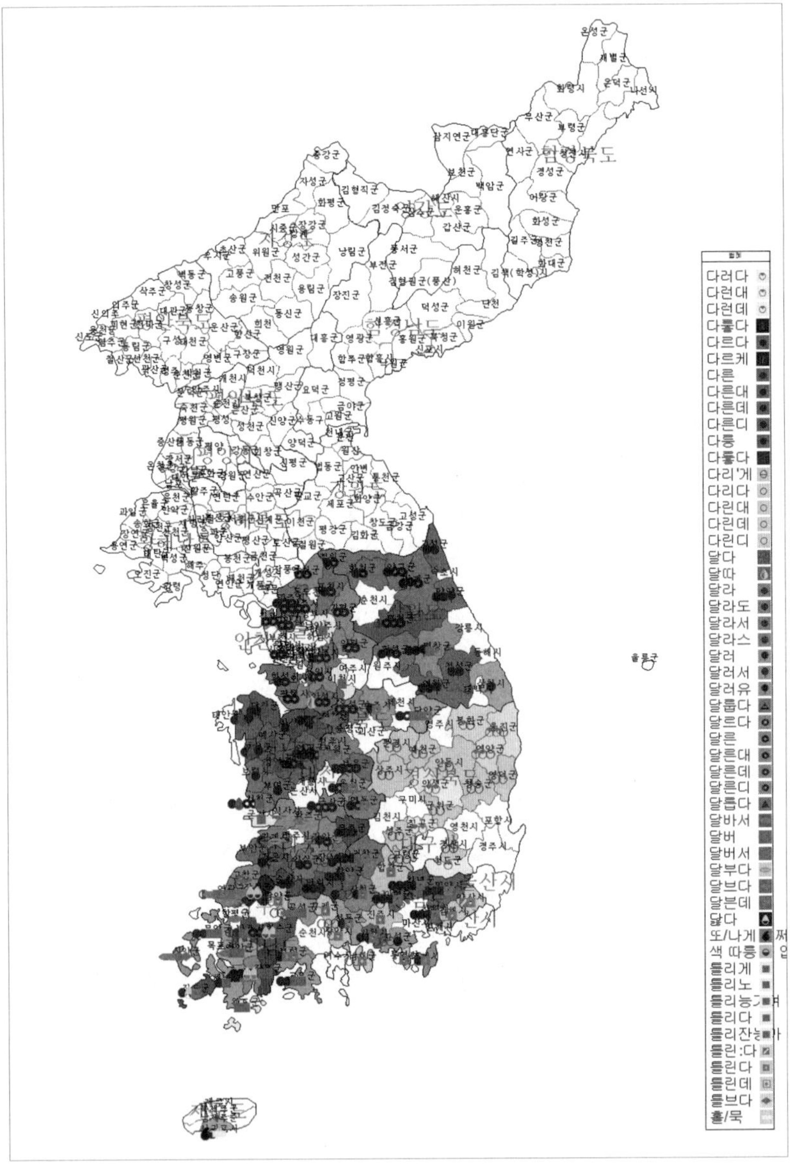

[지도 6] 디지털 언어지도(상징지도＋해석지도)(국립국어원, 2009)

(2) 정량적 지도(quantitative map)

① 어형 / 기호 표시 지도(text and symbol map)

숫자 표시 및 어형 분포의 크기로 정보를 제공하는 지도이다. 숫자 정보(numerical information)나 통계 자료의 값(量, quantity)을 도면상에 나타내기 때문에 특정 지역의 언어 구조(자질) 양상이나 출현 빈도 등을 쉽게 파악할 수 있다. 그래서 특정 목적에 따른 언어지도 해석이 바로 이루어질 수 있다. [지도 7]은 지역을 정방형이나 다변형으로 구역화하여 조사어형의 출현 빈도를 표시한 지도이다. [지도 8]은 제시된 원의 크기에 따라서 통계자료 값(量, quantity)의 차이를 표시한 것이다.

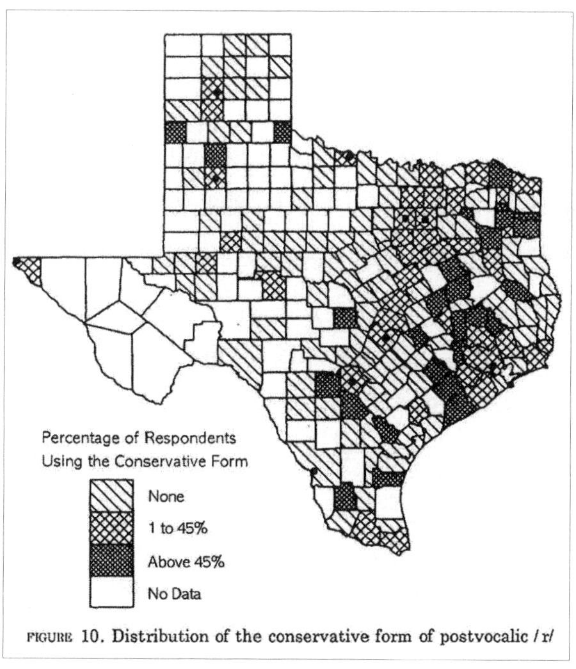

FIGURE 10. Distribution of the conservative form of postvocalic /r/

[지도 7] 미국의 언어지도(Bailey et al, 1992 : 255)

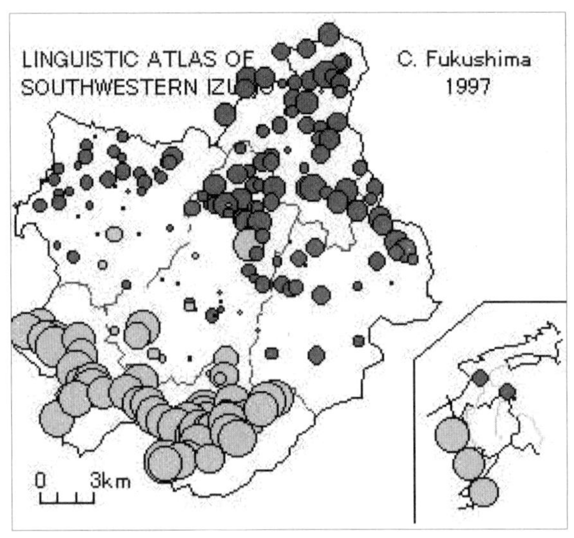

[지도 8] SEAL언어지도(Fukushima, 1997)

② 차트 / 격자-매트릭스 표시 지도(Chart and Grid-Matrix map)

파이형 차트 표시 및 격자 형 매트릭스로 해당 지역의 발화 양에 대한 정보를 제공하는 지도이다. [지도 9]는 해당 지역에서 특정 음운들이 출현하는 빈도를 파이 차트로 표시한 지도로 세대별, 계층별 특정 음의 발화 정도(量, quantity)를 비교할 수 있다, 하지만 정확하게 산출된 통계치를 제시해야만 더욱 쓸모 있는 자료가 될 수 있다. [지도 10]은 격자나 조사 지점의 매트릭스를 이용하여 도면상에 숫자 정보를 기입한 지도이다. 이러한 언어지도는 지도로서의 외적 표현보다는 지점별 정보를 제공하는 데 주안점을 두고 있다.

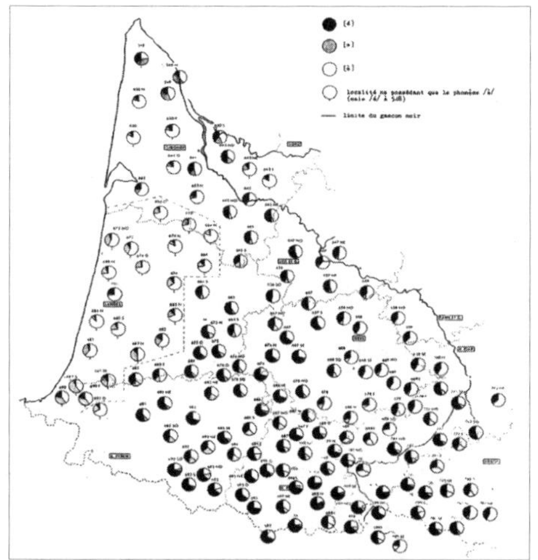

[지도 9] 프랑스 가스코뉴 지방 파이-차트형
[e]음 사용률 지도(Francis, 1983 : 130)

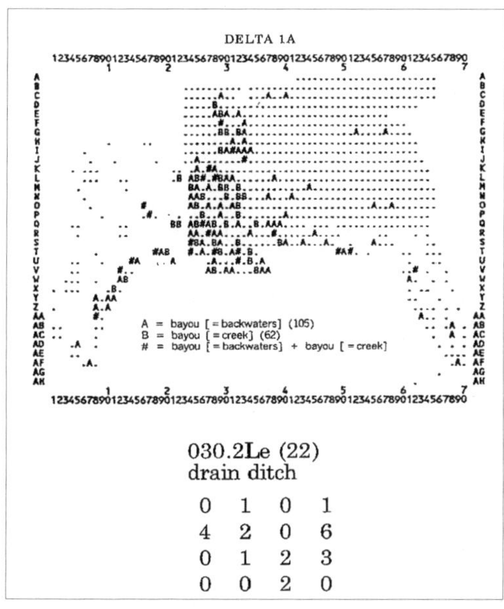

[지도 10] 격자형 매트릭스 지도(Grid-Matrix map)
(Asher et al.(eds), 1994 : 2366-7)

2) 해석 지도

해석 지도(interpretive map)는 지역 지도(area map), 분석 지도(analyzed map), 해석된 지도(interpreted map), 예언 지도(predicting map)라고도 한다. 이러한 지도는 방언형이나 상징부호를 해당 지점에 일일이 기입하는 진열 지도와는 달리, 방언 구획을 한 다음 그 구획된 양상을 도면 위에 나타내는 더 단순화되고 일반화된 언어지도이다. 진열 지도처럼 보여주기 식 지도가 아니라 해석과 분석이 동반된 지도로, 방언 구획을 한눈에 볼 수 있다는 장점이 있다. 그러나 분포상이 복잡한 경우—예를 들어, 핵 방언지역(core area) 가까이에서 특이한 방언형이 나타나는 경우—에는 이를 무시해야 하거나, 동일한 방언형을 쓰는 지점들 사이의 미조사지점은 결국 그 방언형을 쓸 것이라는 해석을 해야 하기 때문에 합리적이지 못하다.

(1) 정질적 지도(qualitative map)

① 어형 표시 지역 지도(text style area map)

어형을 직접 지도에 표시하되 연속된 지역의 동일한 방언형은 한 선으로 묶고 하나의 방언형만 표시한다. [지도 11]은 두 개의 대립적인 어형 −S− 실현 지역과 −Z− 실현 지역을 기준으로 방언 구획을 한 지도이다. 앞에서 제시한 [지도 2]도 이에 속한다.

② 기호 표시 지역 지도(symbol style area map)−분포 지도

일명 분포 지도라고도 하는데, 해당 어형들을 색깔이나 빗금과 같은 기호로 표시하는 지도이다. [지도 12]는 빗금으로 된 기호로 그 분포를 표시한 지도이다. 이러한 지도는 빗금이나 색깔로 된 몇 가지 기호를 중

복시킬 수 있기 때문에 복잡한 분포나 체계를 나타내는 데 유용하다. 하지만 중복된 지역이 너무 많은 경우 분석하기 어렵다는 단점도 있다.

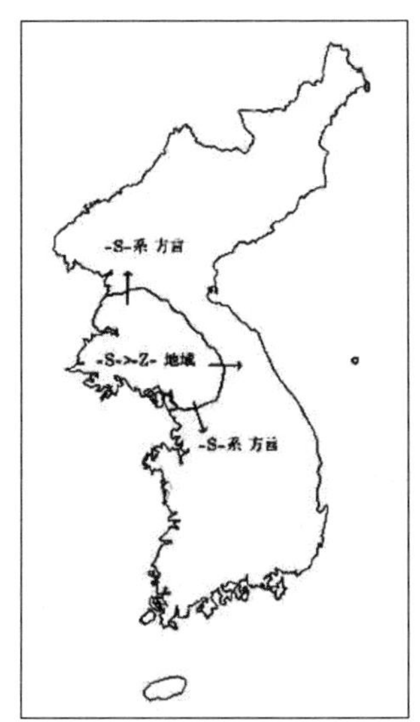

[지도 11] 어형 표시 지역 지도
(이숭녕, 1967 : 357)

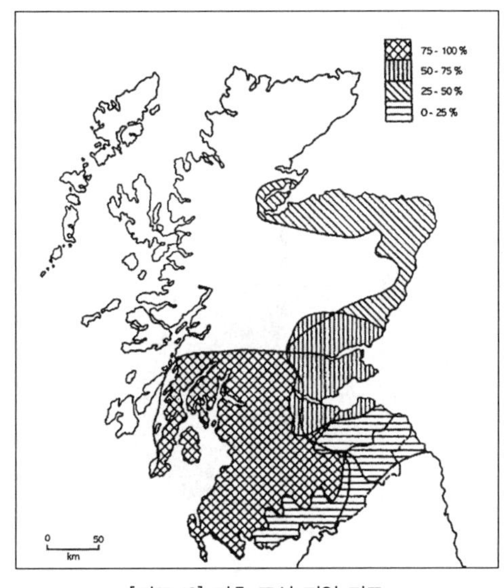

[지도 12] 기호 표시 지역 지도
(Macaulay, 1985 : 172)

③ 등어선 지도(line map or isogloss map)

어형들 중 구획이 되는 지점에 동일하게 나타난 어형을 연결함으로써 얻어지는 선으로 지역을 구분하는 지도이다. 이러한 지도에는 방언 경계와 전이 지역을 표시한 전이(등어)지대(transition zone)표시 지도([지도 13])와 순수하게 등어지대의 영역을 확인하는 목적으로 제작된 지도도 있다([지도 14]) 또한 여러 개의 방언 경계선을 묶음으로 표시하는 등어선속(isogloss bundle) 지도([지도 15])와 방언형 경계선과 아울러 상징기호를 도면에 표현한 혼합형 등어선 지도([지도 16]) 등이 있다.

이러한 지도는 두 가지 방언형이 만날 경우, 그 교두보가 되는 지점을 파악하는 데 유리하다. 또한 이를 가지고 방언형을 구분하는 기준으로 삼을 수 있으므로, 방언 구획을 위해서는 필요한 지도이다. 하지만 등어선의 후방위 지역은 해당 방언형 실현 지역으로 추측하여, 포섭해야만 하기 때문에 불합리하다. 그러한 문제점을 보완하기 위해서 혼합형 등어선 지도가 제작되기도 한다.

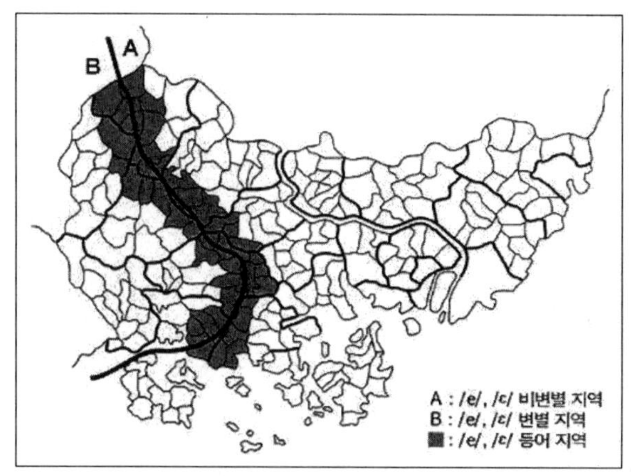

[지도 13] 전이(등어)지대 표시 지도(김택구, 2000)

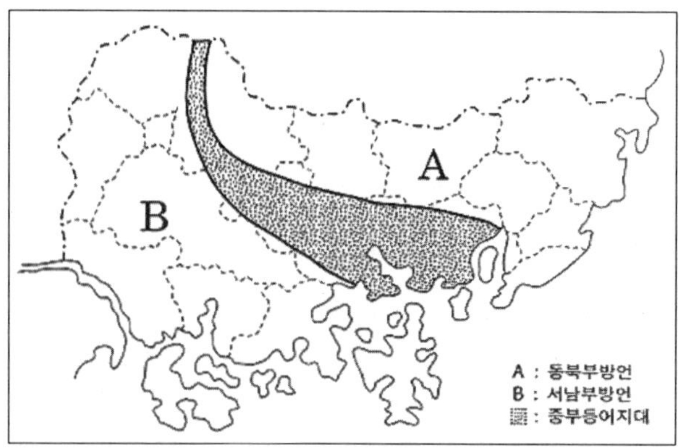

[지도 14] 전이(등어)지대 영역 지도(김영태, 1975)

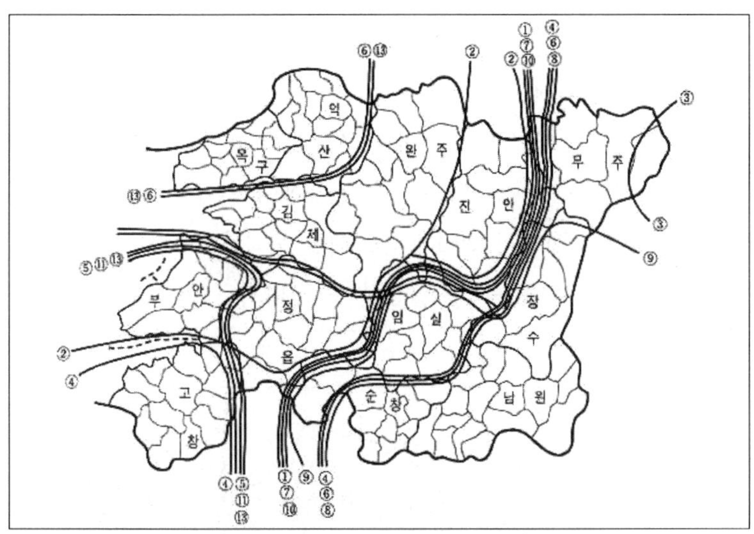

[지도 15] 등어선속 지도(소강춘, 1989 : 232)

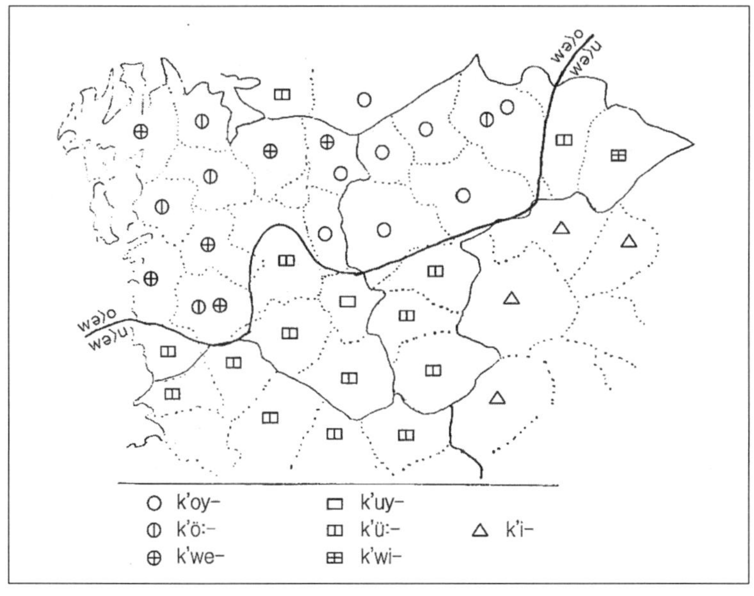

[지도 16] 혼합형 지도(곽충구, 1984 : 230)

④ 구조적 / 체계적 지도(structural / systematic map)

[지도 17]은 언어 전체의 체계를 고려하여 체계상 존재하는 차이를 언어학적인 해석을 통해 도출된 결과를 지도상에 표시한 지도이다. 이러한 지도는 공시적 또는 통시적인 언어학적 해석이 언어지도에 바로 명시되기 때문에 지도를 보면서 언어체계에 대한 분석과 그 결과를 점검해 낼 수 있어 학술적으로 유용하게 이용될 수 있다.

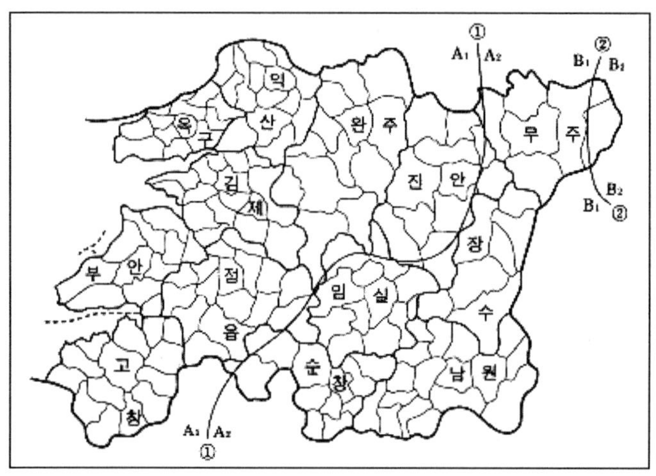

① /a, ɛ/의 조화 기능
    A_1=/a, ɛ/가 음성 모음으로 기능
      규칙 6)이 설정
    A_2=/a, ɛ/가 양성 모음으로 기능
      규칙 7)이 설정
② 이 방언의 중성 모음
    B_1=/ɨ, u, i/가 제2음절 이하에서 중성 모음으로 기능
    B_2=/u/가 제2음절 이하에서 양성 모음으로 기능

[지도 17] 구조적 / 체계적 지도(소강춘, 1989 : 36)

(2) 정량적 지도(quantitative map)

① 등어선 지도(isogloss map)

[지도 18]은 정질적인 등어선 지도에다가 어형의 실현 빈도(量, quantity)를 숫자로 기입한 지도이다. 이러한 지도는 언어개신(linguistic innovation)의 확산 과정을 파악할 수 있는 장점이 있다.

② 분할 지도(participation map)

[지도 19]는 어형의 지역적 실현 빈도에 따라 등어선의 두께를 달리하여 지역 간에 방언 격차를 표시하는 지도이다. 이러한 지도는 서로 대비되는 방언형을 중심으로 지역을 분할할 수 있고, 그 정도를 도면상에 표시할 수 있기 때문에 방언형에 따른 지역 간의 친소 정도(量, quantity)를 파악할 수 있다.

③ 언어적 거리 지도(linguistic distance map)

두 지점 사이의 언어 차이를 통계적인 수치(量, quantity)로 표시하는 지도이다. [지도 20]은 계량적 분석의 결과로 얻어진 것이라서 객관성이 있고, 두 지점 사이에 언어적 거리를 상대적으로 파악할 수 있는 장점이 있다. 하지만 그 숫자들이 너무 복잡하기 때문에 지도를 해석하기가 쉽지 않다.

④ 이차원과 다차원 척도 지도(dual dimensional & milti-dimentional scaling map)

이차원 지도인 [지도 21]은 어형의 지역적 관계가 물리적인 거리가 아니라 언어적인 친소성에 의해 표시되어야 한다는 방법이다. 그러므로 언어학적 관계를 중심으로 방언차를 표현하기 때문에 표면적으로는 지도

의 모습은 찾을 수 없다. [지도 22]는 어휘 목록을 이용해서 음성 변화의
방향과 확산 정도(量, quantity)를 표시하는 동시에 비율과 시간도 나타내
고 있기 때문에 학술적으로 아주 유용한 지도이다.

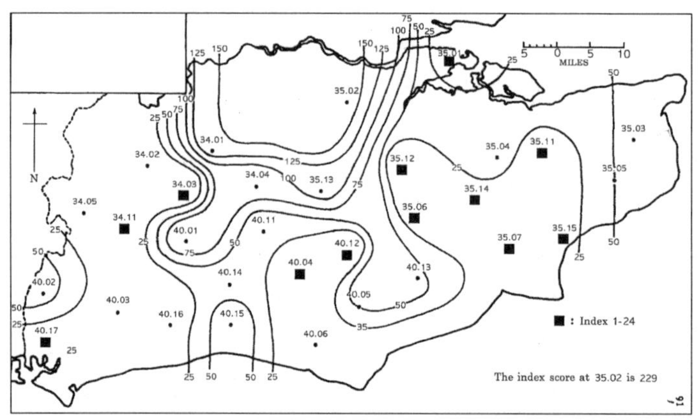

[지도 18] 등어선 지도(Asher et al.(eds), 1994 : 2370)

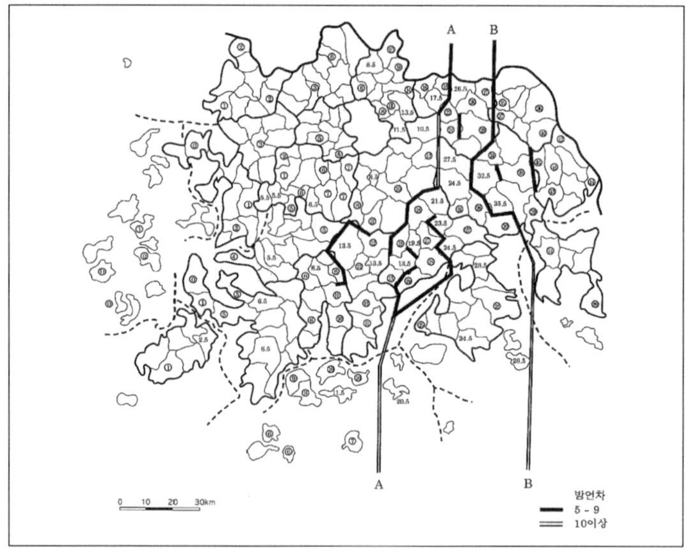

[지도 19] 분할 지도(이기갑, 1986 : 126)

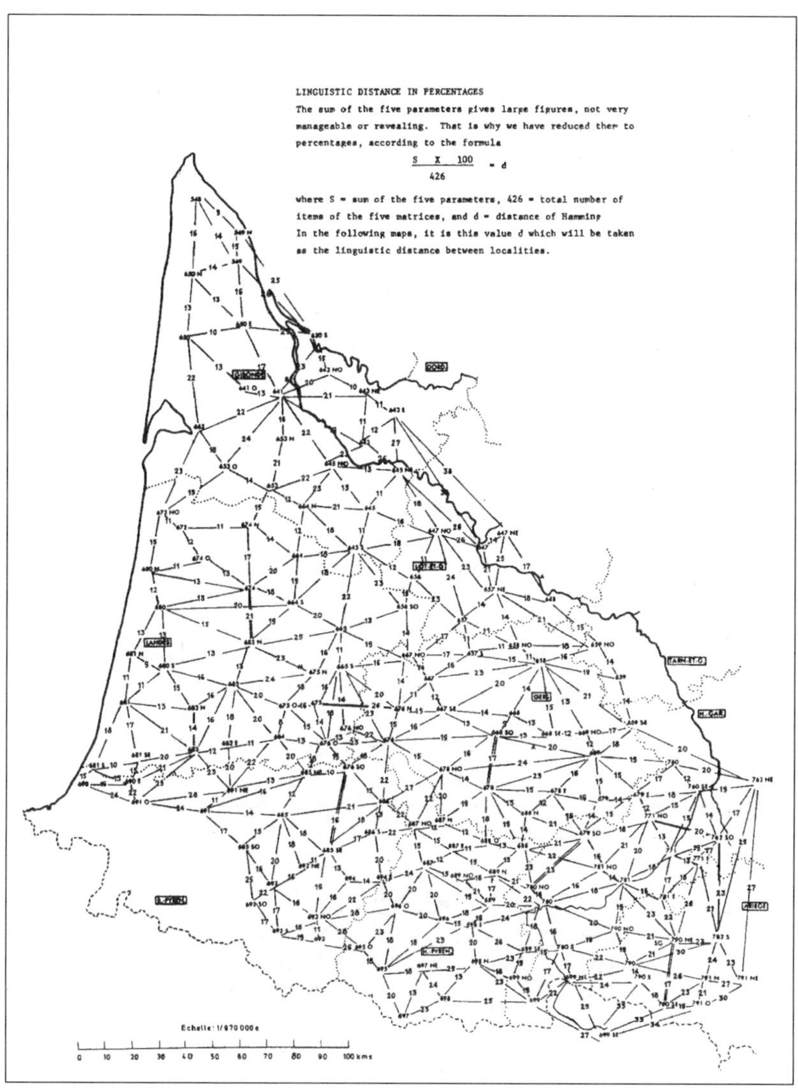

[지도 20] Seguy의 Gascony에서 언어적 거리의 백분율 지도(ALG, Vol.6. Map2524)

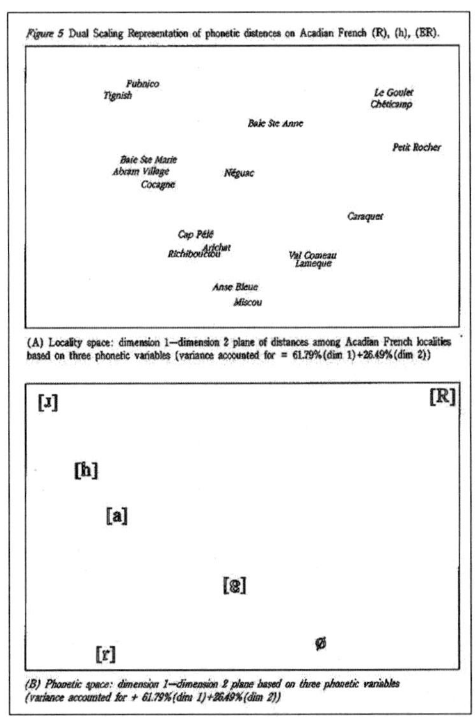

[지도 21] 이차원 척도 지도(Asher et al.(eds), 1994 : 2373)

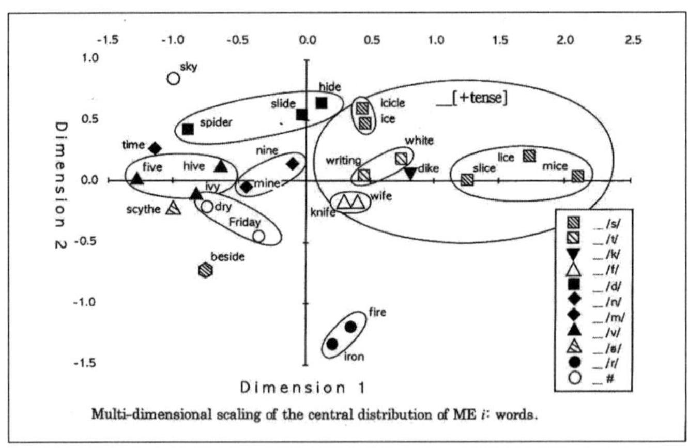

[지도 22] 다차원 척도 지도(Asher et al.(eds), 1994 : 2374)

3. 제작 기법의 변천

언어의 지리적 분화 상에 관한 연구는 언어지리학의 연구 대상이다. 지금까지 이러한 언어지리학적인 목적으로 매우 다양한 언어지도가 제작되어 발표되었고, 그동안 지지부진하던 언어지도의 제작 기법도 최근에 와서는 상당히 발전하게 되었다. 제작 기법의 변천 과정에 있어서 기술적인 측면의 제작 기법은 크게 두 가지로 구분된다. 수작업(手作業)으로 언어지도를 그리는 방식과 PC를 활용하여 언어지도를 제작하는 기법이다.

먼저 초기 단계의 기법인 수작업 제작 기법은 직접 지도상에 방언형을 써넣거나 상징부호를 그려 넣는 순수 수작업 제작 기법이 있다. 그 다음으로는 기호를 압인으로 만들어 일일이 손으로 대상 지점에 찍어 넣는 기기 사용 방법이 있는데, 인쇄용 기기인 오프셋이나 드레싱 기법을 이용하기도 했다. 더 나아가서 수작업으로 그린 바탕 지도에다가 컴퓨터의 프린트 기능을 활용하여 제작하는 기법까지 발전하게 되었다.[4]

다음 단계는 PC를 활용한 언어지도 제작 기법이다. 최근에는 컴퓨터 기술의 발달로 방언 자료의 데이터베이스 구축부터 언어지도 제작까지 모든 과정을 전산화하는 단계로 발전하였다. 더구나 이렇게 제작된 언어지도의 해당 지점에 음성 데이터를 연결하는 특별한 언어지도를 개발하는 단계에까지 와 있다. PC를 활용하여 언어지도를 제작하는 기법에는 다시 두 가지로 구분할 수 있는데, 기존에 개발된 소프트웨어를 활용하여 언어지도를 제작하는 기법과 전용 지도 제작 소프트웨어를 개발하여 이를 통해 언어지도를 제작하는 방법이 있다.

---

4) 김충회(1992)는 수작업한 바탕 지도가 인쇄된 종이 위에다가, 컴퓨터에서 일정 지점에 맞추어 설정해 둔 상징부호들을 프린트로 직접 찍어내는 기법을 사용했다.

PC를 활용한 언어지도 변천에서 언어지도 전용 제작 프로그램보다는 기존 개발된 응용 소프트웨어를 활용한 언어지도를 발전 단계의 상위로 배치할 수 있다.[5]

그 이유는 다음과 같다. 첫째, 널리 활용될 가능성이 높다. 기존에 알려진 응용 프로그램을 사용했기 때문에 동일한 응용 프로그램 환경에서는 누구나 적용할 수 있다.

둘째, 다른 표준화된 소프트웨어와 연계가 가능하다. 그래서 다른 소프트웨어에서 작업한 결과물이라도 국제 표준 코드만 일치되면 적용이 가능하다.

셋째, 제작된 언어지도 데이터는 지원된 응용 프로그램의 검색 기능을 적용할 수 있기 때문에 공통의 언어지도 데이터베이스를 구축할 수 있다.

넷째, 기(旣)개발된 응용 프로그램을 사용하면 프로그램 개발에 걸리는 시간과 노력을 절약할 수 있다. 그리고 활용한 응용 프로그램이 더욱 개선될 경우 언어지도의 제작 기법도 발전할 가능성이 높다.

다섯째, 목적에 맞는 언어지도를 만들어 내는데 유리하다. 왜냐하면 필요에 따라서 이미 개발된 응용 프로그램을 선택하여 사용하면 되기 때문이다. 언어지도 제작 전용프로그램의 경우는 현재 적용되지 않는 특별한 목적을 이루어 내려면 프로그램을 업그레이드해야 하므로 수고가 더 필요하고, 다시 환경이 바뀔 경우 적용이 되지 않는 상황도 맞이할 수 있기

---

5) 키시에 신스케(2005)는 PC를 활용한 언어지도 변천(우측 그림)에서 언어지도 전용 제작 프로그램보다는 기존 개발된 소프트웨어를 활용한 언어지도를 발전 단계의 상위로 배치하고 있다. 즉 (과거)수작업에 의한 언어지도 ⇒ 프로그래밍에 의한 기호 언어지도 ⇒ 시판소프트를 이용한 기호 언어지도 ⇒ 음성 언어지도(현재)

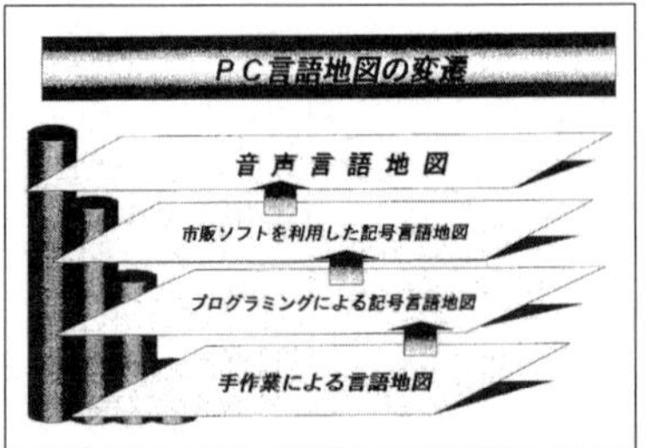

때문이다. 예를 들면, 음성 언어지도를 제작하려고 할 때, 언어지도 제작용 전용 프로그램을 활용하는 경우에는 음성적 특성을 지도에 표현할 수 있는 관련 응용프로그램을 사용할 수밖에 없기 때문이다([그림 1] 참조).

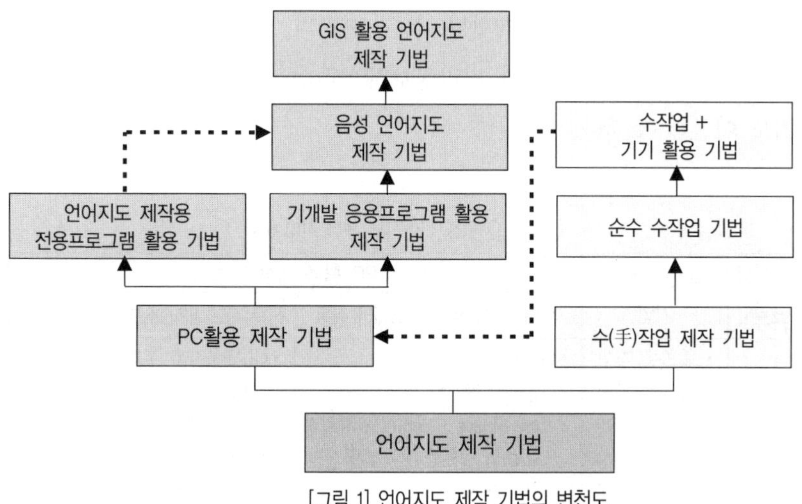

[그림 1] 언어지도 제작 기법의 변천도

특히 현재는 지리학에서 이용하고 있는 전문 프로그램인 지리정보시스템(GIS)을 활용한 언어지도 제작도 시도되고 있다. 이것을 언어지도 제작 기법 변천의 최상위로 두었는데, 그 이유는 하위의 언어지도 제작의 과정과 결과를 포함한 통합적인 언어지도를 거의 구현해낼 수 있기 때문이다. 말하자면 진열 지도도 그려낼 수 있고, 해석지도도 그려낼 수 있으며, 시간과 공간 및 개체의 특성까지도 내포된 3차원적인 통합 언어지도를 제작할 수 있고, 심지어 음성이 내재된 음성 언어지도도 만들 수가 있다.

그러므로 전문 지리정보시스템(GIS) 프로그램을 활용한 언어지도 제작은 언어지도 변천 과정에 새로운 전기가 될 가능성이 높다. 최신 지리학의 기법을 방언학 연구에 도입하여 지리정보시스템(GIS) 관련 해석 방법을 원용할 수 있게 된다면, 언어지리학적 연구 분야에 더욱 풍부한 해석을 가능하게 할 것이고, 앞으로 사회언어학적인 연구에도 중요한 역할을 담당할 수 있으리라고 생각한다. 이러한 변천 과정을 밝히면서 본고에서는 PC활용 제작 기법 가운데 한국에서 적용이 잘 될 수 있는 응용 프로그램 활용 제작기법을 소개한다. 특히 변천의 상위 단계로 볼 수 있는 음성 언어지도 제작 기법과 지리정보시스템(GIS) 활용 언어지도 제작 기법도 아울러 소개하고자 한다.

[표 1] PC 활용 언어지도 제작 기법 분류

기법 분류	수작업 제작 기법	PC 활용 제작 기법	
		기존에 개발된 소프트웨어 활용	전용 지도 제작 소프트웨어를 활용
진열 지도	• 오프셋 기법 • 드레싱 기법 －최학근(1958) －천시권(1965) －이숭녕(1967) －김병제(1988)	• dBASE Ⅱ －정인상(1985) • dbase Ⅲ plus + 클리퍼 컴파일러 －김충회·홍윤표·김병선·소강춘(1991) • 보석글 Ⅱ + HANDB －金忠會(1992) • 페인트 블러쉬 + '흔글' －김덕호(1995)	• GLAPS(1970 후반, 1994) －Ogino Chunao 　(1994, 패키지 개발) • SEAL －Chitsuko & Yusuke Fukushima(1983) • KSEAL [그림 2] －Fukushima / Fukui R. / Lee S.G(2003) • MapMaker 시스템 [그림 3] －이상규(2006)
해석 지도		• 포토샵, 일러스트레이터 －김덕호(1995, 2001)	• 한국방언검색 프로그램 [그림 4] －국립국어연구원(2001)
음성 지도	없음	• Excel2000, Filemaker Pro5.5, Acrobat5.0 －키시에 신스케(岸江信介, 2002) • Flash Animation 5.0 －카와치 히데키(河內秀樹, 2002) • HTML문서 제작기, GoldWave －김덕호(2004)	• 디지털 언어지도 시스템 [그림 5][6] －국립국어원(2009)

GIS 활용 언어 지도7)	없음	• Mandara Gis ―나카이 세이이치(中井精一, 2002) • Arc View Gis 3.1 ―김덕호(2005)	없음

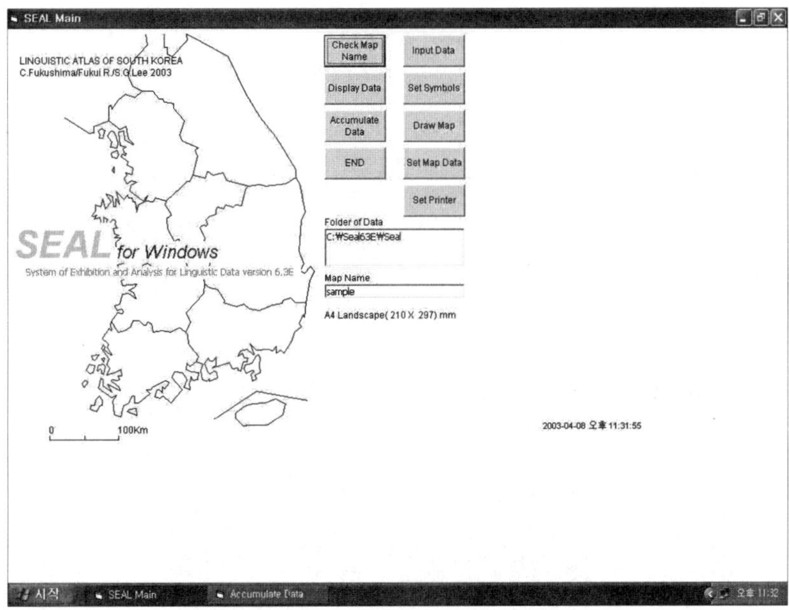

[그림 2] KSEAL 제작 시스템(이상규, 2003)

---

6) 이 언어지도 시스템은 상징부호 지도와 해석지도가 동시에 구현되고, 음성까지 연결되어 있는 것이 특징이다.

7) 전문 지리정보시스템(GIS) 프로그램을 활용한 언어지도 제작은 언어지도 변천 과정에 새로운 전기가 될 가능성이 높다. 최신 지리학의 기법을 언어지리학 연구에 도입하여 학문 융합적 연구를 위한 새로운 모델을 시험해 볼 수 있고, 지리학의 지리정보시스템(GIS) 관련 해석 기법을 적용하게 되면 방언학 분야에서 더욱 광역화된 분석과 해석이 가능해질 수도 있다.

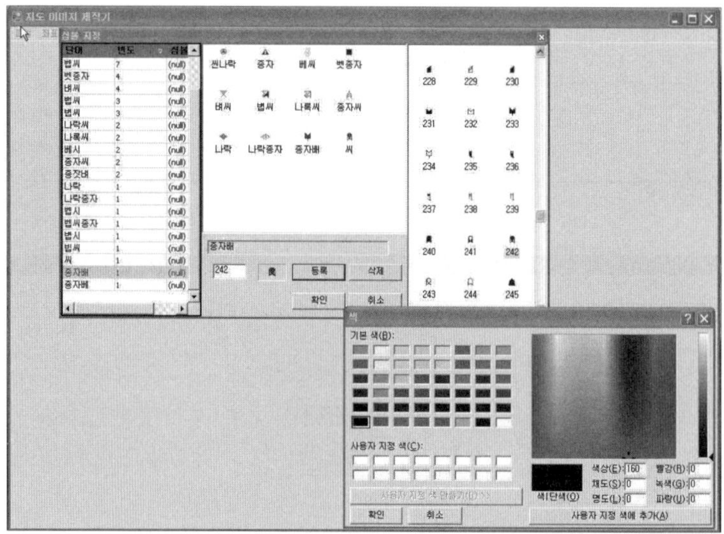

[그림 3] MapMaker 시스템(이상규, 2006)

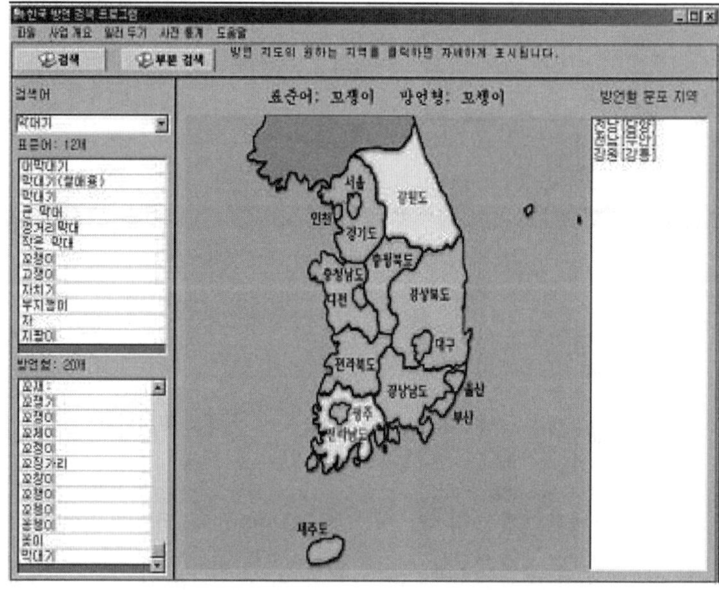

[그림 4] 한국방언검색프로그램(국립국어연구원, 2001)

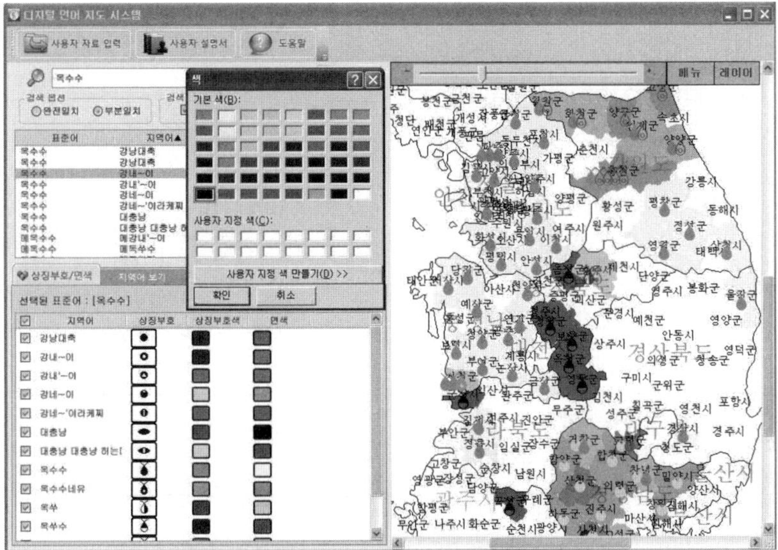

[그림 5] 디지털 언어지도 시스템(국립국어원, 2009)

1) 호글을 이용한 진열 지도 제작 기법

(1) 기본 자료 입력

원자료(raw data) → 원자료 모형(form)파일 → 조사 지역의 자료 입력

(3) 영덕군 병곡면(D1102a.hwp) 원자료

1	나락
2	미
2-1	이밥이
3	모판
3-1	심군다

(2) 입력 자료의 정리와 분류와 전송파일 제작

① 데이터베이스 설계한다(database design).

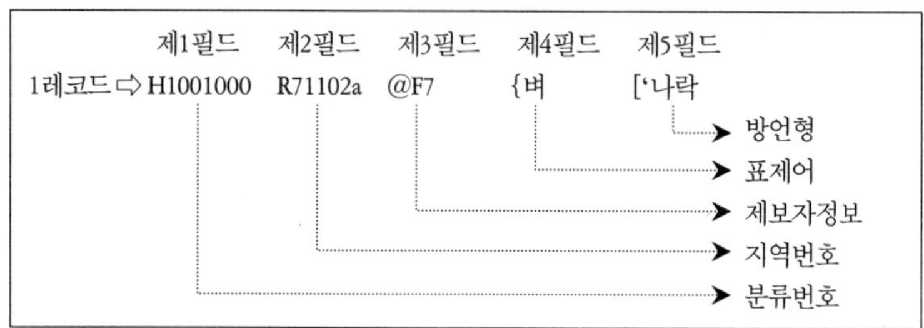

② 자료의 정리 및 분류

(5) 영덕군 병곡면 70대 남성 제보자의 자료
  H1001000 R71102 @M7 {벼   [나락
  H1002000 R71102 @M7 {뉘   [미
  H3018307 R71102 @M7 {쌀밥 + 이   [살바비 쌀바비

③ 분류번호별(표제어별)파일 제작

(6) 분류기호가 H1001000(또는, 표제어가 '벼')인 자료 파일
  H1001000 R70101 @M6 {벼   [
  H1001000 R70102 @F6 {벼   ['나락 '베
  H1001000 R70102s @F7 {벼   ['나락 '베 '나랙-이
  H1001000 R70103 @F6 {벼   ['나락 '베

④ 전송파일 제작함.

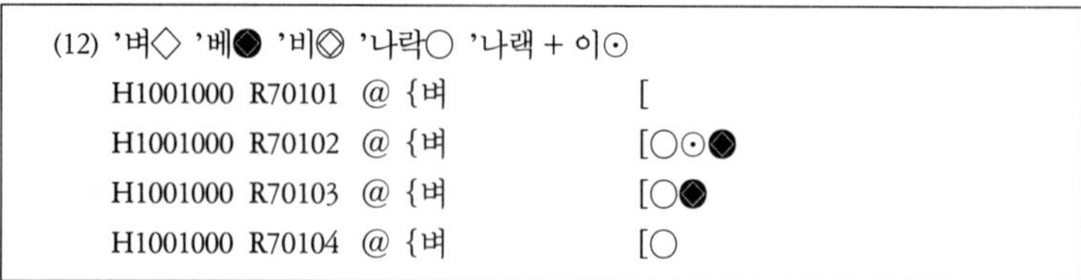

(3) 바탕지도 제작

스캐너(scanner)를 사용하여 실제 제작된 읍·면별 행정구역 지도를 읽어 들여, 이를 그래픽 프로그램으로 수정하고 편집하여 바탕지도를 제작한다.

(4) 모형지도(form map) 제작

'흔글'의 메뉴 가운데 '도구-메일머지'의 기능을 이용하여, 방언형 상징 기호가 들어갈 자리에 메일머지 표시를 입력한 모형지도 제작한다. {{ 1 }, {{ 2 }, {{ 3 } … {{ 245 }와 같은 메일머지 표시 입력한다([지도 23]). 이 지도는 2개의 레이어(double layers) 지도로 바탕지도 위에 메일머지 표시가 입력된 지도가 겹쳐진 것이다.

(5) 완성된 진열 지도

① 최종 전송파일을 불러오기
② 편집 화면 둘로 나누기
③ 반대 편집 창에 모형지도 파일을 불러오기
④ '메일 머지－만들기'를 실행
⑤ '메일머지－인쇄'(출력시) 또는 '메일머지－파일만들기'(파일로 저장시) [지도 24]

[지도 23] 모형지도(form map)

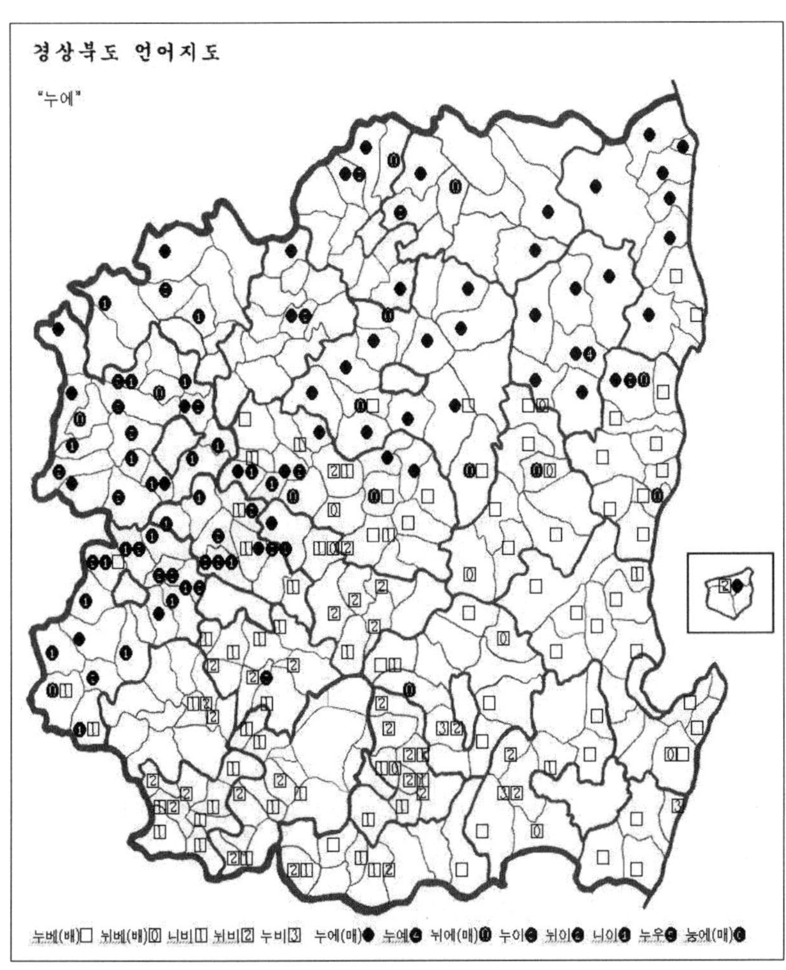

[지도 24] 완성된 진열 지도

2) 포토샵을 이용한 해석 지도 제작 기법

전문 그래픽 프로그램을 이용하여 해석 지도를 제작할 수 있다.8) 제작

---

8) 이 경우 펜마우스를 이용하면 대단히 효과적이다.

기법상 해석 지도는 진열 지도보다는 상위에 속한다. 왜냐하면 이러한 방식의 지도를 그려 내기 위해서는 참고용 진열 지도가 먼저 제작되어야 하기 때문이다.

(1) 대상 어형의 진열 지도 1부 출력

방언 경계를 확인하기 위한 참고용이다.

(2) 그래픽 프로그램(포토샵) 실행

해당 바탕 지도 불러오기 하고, 이를 바탕으로 몇 장의 새로운 투명 레이어(layer)를 만들어 사용한다.

(3) 블러쉬 툴(그리는 기구)로 경계를 확인하면서 그리기

원 바탕 지도는 그대로 두고 새로운 투명 레이어(layer) 위에 선 그리기 및 영역을 정하여 각종 효과를 낼 수 있다. 색깔 및 특별한 효과 부여 가능, 선 굵기 조절 가능, 버킷툴로 영역을 채울 수도 있다.

(4) 파일(F) – 새이름 저장(S)

주로 확장자를 jpg나 gif로 저장하면 웹 환경이나 기타 여러 프로그램에 가장 원활하게 적용할 수 있다. 포토샵 전용 파일(*.pds)로 저장하면 차후에 제작된 지도를 수정하거나 변경할 수도 있다.

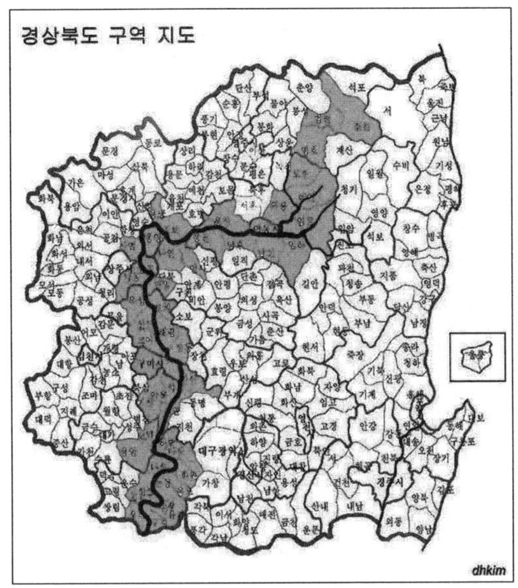

[지도 25] layer 1 + 2 + 3 통합 해석 지도

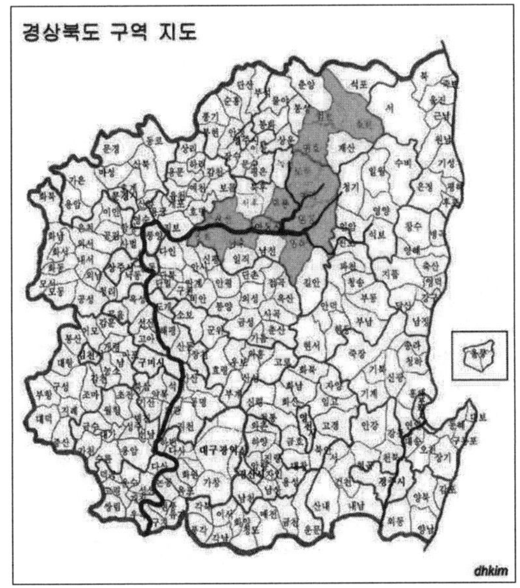

[지도 26] layer 1 해석 지도

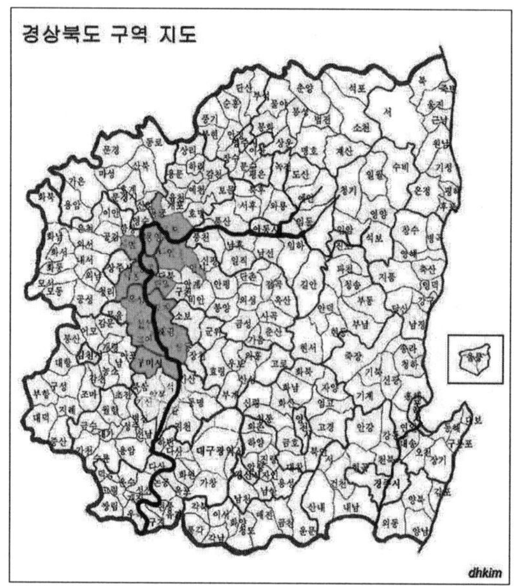

[지도 27] layer 2 해석 지도

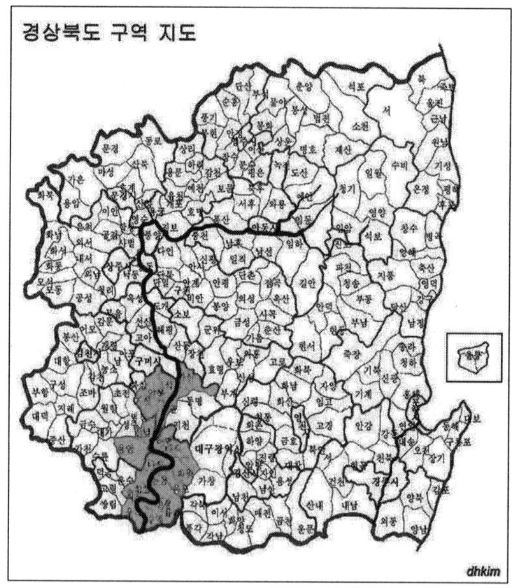

[지도 28] layer 3 해석 지도

3) 음성 언어지도 제작 기법

(1) 키시에 신스케(岸江信介, 2002)의 음성 언어지도

Excel2000, Filemaker Pro5.5, Acrobat5.0을 활용하여 제작한 음성 언어
지도이다. 마우스 포인트를 상징부호 위에 올려놓고 클릭하면 바로 음성
을 들을 수 있다([지도 29]).

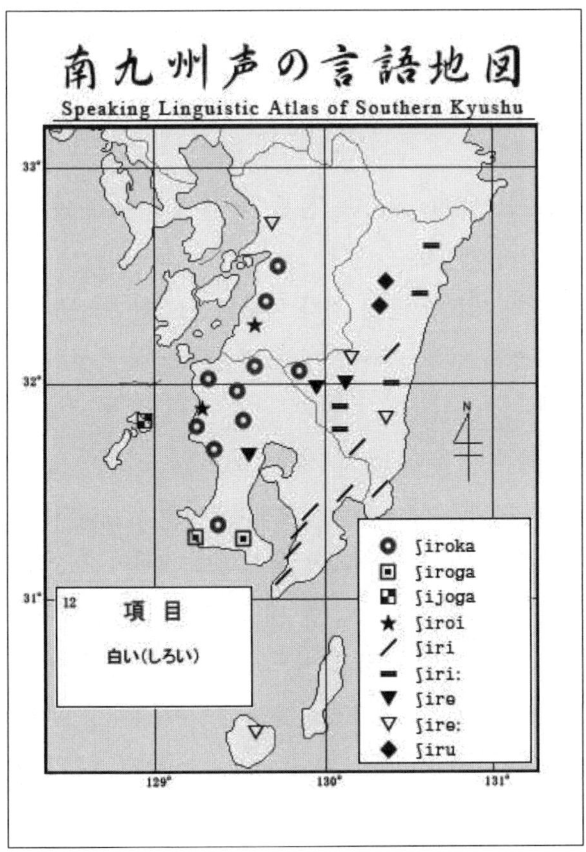

[지도 29] 키시에신스케(岸江信介)의 음성 언어지도

제작 순서는 다음과 같다.

① 데이터 입력

② 기호 폰트 제작

③ 기호로의 전환

④ 백지도 제작

⑤ Filemaker Pro로 신규 파일 제작

⑥ PDF화와 폰트의 프로그램 과정으로 지도 작성

⑦ Acrobat의 링크 프로퍼티로 상징부호에 링크툴 만들기

⑧ 링크툴에 음성 파일 연결

⑨ 음성 언어지도 완성

키시에 신스케(岸江信介, 2005)는 음성 언어지도를 통해 얻을 수 있는 장점을 다음과 같이 제시하고 있다.

① 연구자간의 미묘한 음성 청취 차이를 해소할 수 있다.

② 언어지도상의 음성 변화에 대한 변천을 실제 음성을 통해 추적할 수 있다.

③ 음성 자체를 언어지도상에 기록, 보존 할 수 있다.

④ 언어지도 자체를 각각 연구자가 HP상에서 공개하여, 연구자 사이에 파일과 데이터를 공유함으로써 정보 교환이 가능하다.

⑤ 음성 언어지도를 중심으로 한 네트워크화가 가능하다.

⑥ 언어 종류를 불문하고 세계 어느 언어라도 대응할 수 있는 강력한 체제가 될 가능성이 있다(예를 들면, 극동아시아 음성 언어지도 구상, 기초 어휘, 억양 등을 동아시아 제언어로 음성 녹음하여 광의의 음성 언어지도 작성 등).

(2) 카와치 히데키(河内秀樹)의 음성 언어지도

카와치 히데키(河内秀樹)가 플래시(Flash) 애니메이션 프로그램을 이용하
여 제작한 음성 언어지도이다(2002).9) 이 음성 언어지도는 일본어 억양을
연구하기 위해 제작되었는데, 현재 이에 대한 소스는 공개 되어 있지 않
고, 좌표를 지정하는 프로그램 파일만 공개되어 있다[지도 30]).

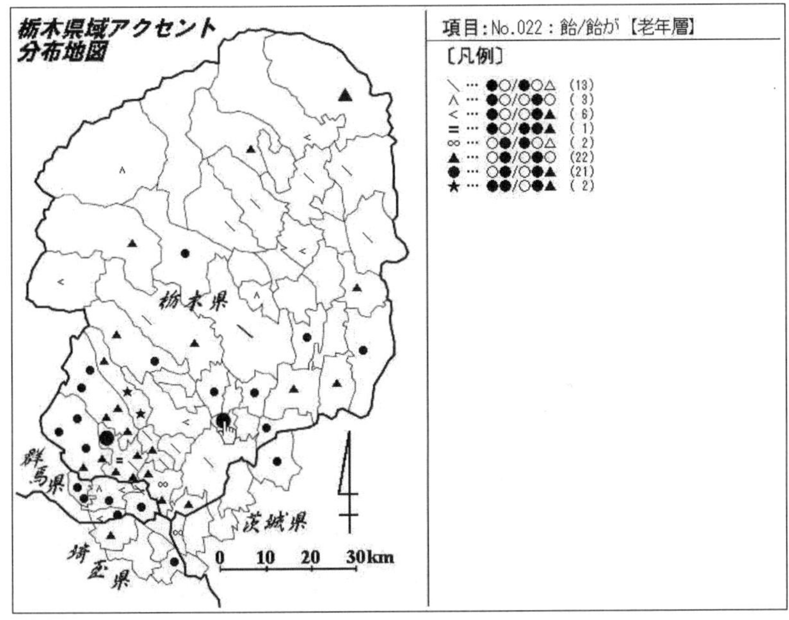

[지도 30] 카와치히데키(河内秀樹)의 音聲言語研究室 제작 음성 언어지도

---

9) 카와치 히데키(河内秀樹)의 音聲言語研究室 홈페이지 주소이다.
http://dialect-labo.hp.infoseek.co.jp/

(3) 김덕호(2004)의 음성 언어지도[10]

HTML language Script를 구현할 수 있는 웹에디터(MS-Windows 메모장, Namo Web-editer, DreamWeav, WEB79HTML, Java Script, Flash 등)와 음성 편집기(Goldwave)와 흔글 워드프로세서의 특수한 기법을 활용하여 제작하는 방법이다. 즉 음성 편집기(Goldwave, 윈도우미디어편집기)로 처리하여 저장한 음성 데이터베이스에서, 해당되는 음성 세그먼트(segments)를 추출하고, 이것을 데이터베이스로 구축한 다음, 위의 HTML language Script를 구현할 수 있는 웹에디터의 하이퍼링크(연결, hyperlink) 기법을 이용하여 음성 언어지도로 제작할 수 있다([지도 31]).

① 음성 자료 분할 저장하기

음성 자료 수집과 저장하기(raw data) → GoldWave를 활용한 음성데이터 변환 작업(Recording)하기 → Transcriber1.4를 활용한 음성데이터 분할 전사하기 → 데이터베이스로 백업 저장하기

② HTML 문서편집기로 제작하는 순서

HTML 문서편집기 프로그램을 실행 → 새 파일 → 대상 진열 지도나 해석 지도 불러옴(ImageMap) → 영역 정하기(area shape 명령어 사용) → 하이퍼링크 걸기[11] → 문서 저장하기

[지도 31]은 경상북도(안동권)에 대한 방언형 '주격'의 음성 언어지도인

---

10) 이 지도의 제작 기법과 소스는 '경북대 지역어 연구회' 정기 세미나에서 공개 발표하였다(2004. 7. 31).

11) area shape 명령어 사용하여 영역을 정하고, 하이퍼링크 걸기를 한 HTML language 소스 일부는 다음과 같다. area shape="rect" coords="299, 110, 318, 130" href="4.mp3" alt="영주 단산 : 오세원(70세, 남)"

데, 마우스포인트를 상징부호 위에 올려놓고 클릭하면 음성을 청취할 수
있다.

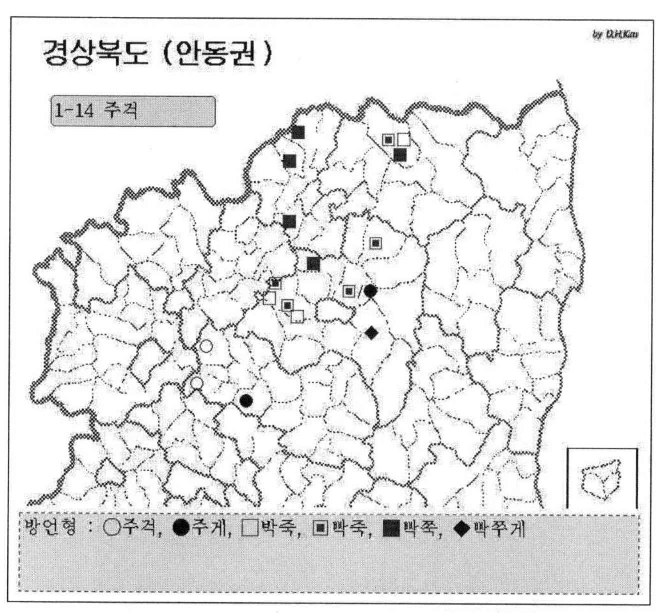

[지도 31] 김덕호(2004)의 음성 언어지도-안동권(주걱)

특히 HTML language를 이용한 음성 언어지도는 하이퍼링크가 가능한
멀티미디어(Multi-Media) 개체의 제한이 없기 때문에 제보자의 모습을 담
은 동영상을 연결하여 발화 모습과 음성을 동시에 관찰할 수도 있다. 이
러한 자료가 많이 확보될 경우, 음성학 강의에서 발화자의 입모양이나
발화 상황을 직접 할 수 있어서 유용하게 쓰일 가능성이 높다. 또한 방
언학 강의나 현장 조사를 위한 사전 지도 교재로도 활용할 수 있다.
  뿐만 아니라, 국문학 분야에서도 담화 상황의 구술 민담 조사나 구술
시가를 조사할 때 이러한 동영상 자료를 확보하여 멀티미디어 민담(시가)

분포 지도를 작성할 수 있다. 그러면 이러한 자료를 가지고 지역적 분포
를 확인하면서 국문학적 연구와 강의도 수행할 수 있다. 이처럼 다른 분
야에서 다양하게 이용될 가능성이 매우 높다.

(4) 국립국어원(2007)의 음성 언어지도

이 음성 언어지도는 국립국어원에서 MapMaker를 활용하여 만든 남한
상징부호 지도 위에 각 지역 음성발화가 하이퍼링크된 상징부호(큰 것)
레이어를 결합한 것이다. 이 언어지도는 파워포인트로 볼 수 있고, 큰 상
징부호를 클릭하면 소리를 들을 수 있다.

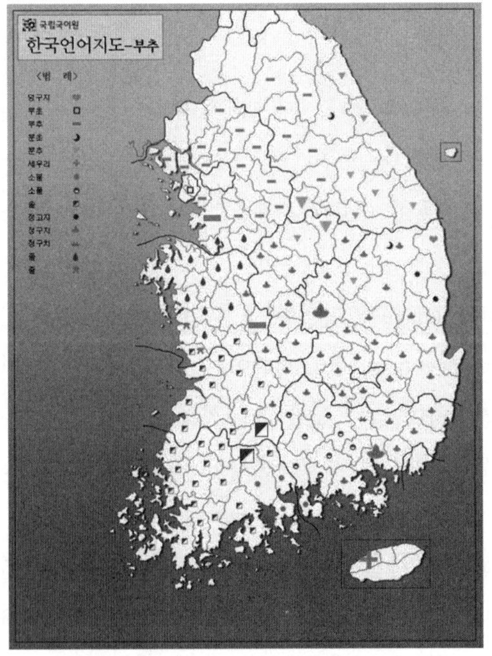

[지도 32] 국립국어원(2007)의 음성 언어지도(부추)

(5) 국립국어원(2009)의 음성 언어지도

이 음성 언어지도는 국립국어원의 용역을 맡은 안동언·두길수(2008·2009)의 디지털 언어지도 시스템을 활용하여 만든 음성 언어지도인데 프로그램 상에서 듣기 아이콘을 클릭하면 이에 해당하는 음성을 청취할 수 있다.

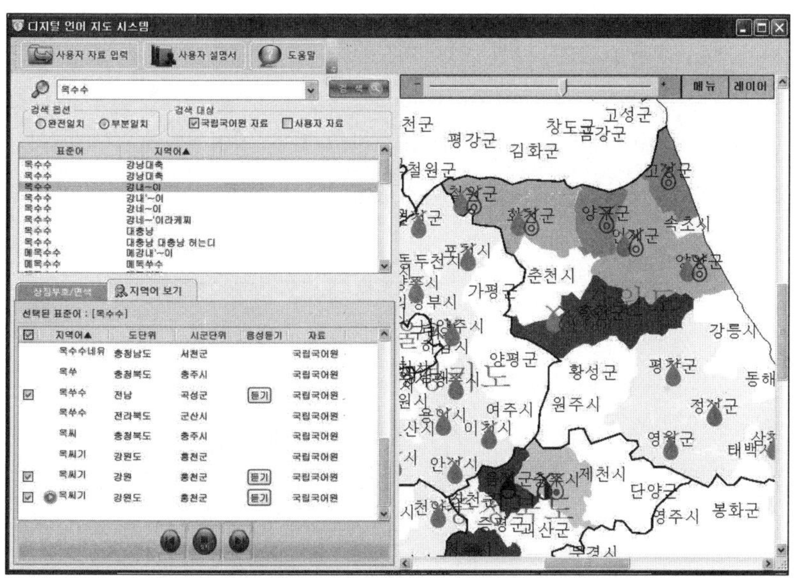

[지도 33] 국립국어원(2009)의 디지털 언어지도 시스템(옥수수)

4) 지리정보시스템(GIS)을 활용한 통합형 언어지도 제작 기법

지리정보시스템(GIS)을 활용한 언어지도는 단순한 2차원적인 지도가 아니라 3차원 이상의 정보를 담을 수 있는 획기적인 언어지도가 될 것이다. 대상 지역과 지형 즉 산맥과 강, 도로망 등의 지리학적인 정보가 동시에

지원될 수 있다. 또한 세대 간의 언어 차이를 언어지도에서 동시에 나타
낼 수 있으며, 이를 표현하는 기법도 파이형 차트나 막대형 차트로 다양하
게 나타낼 수 있다. 그리고 전문 통계 프로그램과 연계하면 조사된 자료를
쓸모 있는 통계 데이터로 구축할 수도 있다. 앞으로 좀 더 전문적인 지리
정보시스템(GIS)을 활용할 수만 있다면 시간, 공간 그리고 사회언어학적 다
양한 요인들을 모두 통합하여 다차원 공간 속에 연출할 수도 있다.

(1) Mandara GIS 활용 언어지도

나카이 세이이치(中井精一)가 Mandara라고 하는 지리정보시스템(GIS) 소
프트웨어를 활용하여 제작한 언어지도이다([지도 34]).

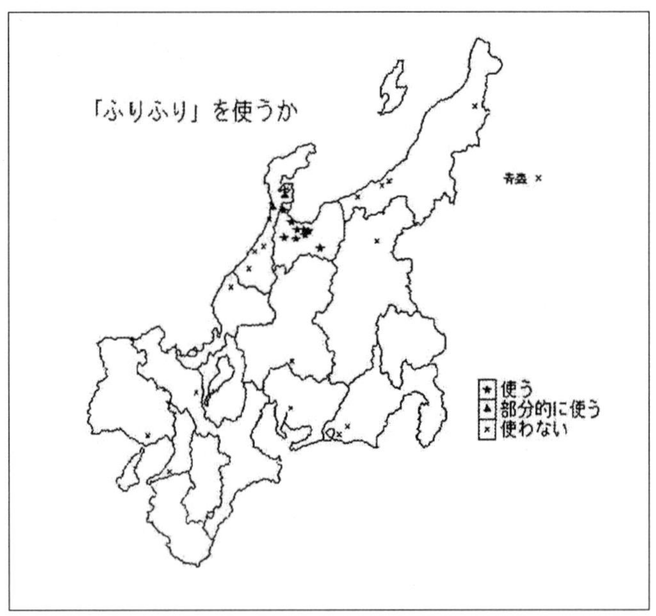

[지도 34] 나카이세이이치(中井精一)의 MANDARA GIS 활용 언어지도

(2) Arc View Gis 3.1 활용 언어지도[12]

김덕호(2005)가 지리정보시스템(GIS)인 Arc View Gis 3.1 프로그램을 활용하여 제작한 통합형 언어지도이다([지도 35], [지도 36]).

이러한 지리정보시스템(GIS) 프로그램은 기존의 훈글 파일이나 엑셀로 작업해 둔 방언형 자료를 데이터베이스(dbf) 파일로 전환하기만 하면, 이 프로그램 상에서 입력 데이터로 사용할 수 있다. 그러므로 새로운 데이터베이스를 구축할 필요가 없기 때문에 그만큼 작업 시간을 줄이고, 기존의 구축된 데이터베이스 자료도 활용할 수 있다. 그리고 여러 정보(인적정보, 공간정보, 시간정보, 통계정보 등)를 도면상에 구현할 필요가 있을 때는 해당 정보가 입력된 레이어(layer)를 추가하면 된다. 그리고 경우에 따라서는 이를 다양한 목적으로 변형하여 표현해 낼 수도 있다. 특히 이 지도는 벡터(Vector) 방식으로 구현되기 때문에 지도를 제작했을 때 선명한 결과물을 얻어낼 수도 있고, 지도를 확대하거나 축소했을 때도 선이 깨어지는 일이 없다.

Arc View Gis 3.1 프로그램으로 제작한 언어지도는 폴리곤(polygon, 면) 방식으로 만든 레이어(Sigun.shp, Sigun1.shp)와 라인(line, 선)방식의 레이어(Do_line.shp, Si_line.shp)를 이용하여 만든 것이다. 방언 자료 데이터는 한국방언자료집의 표제어형 '내일'과 '부추'의 자료를 입력하여 사용하였다.

---

12) '대구대 지역어 연구소'의 지역어 연구소 학술발표대회(2005. 4. 30)에서 발표했다.

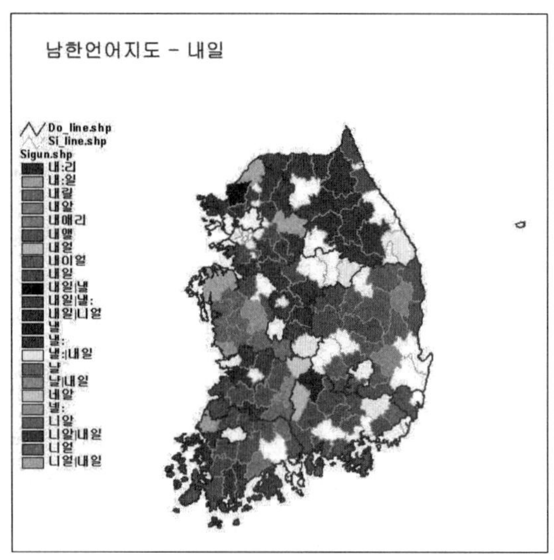

[지도 35] 남한 언어지도-내일

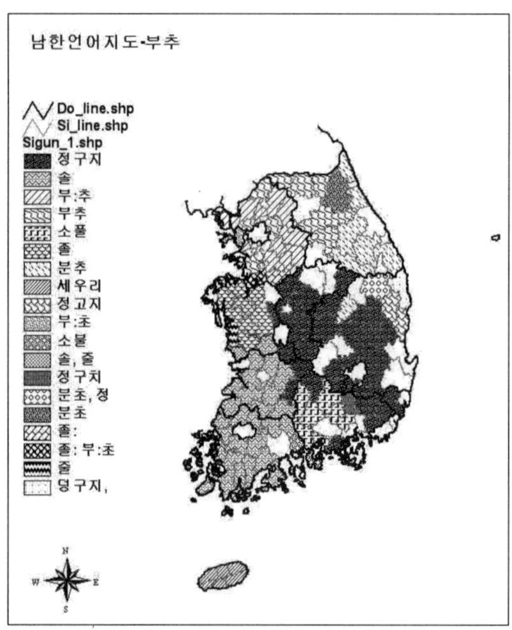

[지도 36] 남한 언어지도-부추

4. 결론

　본고에서는 질리에롱의 『불란서 언어지도(Atlas linguistique de la France, ALF)』 이래 최근까지 다양한 목적에 의해 제작된 언어지도를 소개하였다. 특히 최근 컴퓨터를 활용하여 제작한 언어지도를 소개했고, 멀티미디어(음성) 언어지도와 지리정보시스템(GIS)을 활용하여 제작한 최신의 언어지도도 소개하였다.

　이것은 20세기 초 질리에롱이 시금석을 놓은 이후 100년 동안 지지부진했던 언어지리학 연구의 새로운 전기를 맞이할 것으로 믿는다. 이를 위해서는 본고에서 소개한 새로운 개념의 언어지도를 더 잘 이해하고 적절하게 이용할 수 있는 계기를 만들어야 된다고 생각한다.

　앞으로는 언어지도가 방언형의 위치나 언어적 분포만 보여 주는 한계를 극복하고 사회언어학적인 목적을 위해서도 활용될 수 있다. 더 나아가서는 언어지도가 다른 학문 영역인 지리학 연구에서 인문학적인 해석을 위한 실마리도 제공할 수 있고, 사회학이나 인류학에서는 사회 현상이나 인간 삶의 다양한 공간 환경과 그 특성을 규명하는 기초 자료로도 이용될 가능성이 높다. 즉 학문 융합의 발전 과정을 고려할 때, 언어지도는 언어학과 다른 학문 영역 사이에서 학제적 융합을 위한 매개 역할을 담당할 수 있으리라 전망해본다.

'통합적' 방언 구획 방법론

김 덕 호

1. 들어가기

방언학자의 주요 관심사는 지리적 공간에서 언어적 분포를 확인하는 일이다. 이러한 관심사를 충족하기 위해 방언학자들이 맨 먼저 해야 할 일은 대상 지역의 실지 사용 언어를 정밀 조사, 수집하는 것이다. 그런 다음 수집된 자료를 일정한 기준으로 분석하여 지역적 변이에 의해 나타나는 독자적인 언어 체계나 특징적인 방언 현상을 규명한다. 또한 지역적인 분포를 한눈에 알아 볼 수 있는 방언지도를 작성하고 공간적인 방언의 분포를 확인하여 과거의 언어 변천의 모습과 미래의 언어 변화를 예측하기도 한다. 특히 후자의 경우 언어지도를 작성해야 하고 지리적인 분석도 필요하므로 지리학의 도움이 필요하며, 이러한 특징 때문에 언어지리학(언어학 + 지리학) 혹은 방언지리학(방언학 + 지리학)이라고 불리기도 한다. 이러한 언어지리학적인 분석을 위해 일차적으로 수행해야 할 일은 서로 다른 언어 분포를 확인하는 작업이고, 이 작업을 잘 이루어 내기 위해서는 방언학에서 수립한 '경계(境界, boundary)'의 개념을 잘 이해하고 있어야 한다. 이것을 방언학에서는 등어선(等語線, isogloss)[1]이라고 한다. 그리고 이러한 등어선을 이용하여 서로 같거나 다른 언어 사용 지역을 구분할 수 있는데 이렇게 하여 나누어진 결과가 방언 분화이다.

이 방언 분화의 결과를 언어지도로 표시한 다음, 이를 토대로 방언을 구획하고 방언형의 지리적 분포 관계를 밝히는 일은 지리언어학(地理言語學, geographical linguistics Geolinguistics)[2] 연구에서 선행되어야 하는 과정이다.

본고는 김덕호(1997)에서 컴퓨터를 활용하여 이미 제작한 총 71장의 진열 지도[3]를 통합하는 방법론을 소개하고 이를 이용하여 경북 방언의 통합적 하위 방언 구획을 시도하면서 수립된 방법론의 타당성을 검증

---

1) 어원적으로 'iso[동일] + gloss[말]'에서 비롯되었다.
2) '지리언어학(Geographical Linguistics)'이란 용어는 W.G. Moulton(1972), 한영균(1985, 1986), 김덕호(1993, 1997), 신승원(1996)에서 사용되었다. 일반적으로 언어지리학(Linguistic Geography)이란 용어를 지금까지는 가장 많이 사용해 왔다. 그런데 이 용어는 기초 학문인 지리학이 위주가 되는 인문지리학의 하위 분야로 보고 있으며, 이미 지리학에서 더 보편적으로 사용하고 있는 용어이다. 또한 그 목적도 언어 분포를 지리적으로 표현하는 言語的 景觀(Linguistic Landscape)에 두고 있다. 하지만 언어학에서는 평면적으로 언어 분포를 밝히는 지리학적 입장을 극복하여, 언어학적인 해석과 언어의 역사를 규명하는 연구로 확장하고자 하는 취지에서 '지리언어학(Geographical Linguistics)'이라는 용어를 사용한다. 즉, 지리학적 방법론을 이용한 언어학이라는 의미를 더욱 강조하고 차별화하려는 취지이다. 현재 유럽이나 미국 캐나다에서는 'Geolinguistics(지리언어학)'란 용어가 보편화되어 있다.
3) 이 논문에서 제시된 진열 지도는 읍·면을 최소 단위로 하고 경북을 최대 단위로 제작한 지도이다. 총 223개 지점의 406명의 제보자를 대상으로 직·간접으로 조사한 자료를 컴퓨터 작업을 통해 정리 분류하고, 언어지도를 제작하였다. 이 지도는 음운(음운 목록과 관련된 어휘 포함, 35항목 / 55%), 순수 어휘(18항목 / 29%), 문법(통사적인 문장 구조 포함, 8항목 / 13%), 의미(2항목 / 3%)로 구성되어 있다.

하고자 한다.

2. 방언 구획을 위한 방법론 제안

　지금까지 방언의 분화 양상을 확인하고, 방언 구획을 위해 적용된 방법론은 몇 가지가 있다. 그 가운데 대표적인 것으로 등어선을 등급화 하는 방언 등급 측정법(dialectometry)[4]이 있고, 언어 차이를 수치화 하여 적용하는 통계적 처리 방법이 있다.

　먼저 등어선의 등급화에 의한 방언 등급 측정법은 등어선을 구성하는 등어선의 수를 기준으로 구획하는 것이 기본 원칙이다. 등어선의 종류를 음성, 음운, 어휘, 형태, 문법, 의미 등으로 차등하여 점수화함으로써 등어선의 두께를 측정하고 그것을 기준으로 방언 구획을 하는 방법이다. 이 방법은 J.K. Chamber & P. Trudgill(1980 : 112~115)[5]에 의해 처음 제시되었는데, 우리나라에서는 이익섭(1981 : 79~85)이나 김충회(1992 : 110~121)가 이 방법을 모형으로 삼았다. 최명옥(1994 : 20~21)은 등어선의 종류에 따라 점수를 부여하는 순위를 방언의 변별 기능을 생각하여 우리 실정에 맞게 수정하여 적용하고 있다.

---

4) 이익섭(1980 : 80-註41)은 챔버와 트루질(J.K. Chamber & P. Trudgill)(1980 : 112)에서 ‘dialectometry’라고 사용한 것을 그대로 번역하여 시험적으로 사용한 용어라고 밝히고 있는데, 그 내용으로 보아 방언형에 따라 등급을 매긴 뒤 그 점수를 측정하여 방언 구획에 이용하는 방법이므로 본고에서는 그 본의를 살려 ‘방언 등급 측정법’이라 한다.

5) ① 語彙等語線(lexical isogloss), ② 發音等語線(pronunciation isogloss), ③ 音聲等語線(phonetic isogloss), ④ 音韻等語線(phonemic isogloss), ⑤ 形態等語線(morpho-logical isogloss), ⑥ 統辭等語線(syntactic isogloss), ⑦ 意味等語線(sementic-isogloss)(?)

다음은 방언차를 수치화하여 통계적으로 처리하는 방법인데, 현재까지 두 가지 방법이 있다. 먼저 H.R. Wilson(1958)의 '분할 지도(participation map)' 작성 방식을 들 수 있다. 이 방법은 C.M. Carver(1987)에서 소개하고 있는데, 우리나라에서는 이기갑(1986 : 114~136)과 김택구(1991 : 93~104)가 이러한 방법으로 방언 구획을 시도하고 있다.6) 이와는 다른 통계적인 처리 방법으로 J. Séguy(1973)가 있다. 이것은 '언어적인 거리(linguistic distance)'의 차이를 백분율로 계산하여 그 방언차를 수치로 나타내는 방법인데, 현재로서는 최신의 방법이며, 국내에는 아직 적용된 논저가 없다. 이 방법은 매우 정확한 방언차를 측정할 수는 있으나, 지도의 판독이 쉽지 않고 통계처리를 위해 막대한 계산횟수가 요구되는 어려움이 있다. 이 두 방법은 언어지도를 작성할 때, 전자는 방언차를 등어선의 형식을 빌려 표시하는데 비해 후자는 비교되는 지점들 사이의 '언어적인 거리(linguistic distance)'를 수치로 직접 기입하고 있는 점에서 차이가 난다.

본고의 통합적 방언 구획 방법론은 기본적으로 통계적 처리를 통한 '분할 지도(participation map)' 작성 방법을 적용한다. 그런데, 각 항목의 점수를 1로만 설정한 이기갑(1986 : 128)과는 달리 등어선의 등급(종류)에 따라 점수를 차등하게 부여하고 이를 계산하여 가중치를 주는 방식으로 작업을 수행한다.7) 이것은 방언 분화 양상을 검토해 본 결과, 각각의 등어

---

6) C.M. Carver(1987 : 128)는 1958년 H.R. Wilson이 'The Dialect of Lunenburg Country, Nova Scotia'라는 Michigan 대학 박사학위 논문을 통해 최초로 제시한 방식이라고 소개하고 있다. 이기갑(1986)은 이와 무관하게 전라남도 방언 구획을 시도하였는데, 나중에야 위의 방식과 일치한다는 사실을 확인했다고 밝히고 있다. 이기갑(1996 : 336~340) 참조.

7) 이것은 H.R. Wilson의 '분할 지도(participation map)' 작성 방식과 이기갑(1986 : 114~136)의 '통계적 처리방법' 및 '방언 등급 측정법(dialectometry)'을 절충한 방법이다.

선이 갖는 변별 정도가 동일할 수 없다는 점에서 기인한 것이다. 본고에서는 방언의 변별 기능을 중심으로 등어선의 값을 다르게 책정한 최명옥(1994 : 20~21)의 견해를 수정하여 적용한다. 즉 순수어휘적인 것은 1점, 통시적인 규칙이나 통시적인 음운목록과 관련된 어휘등어선은 2점, 목록과 규칙에 의해 이루어진 음소적 등어선 및 음조 변화에 따른 등어선은 3점, 문법적등어선 가운데 어미에 따른 분화나 재구조화에 관련된 것은 4점, 그외 통사적 문장구조에 의한 것이나 의미적인 등어선은 5점을 부여한다. 최명옥(1994)의 기준과 달라진 점은 경북방언에서는 운소의 분화가 일어나지 않기 때문에 한 단계를 없앤 것이다. 이 점수는 아래 [표 2]와 같이 각 항목에 대입하기 전에 각각 곱하여 미리 설정해 둔다.

그리고 양립하는 두 어형 또는 언어 특징에 대하여 어느 한 쪽만을 기준으로 하여 반대 특성이 나타나는 곳을 0으로 나타내는 방법과는 달리 0을 기준으로 [+ 점수], [− 점수]로 수치화 하여 각각 합산한 뒤 인접지역과 그 점수를 비교하여 점수차가 높은 지점 사이에 방언 구획선을 위치시키면 된다.[8]

[표 2]에서 b지역에 인접한 c지역은 ‘−22−(+3) = |−25|’로 방언 차가 가장 심한 곳으로 생각되며 굵은 방언 구획선이 그어진다. e지역은 방언 차가 ‘0’ 인 곳인데, (+)와 (−)의 편차가 심한 지역에 끼인 ‘0’지점은 두 방언권의 전이 지역(transition area)으로 판단된다. 그리고 d지역과 e지역의 점수차(15)보다 e지역과 f지역 사이의 점수차(22)가 더 심하므로 그 사이에 두 줄로 된 굵은 방언 구획선을 그으면 된다. 또한 d 지역과 g 지역 사이에도 점수차가 ‘−15−(+1) = |−16|’이 되므로 한 줄로 된 굵은 방언 구획선을 그으면 된다.

---

8) 이기갑(1986 : 114~136), C.M. Carver(1987)는 0에서부터 시작하여 최대 점수를 책정하는 방법을 사용하고 있다.

[표 2] 방언 구획 통합 점수계산표

방언형 지점	'가'형 (5점)	'나'형 (4점)	'다'형 (3점)	'라'형 (3점)	'마'형 (2점)	'바'형 (2점)	'사'형 (1점)	'아'형 (1점)	'자'형 (1점)	계 (22점)
a	−5	−4	−3	−3	−2	−2	−1	−1	−1	−22
b	−5	−4	−3	−3	−2	−2	−1	−1	−1	−22
c	−5(+5)	−4	−3	+3	+2	+2	+1	+1	+1	+3
d	−5	−4(+4)	+3	−3	−2	−2	+1	−1	−1	−15
e	−5	−4(+4)	+3	−3	+2	−2(+2)	+1	+1	+1	0
f	+5	+4	+3	+3	+2	+2	+1	+1	+1	+22
g	+5	+4	−3	−3(+3)	−2	−2(+2)	−1	−1	−1	+1
h	+5	+4	−3	+3	+2	−2(+2)	+1	−1	−1	+10
i	+5	+4	+3	+3	+2	+2	+1	+1	+1	+22

a(−22) b(−22) c(+3)

d(−15) e(0) f(+22)

g(+1) h(+10) i(+22)

[지도 37] 예상 분할 지도

특정 방언형을 가지고 작성한 언어지도를 음운적인 측면으로 해석하여 적용할 수도 있고, 형태적인 측면을 기준으로 해석할 수도 있다. 물론 이 경우 점수만 달리하여 여러 번 계산하고, 통합하면 된다.9) 김덕호

---

9) 이러한 방법은 반드시 방언형의 이분법적 대립이 전제되기 때문에, 방언형 간의 친

(1997)에서 작성된 진열 지도 가운데 ‘쌀밥＋이’, ‘젓가락’, ‘뾰족하-게’, ‘큰아버지’형이 이 경우에 해당한다.

다음, 방언 분화의 지리적 양상(남／북 분화형, 동／서 분화형)은 인접한 다른 지역의 방언 분화 양상을 고려하여 정한다. 물론 방언 분화가 의심할 여지없이 분명할 경우에는 별 문제가 없지만, [지도 38] (a)와 같이 한쪽 일부분과 나머지로 나누어지는 애매한 경우는 반드시 살펴볼 필요가 있다.

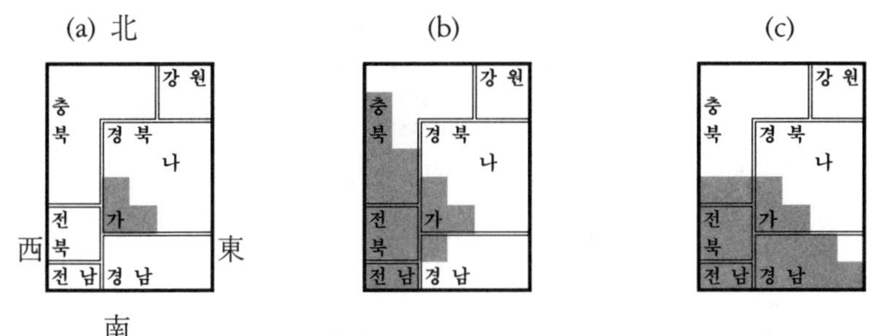

[지도 38] 방언 분화 카아토그램(cartogram)

이 경우 인접 지역과의 연계성을 고려해서 [지도 38]의 (b)나 (c)와 같은 카아토그램(cartogram)[10]을 제작하고, 이를 토대로 남／북, 동／서 분화

소 관계를 생각하여 두 개의 서로 다른 계열로 상정하여야만 된다. 이기갑(1986 : 116~118)은 방언형의 친소 관계를 방언 화자의 심리를 반영하여 어휘 > 형태 > 음운의 순서로 정하고 있다. 하지만 본고에서는 방언형을 보는 관점에 따라 점수를 차등화하여 적용했기 때문에, 이분법적인 대립만을 상정할 수 있다면 특별히 친소 관계는 고려하지 않아도 된다.
10) 이러한 지도는 기본도의 형상이나 지역간의 연속성을 강조하기 위해 지역의 형상을 왜곡시켜서 만든 특수한 지도인데, 전통적인 지도와는 다르게 변형된 이미지를 주지만, 나타내고자 하는 현상의 공간적 분포의 구조를 매우 효과적으로 표출하는 장점이 있다(이희연, 1995 : 20).

형에 대한 설정의 근거로 삼으면 된다. 즉, (b)와 같이 실현될 경우 '가'
-방언형과 '나'-방언형은 동서 분화형이 될 것이고 (c)와 같은 연계성
을 확인할 수 있다면 남북 분화형이 된다.

다음으로 통계적인 처리 방법에서 방언 분화 양상을 확인하기 위해서
는 우선 방언차의 정도를 측정할 수 있는 기준을 마련해야 한다.

[표 3] 구분 기준

	비 율	등어선 구분	비 고
1차 구분	50% 이상	[+], [−] 등어선	[+], [−]형을 함께 고려하여 구분
2차 구분	25% 이상	1차 등어선	[+]형(혹은, [−]형)만의 지역 안에서 이루어지는 세부 구분선
	25%~10% 이상	2차 등어선	
	10% 미만	방언차가 없음 (전이 지역)	

본고에서는 [+]형, [−]형을 기준으로 1차 구분하고, 2차 구분은 [+]
형(혹은, [−]형)만을 기준으로 세부 구분을 한다. 이에 대한 방언차의 정
도는 위 [표 3]과 같은 기준에 의거해서 설정한다. [표 3]에서 50%로 구
분의 근거를 삼은 이유는 방언 구획을 [+], [−]의 이분법적(대립적) 설정
원리에 입각하여 적용하기 때문에 이를 고려한 것이다.

그런데 읍·면의 방언형이 한 지역에 하나씩 밀도 있게 나타나는 경
우는 상관이 없으나, 제보가 이루어지지 않은 지역의 경우는 이기갑(198
6 : 128)과 같은 방식으로 주변 지역의 방언형을 고려하여 예측형을 내세
우고 이를 근거로 점수를 산정한다. 물론 이 경우는 해당 지역이 서로
대치하는 등어선의 후방 지역이어야 한다.

그리고 방언형이 동시에 발견될 경우는 [+점수], [−점수]를 동시에

나타내고, 만일 우세형이 존재할 경우는 그 방언형을 그 지역의 주 방언형으로 설정하고 산정한다.

또한 같은 계열의 여러 방언형이 동시에 발견될 경우에는 그 가운데 대표적인 방언형 하나에만 점수를 부여하여 계산한다.

3. 경북 방언에 적용

먼저, 남/북, 동/서의 방언 구획이 애매한 항목의 경우 다른 道와의 방언적인 연계를 확인하여 개신파의 이동 방향에 따른 동서, 남북의 어휘 구분 근거를 제시한다.[11]

'쌀밥 + 이'(50이하 整理)의 경우는 김택구(1991 : 97)에서는 동서 분화형으로 보고 있다. 「자료집Ⅷ」(경남, 1993 : 360)에서는 경남 양산에서 '살밥이'가 조사되고 있고, 이를 카아토그램(cartogram)으로 나타내 보면 [지도 39]와 같다. 여기에서도 확인할 수 있듯이, 인접한 다른 道와의 연계성을 따져 볼 경우, 동/서분화형으로 보는 것이 더 타당하다.

---

11) 이를 위하여 「한국방언자료집(Ⅰ-Ⅸ)」과 강원도의 이익섭(1981), 충북의 김충회(1990), 경남의 김영송(1963), 김택구(1991), 전남의 이기갑(1986), 전북의 소강춘(1989) 등을 참고한다.

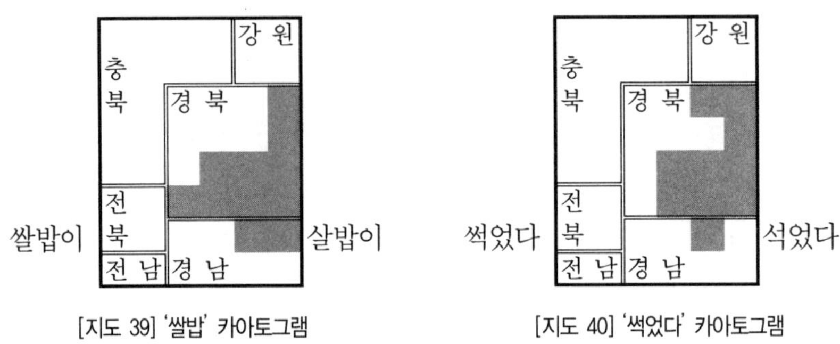

[지도 39] '쌀밥' 카아토그램   [지도 40] '썩었다' 카아토그램

'썩었다(腐)'의 경우는 「자료집Ⅷ」(경남, 1993 : 251)에서는 경남 밀양등지에서 '석었다'형이 발견되는 것으로 보아 동서 분화형으로 파악하는 것이 더 타당하다. 이를 카아토그램으로 나타내면 위의 [지도 40]과 같다.

'씻어라(洗)'의 경우는 「자료집Ⅷ」(경남, 1993 : 238)에서는 경남 밀양 등지에서 '식거라'가 조사되므로 이것도 동/서 분화형으로 보는 것이 더 타당하다. 이를 카아토그램으로 나타내면 아래 [지도 41]과 같다.

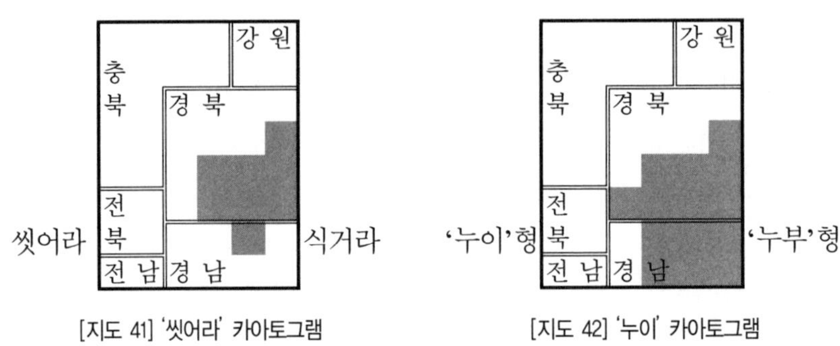

[지도 41] '씻어라' 카아토그램   [지도 42] '누이' 카아토그램

'누이'의 경우 김택구(1991 : 27~28, 97)는 'ㅂ'을 유지하는 지역을 경남 동부의 울산, 양산, 김해, 밀양, 창녕, 합천 일부지역에서 실현되고 있는 것으로 보아서, 동/서 분화형(嫂누부/嫂누이)으로 설정하고 있고, 「자료집

Ⅷ」(경남, 1993 : 130)에서도 경남 합천과 함안 등지에서 실현되고 있다. 이를 토대로 하여, 카아토그램을 작성해 보면 위 [지도 42]와 같다.

'가오리(鱝魚)'의 경우 김택구(1991 : 25~26, 97)에서 '가부리(동부) / 가오리, 가우리(서부)'로 실현됨을 제시하면서 동 / 서 분화형으로 설정하고 있으며, 「자료집Ⅷ」(경남, 1993 : 158)에서는 경남의 창녕, 밀양, 의령, 의창, 김해, 양산, 남해 등지에서 '가부리, 가보리'형이 실현된다고 기록되어 있다. 이를 통해 보면 경북 지역에서도 동 / 서 분화형으로 예상할 수 있는데, 아래 [지도 43]의 카아토그램을 통해 확인하면 더욱 확실해진다.

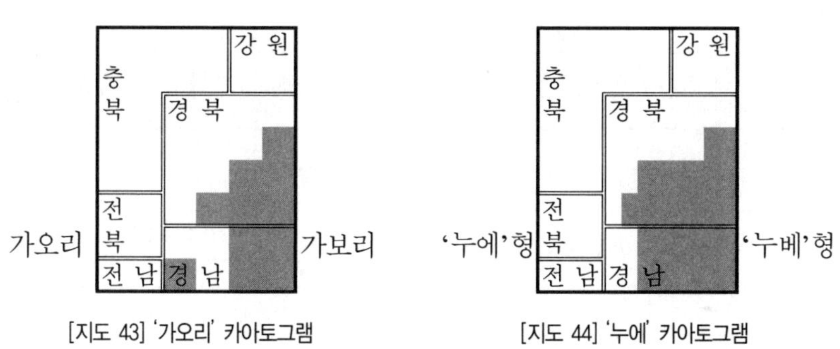

[지도 43] '가오리' 카아토그램   [지도 44] '누에' 카아토그램

'누에(蠶)'의 경우는 경북 지역만의 분포 양상을 보면 남 / 북 분화형으로 보기 쉬우나, 주변 다른 도와의 연계를 고려할 경우는 사정이 다르다. 김택구(1991 : 26~27, 97)에서는 동 / 서 분화형으로 보고 있으며, 「자료집 Ⅷ」(경남, 1993 : 88)에서는 경남의 합천, 창녕, 밀양, 울주, 진양, 함안, 의창, 김해, 양산, 고성, 남해, 통영, 거제 등지에서 실현되고 있다. 김충회 (1990 : 101)에서는 누에(중부), 눙에(동부), 뉘(남부)로 충북 지역의 실현양상을 제시하고 있어, 경북 지역에서 이 어형을 동 / 서 분화형으로 판단하는 데 근거가 된다. 「자료집Ⅴ」(전북, 1987 : 73)에서의 결과를 통해서도 이 어형을 동 / 서 분화형으로 보는 것이 더 타당하다는 사실을 발견할 수 있

다. 이상을 종합하여 위 [지도 44]와 같은 카아토그램을 제작할 수 있다.

'맵 + 아서'와 '짭 + 아서', '무겁 + 아서'형도 이러한 방법으로 살펴
본 결과 동 / 서 분화형으로 판명이 되었다.

이러한 카아토그램을 이용하는 방법을 통해 '동서 분화형'으로 밝혀진
항목들은 다음과 같다. '쌀밥 + 이'(50 이하 整理), '썩었다(腐)', '씻어라
(洗)', '누이', '가오리(鱝魚)', '누에(蠶)', '맵 + 아서', '짭 + 아서', '무겁
+ 아서'

[표 4] 경북 방언형에 적용된 구분 기준

	남 / 북(76 × 2)점	동 / 서(68 × 2)점	등어선 구분	비고
50% 이상	76점 이상	68점 이상	[+], [−]형에 따른 구분	1차구분
25% 이상	38점 이상	34점 이상	1차 등어선	
25%~10% 이상	37점~15점 이상	33점~13점 이상	2차 등어선	2차구분
10% 미만	15점 미만	13점 미만	방언차가 없음 (전이 지대)	

다음, 동부(남부)형은 [+ 점수], 서부(북부)형은 [− 점수]로 수치화하여
각 읍면별로 합산한 뒤, 위의 [표 4]의 기준에 입각하여 방언 구획선을
위치시키면 된다.12) 이 모든 과정은 컴퓨터를 활용하여 일괄 계산하고,
이 숫자를 메일머지를 이용하여 바탕 지도에 자동 대입하여 분할 지도를
제작한다(김덕호, 1997).

본고에서는 [표 4]의 구분 기준에서 1차 구분만을 적용하고 있다. 하

---

12) 본고에서 설정한 [+ 점수]의 근거는 '경상도 방언'다운 특성을 가진 방언형이란 의
미이다. 이런 의미에서 지리언어학적으로 중앙어의 영향권에서 되도록 멀리 떨어
져 있는 경북의 동남부지역을 경상도 방언의 중심지로 설정할 수 있다. 왜냐하면
경상방언의 基層은 경주를 중심으로 한 新羅語라고 보기 때문이다.

지만 섬세한 세부 구획을 시도할 경우에는 2차 구분 기준을 그대로 적용하면 된다. 남/북 분화를 보이고 있는 방언형들과 동/서 분화를 보이는 방언형들을 이 논문 의 부록에 [분화형 조견표]를 통해 제시하고자 한다. 또한 앞에서 제시한 기준에 의거하여 점수도 예시한다.

4. 경북 방언의 분화 양상

1) 남북 방언 분화 양상

'남북분화형 분할 지도([지도 45])'에서 [＋] 지역인 남부 방언형지역과 [－] 지역인 북부 방언형지역으로 분할되는데, 남부 방언형지역은 김천, 구미(선산), 칠곡, 성주, 군위(의홍 제외), 대구(달성), 고령, 영천, 경산, 청도, 포항, 경주와 상주의 일부지역, 의성 일부지역, 청송 현서, 부남 등이 이에 속하는 지역으로 판단된다. 북부 방언형지역은 문경, 예천, 안동, 영주, 봉화, 울진, 영양, 영덕과 청송(현서 부남 제외), 의성 북부지역으로 생각된다. 특히 청송과 의성, 상주, 군위는 남북분화 방언형의 전이 지역 (transition area)이다.

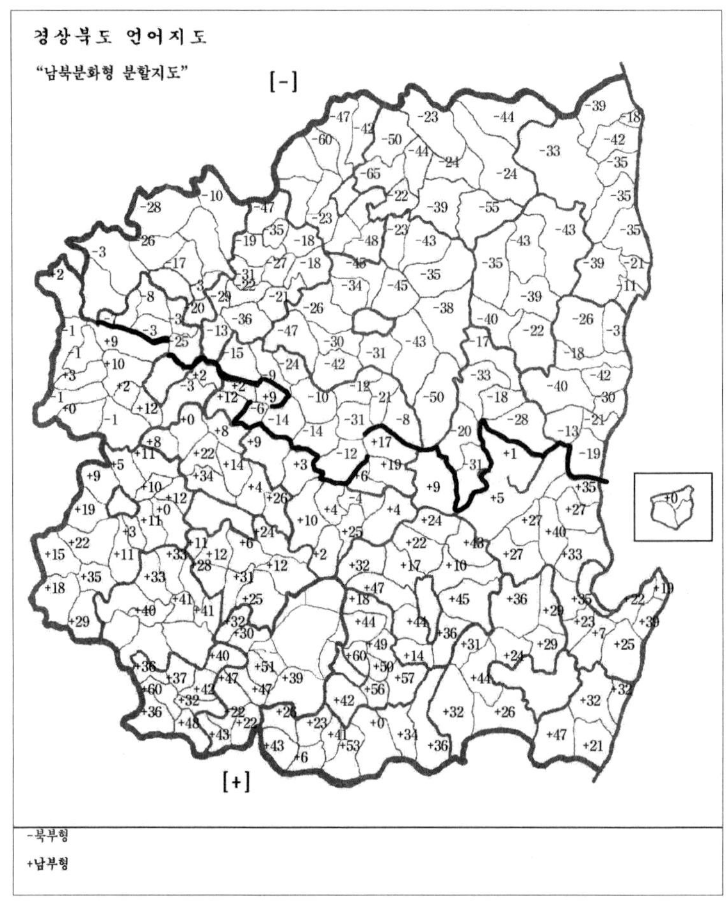

[지도 45] 남북 분화형 분할 지도

2) 동서 방언 분화 양상

'동서 분화형 분할 지도([지도 45])'에서 [+] 지역인 동부 방언형지역과
[-] 지역인 서부 방언형지역으로 분할되는데, 동부 방언형지역은 울진,
영양, 청송, 영덕, 영천, 대구, 경산, 청도, 포항, 경주와 안동 일부지역,

봉화 일부지역, 영주 일부지역, 의성 동부지역, 군위 일부지역(소보면 제외), 고령 일부지역이다. 서부 방언형지역은 예천, 문경, 상주, 선산, 김천, 구미(선산), 칠곡, 성주, 고령 일부, 영주의 순흥면, 봉화 일부지역(춘양, 석포, 봉화, 명호, 재산), 의성 일부지역과 군위 소보, 청도 풍각 등이다. 특히 고령, 군위, 의성, 영주, 봉화, 안동은 동서 분화 방언형의 전이 지역(transition area)으로 판단된다.

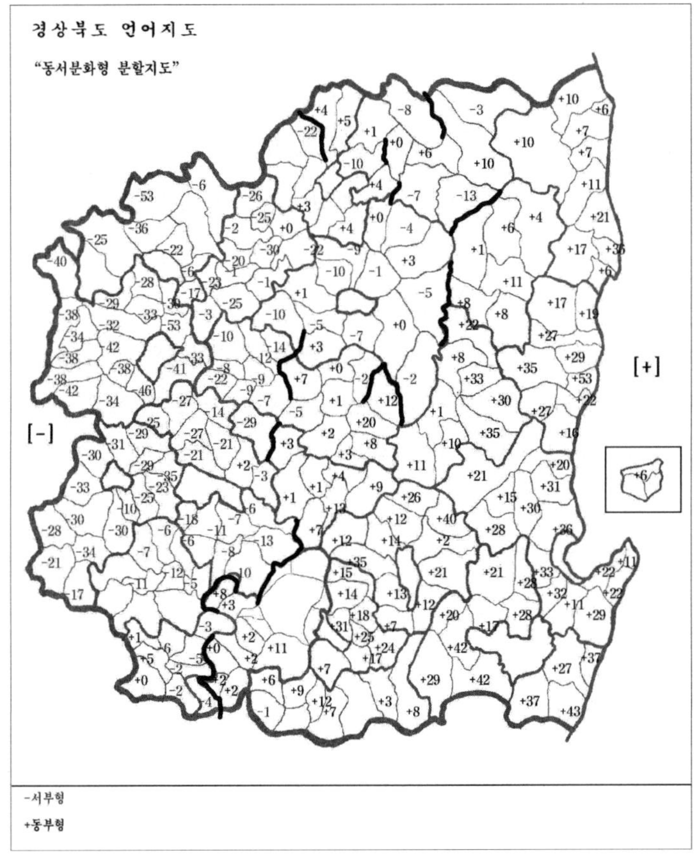

[지도 46] 동서 분화형 분할 지도

3) 경북 방언 구획 양상

'경북 방언 구획지도([지도 47])'를 작성해 본 결과, 경북지역은 4개 하위 방언지역으로 나눌 수 있다. 첫째, '동남 방언지역'은 대구(구지 제외), 경산, 청도, 영천, 경주, 포항을 중심으로 하고, 의성의 사곡, 춘산, 가음과 군위의 효령, 우보, 산성, 부계, 고로를 포함한다. 둘째, '동북 방언지역'은 울진, 영양, 영덕, 청송(현서면, 부남면 제외), 안동 일부(예안, 임동, 임하, 길안면 포함)를 중심으로 하고, 봉화 소천면과 의성 옥산면을 포함한다. 셋째, '서남 방언지역'은 상주 일부(은척, 이안, 공검, 사벌, 함창 제외), 김천, 구미(선산), 칠곡, 성주, 고령과 의성 단밀, 단북, 안계면과 군위 소보면, 대구 구지가 이에 속한다. 넷째, '서북 방언지역'은 상주 은척, 이안, 공검, 사벌, 함창과 문경, 예천, 영주, 봉화(소천면 제외), 안동 일부(예안, 임동, 임하, 길안 제외)가 중심이 되고, 의성 일부(다인, 안사, 신평, 구천, 비안, 봉양, 안평, 단촌, 의성, 금성), 군위 의흥이 이에 속한다.

이상 4개의 방언지역은 통계처리에 의거한 경북방언의 구획양상이다. 특히 의성은 4개의 방언지역에 모두 걸쳐지는 지역이었는데, 전이 지역(transition area)의 특징을 발견할 수 있는 곳으로 지역적 특성을 부여할 수 있다.

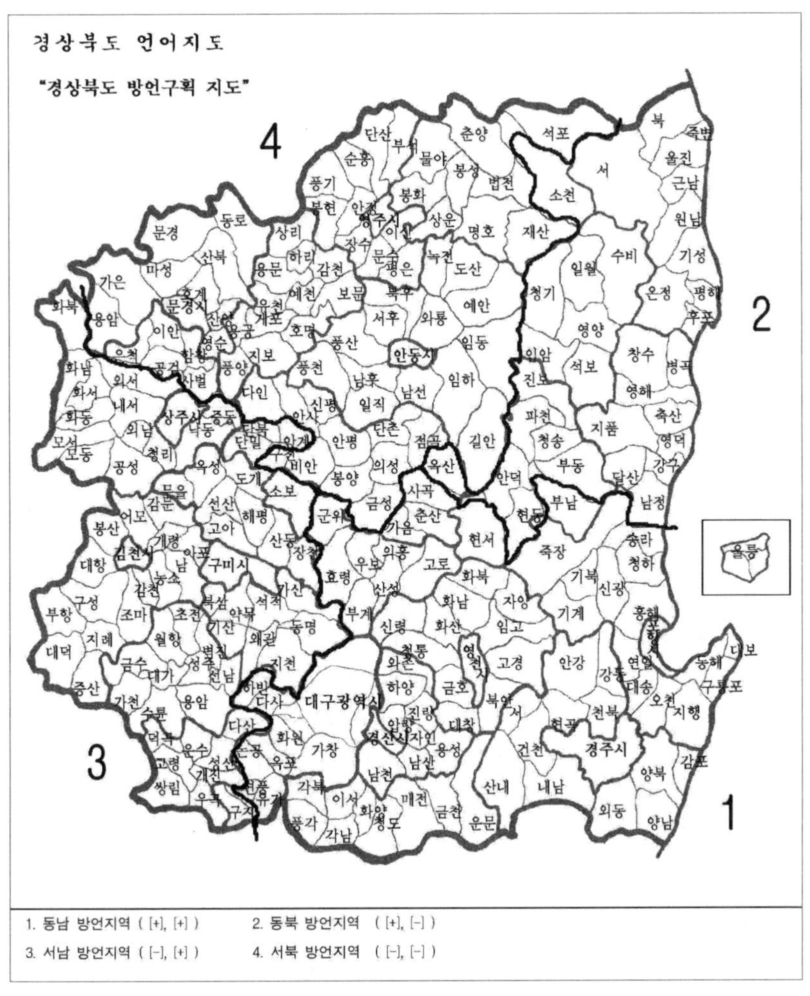

[지도 47] 경북 방언 구획 지도

5. 나가기

본고는 방언 구획을 위해서 기존의 통계적 처리를 통한 분할 지도 제작 방식에 몇 가지 방법을 보완하여 음운, 어휘, 문법 등의 언어적인 현상에서 비롯된 격차를 가중치를 부여하여 통합적 계산 방법을 고안하였고, 서로 양립하는 방언형을 [+], [−]로 구분하여 분할 지도를 더욱 명시적으로 표현하였다. 또한 이를 경북 방언에 직접 적용하여 그 타당성을 살펴보는 동시에 방언의 분화 양상에 따른 경북 하위 방언 구획을 시도하였다.

(가) 남북 분화 양상
- [+] 지역(남부 방언형 지역) : 김천, 구미(선산), 칠곡, 성주, 군위(의흥 제외), 대구(달성), 고령, 영천, 경산, 청도, 포항, 경주, 상주 일부 지역, 의성 일부 지역, 청송 현서, 부남 등.
- [−] 지역(북부 방언형 지역) : 문경, 예천, 안동, 영주, 봉화, 울진, 영양, 영덕, 청송(현서, 부남 제외), 의성북부지역
- 轉移地域(transition area) : 청송, 의성, 상주, 군위

(나) 동서 분화 양상
- [+] 지역(동부 방언형 지역) : 울진, 영양, 청송, 영덕, 영천, 경산, 청도, 포항, 경주, 안동 일부, 봉화 일부, 영주 일부, 의성 동부 지역, 군위 일부(소보면 제외), 고령 일부, 대구
- [−] 지역(서부 방언형 지역) : 예천, 문경, 상주, 김천, 구미(선산), 칠곡, 성주, 고령 일부, 영주(순흥), 봉화일부(춘양, 석포, 봉화, 명호, 재산), 의성 일부, 군위(소보), 청도(풍각)
- 轉移地域(transition area) : 고령, 군위, 의성, 영주, 봉화, 안동

(다) 경북 방언 구획 양상
  1. '동남 방언 지역' : 대구(구지 제외), 경산, 청도, 영천, 경주, 포항, 의성(사곡, 춘산, 가음), 군위(효령, 우보, 산성, 부계, 고로)
  2. '동북 방언 지역' : 울진, 영양, 영덕, 청송(현서, 부남 제외), 봉화(소천), 의성(옥산)
  3. '서남 방언 지역' : 상주(은척, 이안, 공검, 사벌, 함창 제외), 김천, 구미(선산), 칠곡, 성주, 고령, 의성(단밀, 단북, 안계), 대구 구지, 군위(소보)
  4. '서북 방언 지역' : 상주(은척, 이안, 공검, 사벌, 함창), 문경, 예천, 영주, 안동, 의성 일부(다인, 안사, 신평, 구천, 비안, 봉양, 안평, 단촌, 의성, 금성), 봉화(소천면 제외)
  특히, 의성은 4개 권역에 모두 걸쳐지는 지역으로, 轉移地域(transition area)적 특징이 발견되고 있다.

  끝으로 앞으로 보완해야 할 문제점과 전망을 제시하면 다음과 같다. 첫째, 방언 분할에 직접적으로 작용할 수 있는 어휘의 추가에 따라서 방언 구획 지도가 달라질 가능성이 있다. 이것은 결국 음운, 어휘, 문법적 현상 가운데 무엇에 치중하느냐에 따라 방언 구획 지도가 달라질 수 있다. 둘째, 본고에서는 2차 구분을 시도하지 않았으나, 더욱 세밀한, 하위 방언 구획이 필요한, 경우는 앞에서 제안한 기준대로 적용하면 된다. 셋째, 현지 방언 조사 시 좀 더 정밀한 조사가 필요하고, 철저한, 분석이 있어야 한다. 마지막으로 언어 현상에 따라 방언의 등급을 매기고 차등하게 점수를 산정하는 문제를 앞으로 더욱 보완해야 할 것이다.

[표 5] 남/북 분화형 조건표

표제어	북부형(−)	남부형(+)	점수
쌀밥 + 이	쌀{살}바비	쌀{살}배비	3점
애벌맨다	아이맨다	아시맨다	2점
아궁이	부엌	부석, 부적	2점
무 :	무꾸	무시	2점
콩나물	콩질검, 질굼	콩지름	2점
(콩을) 불린다	불군다	불운다	2점
혀	혀.헤{빠딱}	세,시{빠닥}	2점
뼈	'×다구'형	'×가지,×간지'형	4점
나비(蝶)	나비,나벵이	나부{이}	3점
벙어리	버버리	버부리	3점
(밥을) 푼다	푼다	펀다	3점
젓 + 어서	저어서	젓어서	3점
솔가리	솔갈비, 갈비	솔깔비,깔비	3점
짚 + 이	지피	지비	3점
젓가락	×깔,까리	×까치	4점
구유	소죽통,소통	구시, 구위	1점
뽀쪽하-게	빼쪽×	쪼뺏×, 째뺏×	1점
큰아버지(伯父)	{큰,맏}아배	{큰,맏}아부지	1점
큰아버지(伯父))	맏{아배,아부지}	큰{아배,아부지}	1점
화 : 로(爐)	화로	화리	2점
식혜	감주	단술	1점
달-오	다×,가져온나,갖고오니라	도 : {두}×	2점
번데기	꼰데기	번데기,본데기	1점
회오리바람	돌개바람	호더락바람	1점
상추	부루	상추	1점
부추	부추	정구지	1점
두부	두부	조포	1점
주걱	주걱, 박죽, 박주개	주개{이}	1점
간장	장물	지렁	1점
깨끗하지 않다(부정법)	~지 않다.	안~하다	5점
공동격(나 + 와)	하고, 아고, 날과(날 : 과)	캉	4점
판다(賣)	판다	낸다, 바친다	5점
산다(買)	산다, 받으러간다	판다	5점
			(76)

[표 6] 동 / 서 분화형 조건표

표제어	서부형(–)	동부형(+)	점수
쌀밥 + 이	쌀바비	살바비	3점
썩었다	썩었다	석었다, 석았다	3점
씻 + 어라	씻어라	싯어라, 식거라, 싯아라	3점
누이	누이, 누임	누부	2점
가오리(鰩魚)	가오리, 가우리	가보리, 가부리	2점
홀아비	홀아비	호불아비, 홀아바이	2점
누에	누에(애)	누베(배)	2점
맵 + 아서	매와서	매바서	3점
짭 + 아서	짜와서, 짜가와서	짜바서	3점
무겁 + 아서	무거워서	무거버서	3점
그을음	끄을음	끄시럼, 끄지럼	2점
가위	가새	가시개, 가이개	2점
머루	머루	멀구	2점
수수	수수	수꾸	2점
다리미	다리미	다리비	2점
뼈	삐	뻬, 뼈	2점
키	치, 칭이	체, 쳉이, 키, 케이	2점
벽	빅	벡, 벽	2점
소꿉질	빵×	동×	1점
#젓가락	저×	재×	1점
#뾰쪽하 – 게	×하게	×하구로	4점
가볍다	개갑다	해깝다	1점
뜰(뜨럭)	뜨럭	축{담}	1점
옥수수	옥수수, 옥수꾸	강낭, 강냉이	1점
옆구리	여불떼기, 옆구리	야불떼기, 얖꾸리	2점
모래(沙)	모새	몰개{미}	2점
댄님	댄님	가불땡이, 발땡이	1점
값 + 이(주격어미)	– 이	– 이가	4점
물 + 을(목적격어미)	– 을	– 로	4점
동생 + 에게(여격어미)	– 한태	– 인대, – 자태	4점
			(68)

언어 전파의 계측 방법

김 덕 호

1. 소개

언어는 인간의 역사와 더불어 끊임없이 변하고 있다. 이런 의미에서 인간이 태어나서부터 일정 기간 동안 습득한 개인어(ideolect)는 특별한 경우가 아니면 변화 없이 일생을 유지하게 된다. 그런데 그 개인이 없어지게 되면 말도 따라 소멸되는 것이 아니라 후손들에게 전달될 것이고, 또 그 후손들이 이어 받게 될 것이다. 그러므로 말은 무형의 유산과도 같은 것이다. 그렇지만 최초의 말과는 상당히 달라진 모습을 보일 것이다. 즉 과거의 말이 현재의 말과 다르고, 이 말은 다시 얼마 후 달라질 것이다.

이 과정을 특정 지역에 국한하여 볼 경우, 한 지역 내에서 어휘가 생성, 변천, 소멸하는 과정으로 이해된다. 그런데 이것을 방언학의 관점으로 보면 특정한 언어 변화 현상이 인접한 다른 지역과 연계하여 역동적으로 이동하는 것이라고 해석할 수 있다. 이처럼 한정된 지역에서 새로운 언어 변화가 관찰될 경우, 방언학에서는 언어의 改新(innovation)이라는 말로 이해하거나, 인접 지역으로 새로운 언어 현상이 옮아가는 공간적 확산(spatial diffusion)이라고 해석한다. 이러한 공간적 확산(이동) 이론은 언어의 전파를 이해하는데 유용한 가설인데, 인접한 각 지역 별로 조금씩 다르게 나타나는 언어의 시차성이 이 이론을 입증하는 증거이다. 그러므로 언어의 공간적 확산이나 이동 과정이 실재하고 있다는 사실은 증명이 되는 셈이다. 이처럼 개신파의 공간적 확산의 현상이 예상될 경우, 몇 가지의 타당한 방법론만 수립된다면, 그 이동 현상을 확인할 수 있을 뿐만 아니라 이동 속력도 실제로 산출할 수 있다.

본고에서는 우선 개신파의 이동 현상을 확인해보고, 그것의 속력을 측정하고자 한다. 이를 위해 언어 전파를 계측할 수 있는 방법론을 수립하고, 조사 대상 지역에서 실제로 수집한 방언자료를 적용하여 수립한 방법론의 타당성을 증명하고 이해하고자 한다.

2. 앞선 연구와 문제점

한 지역의 언어가 인접한 다른 지역으로 옮아가는 과정을 波紋(wave)에 비유하여 이해하고자 한 J. Schmidt(1872)의 파동설(The wave theory)은 언어 전파 이론의 古典으로 인식되고 있다. 20세기에 들어서 Saussure(1916) 와 Dauzat(1944)는 개신파의 개념을 정립했고, H. Kurath(1972)는 각 나라의 방언 전파에 대해 상세히 설명하고 있다. 그 후 J.K. Chambers and P. Trudgill(1980)과 P. Trudgill(1984)에서도 방언 전파에 대한 연구가 다소 이루어졌다. 하지만 아직까지는 이론적인 체계가 확실하게 수립되지 않은 미개척 분야로 인식되고 있다(이익섭, 1984 : 220).

언어 전파의 정도를 측정하고자 하는 논의는 M. Swadesh의 어휘통계학(Lexico-statics)적 방법론이 대표적이다.[1] 하지만 이 방법론은 그 자체가 가지는 문제점이 있는데, 첫째, 문화권이 서로 다른 언어에서는 공통 기본어휘(basic vocabulary)를 찾기 힘들다는 것이다. 둘째, 기본 어휘 선정에서 객관적인 기준을 세우기가 어렵다는 점이다. 셋째, 차용 어휘와 동계 어휘를 구별하여 다르게 설정하여야 하는데, 이에 대한 변별 기준을 설정하기 어렵다는 점이다. 넷째, 이 이론에 따르면 기본 어휘의 치환 속도는 통상 2,000년에서 4,000년 사이가 가장 신뢰도가 높다고 보고 있는데, 중세 국어이래 500년 정도 경과된 현대 방언에 과연 적용하여 신뢰도가 높은 결과를 얻어 낼 수 있을지 의문이다(김영배, 1980). 또한 엄청나게 큰 수를 간편하게 계산하기 위해서 근사치(log, 대략적인 값)를 활용한 계산법을 이용하는데, 이것은 수학적으로 보면 정밀한 계산법이 못 된다. 이러한 방법론상의 문제점으로 인하여 이후 그렇게 활발하게 적용되지 못했다. 다만 일본의 服部四郎(1954)과 梅田博之(1963)가 이러한 어휘통계학적 방법론을 적용하여 연구한 바 있고, 우리 나라에서는 김영배(1980, 1984)의 연구가 있다.

그런데 M. Swadesh의 이론은 앞서 제시한 방법론 자체에 내포된 문제점 외에도 근본적으로 의문이 가는 점이 있다. 이 이론은 일정한 기본

---

1) 일명 言語年代學(Glotto-chronology)이라고 불리어지기도 하는 이 이론은 대상 지역의 어휘 보유율의 차이를 통해 어휘변화 속도와 잔존율을 산출하는 방법이다. 이 논의에서 제시된 공식은 단위 시간 1000년에 대한 기본 어휘의 잔존어율(殘存語率)(r)에 경과한 시간(t)을 나누어 각 어휘의 보유율을 구하고, (log r = log R ÷ t) 두 언어의 공통잔존어 백분율(c)에 평균보유율(r)을 나누어, 두 언어의 분기된 年數를 산출해 내는 방식이다(d = log c ÷ 2 log r).

어휘를 정해 놓고, 대상 지역의 어휘 보유율과 일정 기간이 지난 후에
잔존어휘 빈도의 차이를 비교하여 어휘 변화 속도를 산출하자는 방식이
고, 이러한 논의에 따르면 개별 어휘의 개신파가 전파되는 속력 문제는
전혀 고려할 차원의 대상이 아니라는 것으로 판단된다. 하지만 상식적으
로 생각해봐도 개신파가 이동한다는 것은 선정된 기본 어휘들의 어휘 통
계학적인 계산에 의한 잔존 보유율의 높고 낮음으로 산출되는 것이 아니
라, 개별 어휘의 차원에서 각각 다루어져야 할 문제이다. 그러므로 M.
Swadesh의 어휘 통계학적 이론은 대상 어휘의 개신파 이동을 개별적으
로 계측하고자 하는 본고의 방법론과는 전혀 다르다.

3. 개신파와 개신자

　　방언이 개신되어 나가는 과정을 파문(wave)에 비유해서 이해하는 이론
을 파동설(wave theory)이라 한다. 이 개신의 물결을 개신파(innovation)라고
하고, 어떤 언어의 변화를 발생하게 하는 원인 제공자를 개신자(innovator)
라고 부른다. 언어의 개신은 한 지역을 한정시켜 놓고 보면 지금까지 없
던 새로운 언어 현상의 출현을 뜻하지만 거시적인 관점에서 대상 지역을
확장시켜 관찰해보면 그 현상은 이미 다른 지역에 있었던 현상일 가능성
이 높다. 이런 의미에서 이익섭(1984 : 211)은 언어의 개신이란 다른 지역
으로 언어가 전파되는 일과 밀접하게 관련 있다고 지적한다.
　　개신파의 진행 사실을 인식하는 것은 언어 변화의 과거를 반추하고 미
래를 추측할 수 있게 해주는 중요한 과정이다. 이에 대해 한영균(1986)은
개신파의 공간적 확산(spatial diffusion)이 언어의 통시적 변화와 밀접한 관

계를 맺고 있다고 지적한 바 있다.

그런데 개신파의 진행을 언어 변화의 시작이라고 할 때, 특별한 어휘나 어형에 대한 개신이 동시에 이루어지는 것은 아니며, 마찬가지로 특정 지역의 모든 세대의 사람들이 동시에 언어 변화를 일으키지는 않을 것이다. 어떤 언어 변화를 일으키는 개신자는 특정 지역의 일부 세대에 국한되는 경우가 많다. 노년층은 고착된 자기의 말을 바꾸기 어려울 것이나, 젊은 세대는 말을 배우는 과정에서 얼마든지 새로운 요소를 받아들일 가능성이 높다. 이러한 사실은 매우 자연스러운 현상으로 노년 세대보다 젊은 세대에서 개신의 전파가 더 빠를 것이라는 점은 일반화되어 있는 이론이다.[2]

방언의 전파는 역동적이다. 이러한 역동적 움직임을 발견할 수 있는 요인은 다양하며, 이러한 역동적 움직임이 클수록 인접지역에 대한 영향력은 높아진다. 그리고 이러한 영향력을 방언학에서는 引力(gravity)모델로 이해하고 있다. 이익섭(1984 : 218~221)은 개신파가 주위로 퍼져 나갈 때 한 지역에서 다른 지역으로 주고받는 영향력이 존재하며, 언어 전파의 영향력이 높은 지역일수록 인력이 높을 것이라고 밝히고 있다.

그러므로 언어 전파의 완급을 결정짓는 요인은 거리, 인구, 통혼, 역사적 배경, 종교적 배경과 언어적 유사성 등이며, 여기에 덧붙여 다수의 개신자(젊은 세대)의 존재를 들 수 있다. 이 가운데 본고에서 제시된 언어 지

---

2) 라보브(Labov)는 1940년대에 뉴욕에서, 모든 세대가 'bird, third, verse'의 모음을 [ɜI]로 발음하고 있는 것으로 확인할 수 있었으나, 1966년대에는 60세 이상은 100%, 8~19세는 0%가 조사되었다고 하면서 젊은 세대에서 언어변화가 발생하고 있음을 어변하고 있으며, 영국 Norwich 지방 [θ]의 발음이 비표준 발음으로 개신되는 현상을 조사하여 나이별로 점수화한 결과, 30~39세는 67 / 200점, 20~29세는 100 / 200점, 10~19세는 173 / 200점으로 젊은 층으로 갈수록 새로운 언어 현상이 높게 나타나는 것으로 보고 있다(이익섭, 1984 : 209).

도(본 논문 [부록]의 [지도 50], [지도 51])의 분석을 통해 확인할 수 있었던 요인은 거리(교통로)와 인구이다. 본 논문 [부록]의 [지도 49] '개신파의 전파속력 측정의 대상지역' 지도에서 (가)경로는 의성에서부터 28번 국도를 따라 금성, 우보, 의흥, 고로, 신령, 청통, 금호까지 이어지고 진량, 압량, 자인을 잇는 987번과 985번 지방 도로가 경산을 통과하는 25번 국도와 연결되면서 청도까지 이어지고, (나)경로는 봉화군 소천면에서 포항시 장기면까지의 31번 국도로 이어지는데, 이들 교통로에 연접해 있는 지역들에서 주변 다른 지역보다 개신형(어두 ㅅ 경음화)이 더 많이 발견되는 점을 통해서, 교통로가 개신파의 진행 경로로 이용된다는 사실을 알 수 있다. 그러므로 교통로에 인접한 주위 읍, 면 지역의 부락들이 개신파의 직접적인 영향력 아래에 놓여 있음을 추론할 수 있다.

그리고 (가)경로의 개신파의 이동 속력보다는 (나)경로의 이동 속력이 높은 것으로 측정되는데, 이러한 사실은 영천과 포항의 인구의 동향과 이동 인구수의 증감이 다르다는 점을 근거로 입증할 수 있다. 그러므로 인구가 언어 전파에 직접적인 영향력을 행사하고 있음도 아울러 추론할 수 있다([표 7]).

또한 개신자는 주로 젊은 세대라는 점도 알 수 있다. 즉 위의 통로 상에 있는 조사 지점에서 나이가 많은 세대보다 젊은 세대에서 개신어형이 더 많이 발견되었다. 또한 개신자의 성별과 방언의 전파가 관계 있을 것이라는 점도 예상할 수 있으나, 본고에서 분석한 언어 지도를 통해서는 발견할 수 없었다.3)

---

3) 북아일랜드의 벨파스트(Belfast) 지역은 여성이 언어 개신의 주도자가 된 사례를 보여 주며, 놀위찌(Norwich) 지방에서 비표준어 쪽으로의 개신은 남자들에 의해 먼저 일어나는 것으로 보고 있다. 우리나라의 경우라면 언어의 개신은 남성 쪽에서 시작되리라고 가정을 할 수 있는데, 이는 사회생활을 주도하는 쪽이 통상 남성일 경우가 많기 때문이다.

　지금까지 언어의 변화에 대한 연구는 주로 결과만을 가지고 이루어져 왔기 때문에 개신의 여러 조건에 대한 연구는 그다지 진척되어 있지 않다. 지역적으로 도시와 시골 중 어느 곳에서 먼저 개신이 시작되는지, 도시라 하더라도 어떤 조건의 도시에서 먼저 발생되는지 등이 연구되어야 하며, 언어 현상 중 어휘라면 어떤 어휘, 음운 현상이라면 어떤 음운 현상에서 개신이 시작되고 그것이 어떤 변화 과정을 겪는지 등도 정확하게 고찰되어야 한다.

　그러므로 어떤 지역의 방언 구획을 시도할 경우 이러한 변화의 방향도 예측하여 자료를 수집할 필요가 있다. 즉 종래에는 주로 농촌지역에서, 나이가 많고(60대 이상), 고형을 많이 알고 있는 특정한 제보자만을 대상으로 현지 방언 조사를 실시했다. 하지만 이제는 이러한 제보자 선정의 방법에서 탈피하고 그외 다른 언어외적인 조건들도 고려하여 다양한 연령층과 계층의 제보자를 대상으로 현지 조사에 임할 필요가 있다. 이것은 거시적인 안목에서 사회언어학적 방법과의 접목을 뜻하며, 앞으로 방언학이 나아가야 할 바람직한 방향이다.

4. 계측 방법론

　개신파의 역동적인 실체를 규명하는 데는 어휘 이동의 경로를 규명하는 것이 중요하다고 생각한다. 왜냐하면 개신파의 이동 경로를 찾아내게 되면 변화의 방향을 예상할 수 있게 되고, 어휘의 진원지도 자연스럽게 밝혀질 것이기 때문이다. 뿐만 아니라 이를 토대로 개신파의 이동 속력을 계산할 수 있고 앞으로 진행될 개신파 이동의 거리라든가 소요시간도 예측할 수 있다. 또한 이를 근거로 특정 개신파에 내재된 引力(gravity)의 程度나 反撥力의 强度까지 산출해 낼 수도 있다. 그런데 이러한 논의를 위해서는 잔재지역(relic area) 및 언어섬(language island)이라든가 건너뛰기 확산(jumping diffusion)과 같은 불규칙적으로 이루어지는 언어의 확산은 배제될 수밖에 없고, 점진적으로 이루어지는 언어의 공간적 확산(spatial diffusion)만이 가정되어야 한다. 또한 언어의 전파에서 점진성을 저해할 수 있는 여러 가지 변수(시장권, 통혼권, 문화적 차이나 최근의 통신, 방송 매체 등)들은 본고의 논의를 위해서 보류할 수밖에 없다.4)

먼저, 개신파 이동의 평균 속력을 산출하기 위해서 다음과 같은 [공식 1]을 제안한다.

$$[\text{공식 1] 개신파 이동의 평균 속력(km / 년)}$$
$$\text{개신파 이동의 평균 속력}(\bar{v}) = \frac{\text{이동 거리}(\Delta s)}{\text{경과된 시간}(\Delta t)} \ (\text{km / 년})$$

위의 공식을 가지고 개신파의 전파 속력을 산출해 내려면 이동 거리와 경과된 시간이 제시되어야 한다.

이동 거리란 개신파가 확산되는 거리를 뜻한다. 개신파는 언어의 전파를 물결의 波紋(wave)에 비유한 용어이고, 이러한 전파는 바로 사람들에 의해 이루어진다. 물론 대중 방송 매체가 언어 전파의 일부 역할을 담당하고 있는 것은 사실이나, 궁극적으로 일상생활 속에서 사람들이 전파자의 역할을 한다는 점을 부인할 수 없다. 심지어 방송 매체에 많은 영향

---

4) 엄밀하게 보면 현재 조사된 방언 자료는 이러한 요인들도 함축된 자료라고 생각된다. 하지만 이런 문제에 대한 정밀한 논의는 후고를 기약하고자 한다.

을 받고 학교에서 표준어 교육을 체계적으로 받은 젊은 세대들도 일상생활 속에서는 자연스럽게 그 지역 방언을 구사하고 있다는 사실은 그리 어렵지 않게 확인되고 있다. 그리고 이러한 전파자가 사람들이란 점을 고려한다면, 개신파의 이동 통로에 대한 문제에 대해서도 단순히 지도상의 최단 직선 거리를 개신파의 이동 거리로 보기는 곤란하다. 만약 최단 직선거리 사이에 자연 지리적인 장애물(산, 강, 국경 등)이 있을 경우에는 사람들의 통행이 어렵기 때문에 적용할 수가 없다.

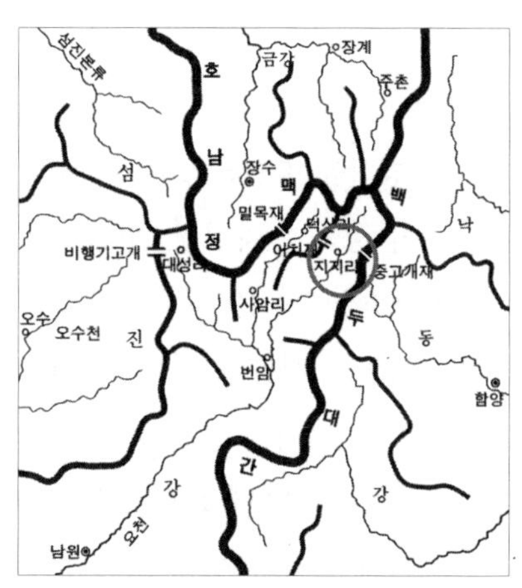

[지도 48] '지지리' 주변 지형도

다음과 같은 경우를 보면 이러한 논의가 좀 더 확고해진다. [지도 48]의 '지지리'란 곳은 금강, 낙동강, 섬진강 3강이 나뉘어 있는 지역이다. 해발 600m의 고지대인 이 지역은 직선거리로 보아 장수읍에서 8km, 함양읍에서 15km, 남원읍에서 25km 떨어져 있는데, 이곳의 언어와 풍습과 생활 모습은 직선거리로 더 가까운 장수나 함양과는 다르고, 오히려 더 먼 남원과 동질적이다. 그 이유는 남원으로 가는 길에는 고개나 산이 없고 대신에 요천을 따라 이어진 물길(통로)이 있어 남원까지의 이동이 용이하기 때문이다. 그러므로 앞의 3장에서 제시한 '사람들이 왕래할 수 있는 길이'를 이동 거리로 보는 것이 타당하다. 그런 의미에서 이동 거리란 바로 개신자(innovator)가 이동할 수 있는 거리 즉, 교통로(도로)의 길이를 말한다. 최영준(1990 : 19)은 교통로(도로)를 사람과 물자의 수송로이고, 각종 정보가 교환되는 문화의 傳播路라고 하고 있다. 그렇다면 정보가 교환되는 문화의 전파 속에는 언어도 포함될 것임은 분명한 사실이다. 그리고 이 교통로는 마을과 마을을 이어주는 국도나 지방도로가 될 것이고, 사람들의 이동이 빈번해야 한다. 이러한 논리에 입각하여 이동 거리를 구하기 위해서는 이동이 많은 교통로의 길이를 실측하면 된다.

다음 경과된 시간이란 어떤 지역을 대상으로 해서 동일한 어휘에 대한 자료가 일정 기간 동안 시차를 두고 지속적으로 수집되면서, 이루어진 시간적 격차를 뜻한다. 하지만 지금까지 대부분의 방언 자료에서 이러한 시차성을 확인하기 위해 의도적으로 수집된 결과물은 거의 없다.

이러한 문제를 극복하기 위해서 동일 시간에 수집된 대상 지역의 방언 자료만을 이용해서 경과된 시간을 산출하는 방법을 고안하였다. 이 방법에 대한 이해를 위해서는 먼저 사람들의 언어 습득과 자신의 언어를 유지하려는 경향을 이해해야 한다. 일반적으로 언어 습득은 대부분 청소년기 이전에 이루어진다. 이때 습득된 언어는 특별한 사유가 없는 한 일생 동안 계속 유지된다. 특히, 동일 지역에서 일생을 보내는 방언 화자의 경우는 자신의 말에 대한 보수력(保守力)이 그렇지 못한 방언 화자보다 훨씬 높다. 그러므로 자신의 방언권을 크게 벗어난 적이 없는 30대 이상의 방언 화자는 현재 사용하고 있는 자신의 언어를 거의 일생동안 유지하고 있을 가능성이 높다.5)

다음의 [그림 6]과 [그림 7]을 가지고 경과된 시간을 산출하기 위한 기본 원리를 설명하고자 한다. 이것은 횡축을 조사 지점으로 하고 종축을 세대(연령)로 하여 나타낸 글로토그램(glottogram)이다.6) 이 그림에서 조

---

5) 이는 논자의 개인적인 경험으로도 그렇고, 현지 방언 조사를 하면서 동일 지역에서 계속 거주해 온 30대 이상의 제보자들을 통해서도 확인할 수 있었다.

6) 글로토그램(glottogram, 地點 × 年齡)이란 언어 변화에 대한 사회언어학적 접근 방법으로 어형·음형의 공간적, 시간적 전파의 양상을 찾는 데 유용하게 이용된다. 眞田信治(1990 : 281)는 '富山縣利賀谷'에서 조사한 악센트를 글로토그램을 이용하여 제

사 대상 지역인 A, B, C, D지점을 조사한 결과 두 가지의 다른 방언형 ●와 ○가 서로 대치하고 있다. 그리고 각각 동일 지점에서 세대별로 차이가 존재하고 있는 모양이며, ●가 더 우세한 방언형으로 개신어형이다. [그림 6]에서 기준 세대를 60대로 하여 등어선을 작성한다면, B지점과 C지점 사이에 두 방언형의 경계가 위치할 것이다. 만일 20년 뒤에 똑같은 지점에서 동일한 방언 화자(마찬가지로 기준세대는 60대)를 대상으로 조사할 경우 아마도 [그림 7]과 같을 것이다. 이때에 등어선은 C지점과 D지점 사이에 위치한다는 사실을 확인할 수 있다. 이 두 그림을 분석한 결과 ●의 개신파의 등어선이 20년 뒤에 C지점과 D지점 사이로 이동할 것이라는 사실을 알 수 있다. 이러한 사실은 [그림 6]에서 보면 현재의 등어선이 C지점의 40대 제보자가 60대가 되는 20년 후에 C와 D지점 사이에 위치할 것으로 판단되고, 이는 개신파의 이동을 의미한다.

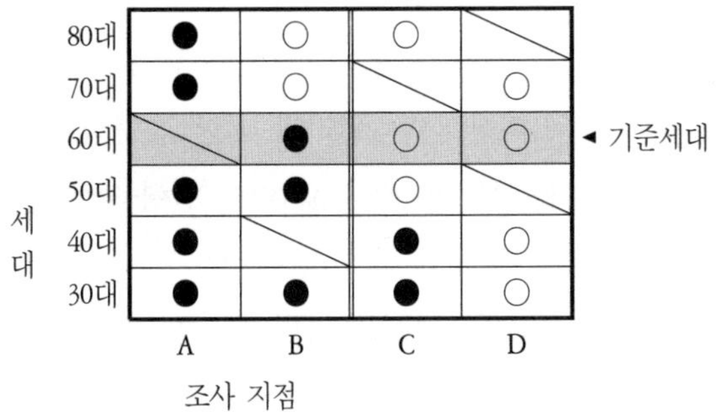

[그림 6] 현재의 글로토그램(glottogram)

시하고 있고, 高橋顯志(1993 : 36)에서도 자연지리적 요인이 지역 간의 교통을 저해하는 경우 그 대상 지역들의 말은 상당히 달라져 버리는 경우가 많다고 상정하고, 이를 증명하기 위해 '物部川流域'의 9개 부락에서 조사한 言語를 '글로토그램 分布圖'를 이용하여 나타내고 있다.

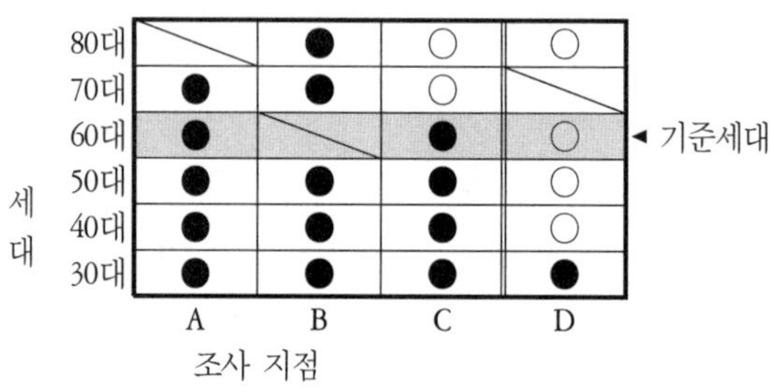

[그림 7] 20년 뒤의 예상 글로토그램(glottogram)

　이상의 원리에 입각하여 개신파 이동의 경과된 시간을 산출하는 방법에 대하여 알아 본다.

　먼저 A지점과 B지점에서는 이미 기준 세대(60대)가 개신형에 전염되어 있는 상태이므로 경과된 시간의 산출을 위한 근거로 이용할 수 없다. 그렇지만 C지점에서 60대를 기준 세대로 할 경우 개신파가 이동하는데 걸리는 시간은 앞으로 20년이 된다. 그리고 [그림 7]을 분석해 보면 D지점까지 개신파가 도달하는 시간은 현재를 기준으로 할 때 50년(20년 + 30년)이 소요될 것이다. 이러한 산출 원리에 대한 개연성이 신승원(1996 : 51)에서 지적된 바 있다. 그는 영해(괴시)지역의 연령층에 따른 단모음 체계를 비교한 결과 최명옥(1980)과 남영종(1988)의 성과가 동일하다고 지적하고 있는데, 본고의 논리대로 해석한다면 그 결과가 일치하는 것은 당연하다. 왜냐하면, 30대 이하, 40~50대 초반, 50대 후반 이상을 제보자로 삼은 최명옥(1980)과 8년 뒤에 40대 이하, 50대, 60대 후반 이상을 제보자로 삼은 남영종(1988)은 결과적으로 동일한 세대를 대상으로 조사한 것이기 때문이다. 만일 남영종(1988)에서 제보자의 조건을 동일 지역을 8년 전에 연구한 최명옥(1980)과 동일하게 했다면, 그 결과가 다르게 산출되었을 것이다.

이러한 추론을 종합해 보면, 다음의 [공식 2]와 같은 개신파 이동의 경과 시간을 산출할 수 있는 계산 방법이 나온다.

> [공식 2] 개신파 이동의 경과 시간 산출법
> 경과 시간 = 대상 지점의 기준 세대(60대) − 최초 개신형 발생 세대
>
> (단, 대상지점은 기준세대가 아직 개신형에 감염되어 있지 않아야 하고, 그 이하 어느 세대에서 개신형이 조사된 지점이어야 함)

이상과 같은 방법으로 개신파의 이동에 따른 경과된 시간이 산출되고, B와 C지점 사이의 교통로의 길이가 제시될 경우, [공식 1]을 이용해서 해당 개신파의 이동 속력을 계산할 수 있다.

인력 지수를 산출하기 위해서는 먼저 대상 지역의 모든 경로에서 작용하는 개신파의 전체 평균 속력을 구해야 한다.

> [공식 3] 전체 개신파의 평균 속력
> $$\text{전체 평균 속력} = \frac{\text{속력}a + \text{속력}b + \text{속력}c + \cdots + \text{속력}n}{n}$$

산출된 전체 평균 속력을 이용하여 인력 지수(引力指數)[7]를 계산할 수 있는 공식을 설정하면 다음과 같다.

---

7) 引力(gravity)이란 끌어당기는 힘 정도로 이해하면 된다. 그리고 지수(指數)란 물가나 임금 따위의 변동을 알기 쉽게 나타내기 위하여 일정한 기준을 100단위로 환산하여 비교하는 숫자인데, 이렇게 작성된 것을 '단순지수(single index)'라 한다. 본고에서 제시한 인력 지수는 동종의 복수 자료를 비교하기 위한 상대적인 결과로 '단순지수'이다.

> [공식 4] 인력 지수(引力指數,gravity)
>
> 인력 지수 = + (대상 경로의 개신파 속력 − 전체 평균 속력) × 100

다음의 [공식 5]는 반발 지수(反撥指數)를 구하는 공식으로 반발 지수 (−)는 인력 지수(+)에 상대적으로 작용한다. 그것은 밀어내는 반발력과 당기는 인력은 서로 반대로 작용하는 힘이기 때문에 당연한 설정이다.

> [공식 5] 반발 지수(反撥指數)
>
> 반발 지수 = −(대상 경로의 개신파 속력 − 전체 평균 속력) × 100

그런데 본고의 인력 지수나 반발지수는 절대지수가 아니라 상대지수 이다. 즉 산출된 결과가 [+지수], [−지수] 혹은 0은 전체 평균 속력에 대비한 결과이다. 그러므로 [−지수]라고 해서 인력이 없는 상태가 아니 라 기준이 되는 전체 평균 속력에 비해 인력이 낮다는 것을 의미한다.

이상에서 언어의 개신파가 확산되는 결과를 계측할 수 있는 방법을 수립하여 보았다.

5. 적용과 이해

위에서 수립한 공식을 수집된 방언 자료에 실제로 적용하면서 이러한 논의에 대하여 이해하고, 그 타당성을 검증하고자 한다.

이러한 방법론을 적용하기 위해 가장 바람직한 과정은 특정한 지역을 중심으로 수십 년간 동일한 어형에 대해 꾸준하게 조사되어 온 자료를 확보하는 일이다. 하지만 동일 지역을 위주로 수십 년 사이의 시차성을 확인하고 비교할 목적으로 조사 활동이 이루어진 경우는 거의 없다. 다만 시차성이 확인될 가능성이 있는 자료로 생각되는 몇몇 사례가 있기는 하지만 이것도 대단히 드물고 지엽적인 것이다.

그리고, 이러한 시차성을 확인할 수 있는 방언 자료가 확보되어 있지 않은 경우인데, 앞서 4장에서 제시한 경과 시간을 산출하는 방법을 이용하면 쉽게 시차를 계산해 낼 수 있다. 그런데 이 방법을 적용하기 위해서는 세대별로 조사된 자료가 확보되어야만 하므로 방언 자료를 수집할 때, 이를 감안하여 현지 조사를 실시해야 한다.

다음은 이런 논의를 위해 선정된 어휘 문제인데, 특히 어두에서 ㅅ 경음을 발음하지 못하는 현상은 동남 방언(대구, 영천, 경주, 포항, 울산)에서 독특하게 보이는 특징이다. 물론 방언 화자의 개인차에 따라 다소 차이는 있지만 의식적으로 발음하려는 의도를 가지지 않는 한, 어두 ㅅ 경음을 구사하지 못하는 경우가 더 많고, 심지어 이 지역 출신 30대 이상의 고학력 화자들조차도 자연 발화에서 구별하여 발음하는 사람은 그리 많지 않다. 이 어휘는 통시적인 음운 체계와 관련이 있는 이 지역 방언에서는 상당히 뿌리가 깊은 음운 현상이다.

1) 경상남도의 경우

본 절에서 제시하는 경남 지역의 경우가 드물게 시차성을 확인할 수 있는 자료가 확보되어 있는 사례이다. 물론 방언차를 비교할 목적으로 이루어진 것은 아니지만, 이 지역을 중심으로 수십 년의 차이를 두고 비교할 수 있는 동일한 어형의 자료가 확보되어 있어, 본 논의를 위해 적용할 수 있다.

김영송(1960, 1963, 1974)은 1958년부터 1960년까지 경상남도 지역을 중심으로 방언 조사를 실시하여 이를 토대로 언어 지도를 작성하고 있다. 이를 검토해 본 결과, 어두에서 기원적으로 /ㅆ/과 /ㅅ/이 변별되는 지역과 변별되지 않는 지역으로 경상남도를 양분하고 있다. 즉, 두 음소를 완전하게 변별되는 지역은 '함양, 산청, 하동, 남해, 고성, 거제'이고, 竝存方言(mixed lects)의 특징을 보이는 轉移地域(transition area)으로는 '거창, 합천, 함안, 진양, 사천, 통영'이며, 나머지 '울주(울산), 양산, 동래, 김해, 창원, 밀양, 창녕'은 변별이 안 되는 지역이라고 밝히고 있다. 이것을 방언 구획 한 결과 동북지역(비변별지역)과 서남지역(변별지역)으로 구분한 등어선이 서북에서 동남향으로 비스듬히 누워 있는 방언 지도를 그려낼 수 있었다. 그런데 위의 자료보다 30년 정도 후에 나온 「한국방언자료집Ⅷ－경남편」(1993)(이하 「자료집」)을 참고해 본 결과 등어선의 모습이 김영송(1960, 1963, 1974)과는 다르다는 것을 알 수 있다.8) 이에 「자료집Ⅷ」을 분석한 결과, 어두에서 /ㅆ/과 /ㅅ/ 변별되지 않는 지역은 '양산, 밀양, 울주(울산), 밀양, 김해' 등이다.9) 이를 토대로 작성한 언어 지도를 김영송(1960, 1963)의 결과와 비교해보니, 후자의 경우보다 전자의 언어 지도에

---

8) 김영송(1974)은 제보자를 대상지역의 중고등학교 학생으로 선정했으나, 제보된 방언형은 학생들 자신의 언어를 조사한 것이 아니라 그 지방 주민들이 일반적으로 많이 쓰는 것을 반성하여 기술하도록 한 점에서 당시에 조사된 방언형은 그 지역을 대표하던 세대 즉, 학생들의 부모나 조부모 세대(50~60대)의 언어라고 판단된다. 그리고 「자료집Ⅷ－경남」(1993)의 제보자 정보를 살펴보면, 조사 대상 세대의 기준 연령이 평균 60대에서 70대임을 알 수 있다. 이상을 고려한다면 김영송(1960·1963·1974)이 조사를 실시한 시점과 「자료집Ⅷ－경남편」(1993)이 나오게 되는 시점의 시차는 대략 30년 정도로 산출할 수 있다.
9) 「자료집Ⅷ－경남」(1993)에서 분석 대상으로 삼은 어휘는 '쌀밥＋이, 쌓인다, 썩었다, (활을)쏘지/－아(서)/－았다, (죽을)쑤지/－어(서)/－었다' 등이다.

서 경남의 동북 해안 쪽으로 등어선이 훨씬 이동되어 있음을 확인할 수 있다. 이것은 30년의 시간이 흐르는 동안 어두 ㅅ 경음화의 개신파가 경남의 동부 지역 쪽으로 상당하게 침투하고 있다는 사실을 시사한다.

이상과 같은 사실을 근거로 하여 경남 방언에서 어두 ㅅ 경음화의 개신파가 이동한 평균 속력을 산출해 보면 다음과 같다. 우선 경과된 시간은 앞서 제시한 시차를 근거로 대략 30년으로 算定할 수 있다. 다음 이동 거리는 어두 ㅅ 경음화의 개신파가 창녕에 이미 거점을 확보하고 밀양까지 진출하여 橋頭堡(beach head)를 마련한 것으로 판단되므로 거창에서 밀양까지 교통로(24번 國道)의 길이를 조사한 결과 138.7km이다. 이를 위의 [공식 1]에 대입하면 다음과 같은 결과를 얻을 수 있다.10)

(1) 경남 북부지역의 어두 ㅅ 경음화 개신파의 평균 속력

$$\frac{138.7(km)}{30(년)} = 4.623(km / 년)$$

이상의 결과를 분석해 보면 경남 북부지역을 중심으로 지난 30년간 어두 ㅅ 경음화의 개신파는 경남 동부지역을 향해서 1년에 대략 4.623km를 이동했다는 것이다.

그런데 이러한 결과는 경북 道界와 평행으로 이어진 통로(24번 國道)를 따라 경남 동북 해안지역을 향해 이동하는 개신파의 평균 속력을 산출한 것이므로 경남 남동부지역인 창원, 김해, 양산 등지에서 이동하는 개신파의 평균 속력과는 다를 것이다. 왜냐하면 지역 나름의 여건으로 인한 인력와 반발력이 다를 수 있기 때문이다. 그러므로 이 지역에서도 앞의 과정과 같은 방법을 적용하여 결과를 산출할 수 있다. 이런 방식으로 계

---

10) 본고에서 적용하는 대상 지점 사이의 실측 도로 거리는 국립 지리원의 측량 성과를 수록한 김영택(1995)의 「한국도로지도」를 참고한다.

산된 평균 속력을 [공식 3]을 적용하여 전체 개신파의 평균 속력을 구할 수 있다. 그 결과는 경남 지역의 어두 ㅅ 경음화 개신파의 평균 이동 속력이며, 이를 토대로 각 구간별 인력 지수나 반발지수도 산출할 수 있다.

또한 경남 북부 지역에서 어두 ㅅ 경음화의 개신파가 밀양을 거쳐 동북 해안 지역인 울산 지역까지 완전히 도달할 예상 시간을 산출해 보면 약 25년 정도로 계산된다.

(2) 울산까지 어두 ㅅ 경음화의 개신파가 도달할 예상 시간

$$\frac{도달거리}{평균속력} = \frac{116.4(km)}{4.623(km/년)} = 25.178(년)$$

그런데 이러한 예상 시간은 다른 변수 즉, 방송 및 통신과 같은 대중 전달 매체에 의한 언어 전파와 학교에서의 표준어 교육으로 인한 언어 개신은 전혀 고려치 않은 상태이므로 달라질 수 있다. 어두 ㅅ 경음화가 표준어화로 나아가는 변화인 점을 생각한다면, 이 개신파가 경남 동부 해안 지역인 울산까지 완전히 도달하는 예정 시간은 단축될 가능성이 높다. 이런 점을 고려할 때, 최대 25년 이내에 이 개신파가 경남 동부 지역까지 완전히 침투하리라고 예상된다.

이상과 같이 어느 정도 시차를 지닌 방언의 자료가 확보된다면, 앞에서 수립한 공식에 적용하여 전파 속력 및 여러 가지 개신파의 이동과 관련된 결과를 직접 수치로 산출할 수 있다.

2) 경상북도의 경우

다음은 시차를 지닌 자료를 확보할 수 없을 경우인데, 4장에서 제시한 경과된 시간 산출 방법에 입각하여 먼저 시차를 산출해야 한다. 이러한

산출 원리의 적용을 위해서는 조사 대상 지역의 각 세대를 대상으로 조사된 방언 자료가 있어야 하는데, 본고에서는 1991년부터 1996년까지 경북지역을 대상으로 현지 조사 및 통신조사에 의해 수집한 자료를 활용한다.[11)]

[부록]의 [지도 49]에서 제시한 '전파 속력 측정 대상 지역'은 현재 (가)경로와 (나)경로와 인접한 지역인데, 국도나 지방 도로로 교통로가 연결되어 있어서 언어의 전파가 예상되는 지역들이다. 그리고 이 지역을 연결하는 도로는 이미 오래 전부터 사람들의 빈번한 통행과 문물의 이동이 이루어지던 통로였음이 확인되고 있으므로, 본 연구를 위해 적합한 대상 지역이다.[12)]

그런데, [부록]에서 제시한 두 장의 언어 지도는 제보자의 정보가 담긴 어휘 '쌀밥 + 이'에 대한 방언형 지도로 [지도 50]은 전세대(全世代) 및 性別이 모두 표시된 것이고, [지도 51]은 50대 이하 제보자의 방언형은 없애고, 60대 이상의 방언형만을 대상으로 만들어진 언어 지도이다. 이 두 지도를 분석해서 경과된 시간을 산출하기 위해 작성한 글로토그램 (glottogram)이 다음의 [그림 8]과 [그림 9]이다.

(가)경로는 경북 중부지역의 의성에서 28번 국도를 따라 금성, 우보, 의흥, 고로, 신령, 청통, 금호까지 이어지고 진량, 압량, 자인을 잇는 987번과 985번 지방 도로가 경산을 통과하는 25번 국도와 연결되면서 청도까지 이어진다. 도로의 길이는 의성에서 영천까지 70.4km이고, 영천에서 경산까지 26.3km, 경산에서 청도까지 27.1km로 총 연장 길이가

---

11) 가장 이상적인 것은 대상 지점에서 제보자를 선정할 때, 모든 세대를 빠짐없이 조사하는 것인데 조사의 어려움 때문에 그렇게 하지 못한 점을 반성한다.

12) 18세기에 제작된 '左海地圖(慶尙道)'(서울大學校 규장각 소장, 18세기 중기)나 '慶尙道(帖「輿地圖」)'(서울大學校 규장각 소장, 18세기 말기)에서 그 實在를 확인할 수 있다.

123.8km이다.[13)]

아래 [그림 8]의 글로토그램은 의성 금성과 군위 우보 사이에서 어두
ㅅ 경음화의 개신파와 어두 ㅅ 비경음화 개신파는 경계를 이룬다.

	의성	금성	우보 의흥 고로	신령 청통 화산	금호 (영천)	진량 압량 자인	청도 화양
80대			○		○		○
70대		●	○	○	○	○	○
60대	●	●	○	○	○	○	
50대	●		○	●			○
40대		●	●	●(○)		○	○
30대							○
20대			●(조)				●(○)

[그림 8] (가)경로 : 의성읍~청도읍까지
'쌀밥 + 이'[○ 살바비 ● 쌀바비] 글로토그램(glottogram)

* (조)−조사자를 뜻함(조사자로 의뢰한 사람들은 대부분 그 지역 출신의 젊은 사람이
고, 본고를 위해 개인적으로 질문한 결과임).

위의 [그림 8]에 의하면 세대 차이에 의한 혼태(blending)가 이루어지는
전이 지역(transition area)으로 군위의 우보, 의흥, 고로와 영천의 신령, 청
통, 화산 등지를 넓게 설정할 수 있다. 그런데 어두 ㅅ 경음화 개신파가
이동하는 지점의 전방에 해당하는 신령, 청통, 화산 지역에서 먼저 50대
의 개신자가 발견되는 사실로 미루어 보아, 기준 세대(60대)에 대해 최초
개신어형이 발생하는 세대가 기준 세대와 가까울수록 개신어형에 의한
교두보가 일찍 확보된 것으로 판단된다. 그러므로 그 지점을 기준으로

---

13) (가)경로에 놓이는 지역간 세부거리는 다음과 같다. 의성 ←〈 12.7 〉→ 금성 ←〈 9.1 〉→
우보 ←〈 5.3 〉→ 의흥 ←〈 7.8 〉→ 고로 ←〈 10.6 〉→ 신령(청통, 화산) ←〈 24.9 〉→ 영천(금호)
←〈 26.3 〉→ 경산(진량, 압량, 자인) ←〈 27.1 〉→ 청도(화양)(단위 = km)

[공식 2]를 적용하는 것이 더 바람직하다. 이런 원리에 의해 기준 세대의 바로 다음 세대인 50대의 제보자에게서 개신어형을 확인한 영천의 신령과 청통, 화산을 기준으로 삼는다. 그래서 이 지점을 중심으로 [공식 2]를 적용하면 대략 10년이라는 시차가 산출된다. 이를 [공식 1]에 대입하여 평균 속력을 산출한 결과, 의성(금성)에서 영천(신령) 사이(약 32.8km)까지 개신파의 평균 속력은 3.28km / 년(3)이다.

(3) (가)경로 '금성-신령'의 어두 ㅅ 경음화 개신파의 평균 속력

$$\frac{32.8(km)}{10(년)} = 3.28(km / 년)$$

이런 속력으로 의성(금성)에서 청도(111.1km)까지 개신파가 도달하는 예상 시간을 계산하면 33~34년 정도가 나온다.

(4) 청도까지 어두 ㅅ 경음화 개신파의 도달 예상 시간

$$\frac{도달거리}{평균속력} = \frac{111.1(km)}{3.28(km/년)} = 33.87(년)$$

그런데, [그림 8]에 의하면 청도의 20~10대에서 이미 개신어형이 발견되고 있으므로, 이를 가지고 시차를 산출한 결과는 대략 40년이 나온다. 이것은 (4)에서 산출한 청도까지 개신파가 도달할 예상 시간과의 오차가 5~6년 정도 나는 것으로 거의 비슷한데, 이는 각 세대간 기준을 10년 단위로 잡았기 때문에 동일한 결과로 보아야 한다.

또한 이렇게 산출된 시차 40년을 가지고 (가)경로의 청도까지 연장하여 어두 ㅅ 경음화 개신파의 이동 속력을 구하면 다음과 같이 2.78km / 년(5)이 나온다.

(5) (가)경로 '금성~*청도'의 어두 ㅅ 경음화 개신파의 평균 속력

$$\frac{111.1(km)}{40(년)} = 2.78(km / 년)$$

이것은 앞의 결과보다 0.5km / 년 정도 개신파의 속도가 느려지는 것으로 보이는데, 이는 현재 금성에서 신령으로 나아가는 어두 ㅅ 경음화의 개신파보다는 금성에서 청도까지 나아가는 개신파가 어두 ㅅ비경음화의 핵 방언지역(Core Dialect)인 청도로 다가갈수록 보수성에 의한 반발력이 높아져서 비롯된 차이로 판단된다.

앞의 (5)는 청도를 도착점으로 한 평균 속력이므로, (가)경로의 전체 평균 속력을 산출하기 위해서는 [공식 3]을 이용하여 계산하면 된다.

(6) (가)경로의 어두 ㅅ 경음화 개신파의 전체 평균 속력

$$\frac{3.28 + 2.78}{2} = 3.03(km / 년)$$

따라서 현재 의성에서 청도를 향해 나아가는 어두 ㅅ 경음화 개신파의 전체 평균 속력은 약 3.03(km / 년)이 나오고, 60대를 기준 세대로 정할 경우, 청도에서는 40년 뒤에 어두 ㅅ 경음화 개신파가 도달할 것이다.

그런데, 이 40년이란 결과는 단지 계산 상의 예상 수치이고, 여기에 또 다른 변수 즉 표준 발음을 지향하는 방송, 통신 매체의 영향이 증가되고 있다는 사실을 감안한다면, 전파 속력이나 도달 시기는 더욱 빨라질 것이다.

다음으로 (나)경로는 봉화군 소천면에서 포항시 장기면까지의 31번 국도로 이어지는데, 도로의 길이는 봉화(소천)에서 청송까지 94.3km이고, 청송에서 포항까지 95.2km로 총 연장 189.5km이다.[14]

[그림 9]의 글로토그램에 의하면, 이 경로에서 어두 ㅅ 경음화 실현 지역과 비실현 지역의 방언 경계선을 부동, 부남, 현동면과 죽장면 사이로 설정할 수 있다. 그리고 기준 세대를 60대로 할 경우 다음 세대(50대)에 개신이 일어나는 곳은 바로 포항시 죽장면이다. 또한 이들 개신파의 전이 지역(transition area)은 청송의 부동, 부남, 현동과 포항의 죽장 등지이다.

	소천	영양	진보	청송	부동 부남 현동	죽장	기북 신광	흥해	연일 대송	대보 구룡포 장기
80대	●		○	●		○				○
70대	●	●	●	●(○)	●	○			○	○	○
60대		●	●		●(○)	○			○	○	○
50대	●		●	●	●	●	●	○	○	○
40대	●					●(조)	●			○
30대			●			●(조)			●	
20대		●(조)						●(조)		○(조)

[그림 9] (나)경로 : 봉화 소천~포항 장기까지
‘쌀밥 + 이’[○ 살바비 ● 쌀바비] 글로토그램(glottogram)

* (조)－ 조사자를 뜻함.
* 위의 자료 가운데 소천, 진보, 부동, 죽장 등지의 자료는 정철(1997)에서 현지 조사한 자료를 일부 이용함.

이를 근거로 평균 속력을 산출해 보면 4.44km / 년(7)이다.

---

14) (나)경로의 지역간 세부거리는 다음과 같다.－ 소천 ←58.7→ 영양 ←21.2→ 진보 ←14.4→ 청송 ←13.6→ 부동(부남) ←11.8→ 현동 ←19.0→ 죽장 ←25.8→ 기계(기북,신광) ←13.0→ 흥해 ←12.0→ 포항(연일, 대송) ←10.2→ 구룡포(대보) ←8.4→ 장기(단위 = km)

(7) (나)경로 '청송~죽장'의 어두 ㅅ 경음화 개신파의 평균 속력

$$\frac{44.4(km)}{10(년)} = 4.44(km / 년)$$

그런데, 동일한 어두 ㅅ 경음화 개신파의 평균 속력이 (가)경로와 (나)경로에서 서로 다르게 산출되었다. 이러한 사실에 대해 적절한 해석이 필요하다. 그 이유는 각 지역마다 변수로 작용하는 요인들이 다를 수 있기 때문이다.[15] 이런 점에서 두 가지의 해석이 가능하다.

첫째, 개신파의 전파력에 작용하는 변수가 서로 다른 경우이다. 예를 들면 (가)경로는 通婚圈이 강하게 작용하는 지역이고, (나)경로는 商圈이 강하게 작용하는 지역이라면, 두 경로를 단순 대비하여 개신파의 전파력에 작용하는 변수로 通婚圈보다는 商圈이 더 강하다고 비교할 수는 있으나, 객관적인 검증은 불가능하다.

둘째, 변수가 같을 경우라도 작용하는 정도가 다르면, 상대적인 측정이 가능하므로 이 경우는 검증이 가능하다.

본고에서는 두 번째 해석에 의거하며, 이러한 상대적인 측정을 위해 (가)경로와 (나)경로의 평균 속력을 산출해 본다.

(8) (가), (나)경로의 어두 ㅅ 경음화 개신파의 전체 평균 속력

$$\frac{3.03 + 4.44}{2} = 3.74(km / 년)$$

물론 다른 경로도 검증해 보아야 하지만, 경북의 동남 지역에서 어두 ㅅ 경음화의 개신파가 이동하는 평균 속력은 3.74km / 년이 나온다.

---

15) 변수로 작용할 수 있는 것들은 지형적인 조건뿐만 아니라, 인구, 문화적 성향, 시장권, 통혼권, 행정적 요인과 최근의 방송, 통신 매체의 영향 등이 있다.

이를 [공식 4]에 대입하여 두 경로에 작용하는 인력 지수를 산출하면 다음과 같다.

(9) (가) 경로의 인력 지수(→ 영천)

　인력 지수 = + (3.28 − 3.74) × 100 = − 46

(10) (나) 경로의 인력 지수(→ 포항)

　인력 지수 = + (4.44 − 3.74) × 100 = + 70

(9)에서 영천을 향하는 (가)경로의 인력 지수는 [−46]이 나오고, (10)에서 포항을 향하는 (나)경로의 인력 지수는 [+70]이 나온다. 이렇게 도출된 수치를 고려하면 (가)경로보다 (나)경로의 개신파가 전체 평균 속력보다 더 빨리 전파될 것임을 짐작할 수 있다.

　그렇다면 포항을 향하는 (나)경로의 인력 지수가 월등히 높은 이유는 무엇 때문인가? 이익섭(1984 : 219)은 인력(引力)을 결정짓는 중요한 요인으로 인구를 들고 있는데, 이 점에 착안하여 지난 1985년부터 1990년까지 두 지역에 대한 인구 동향과 인구 수의 증감을 다음 [표 7]을 통해 비교해 본다.16)

[표 7] (가), (나)경로의 인구 동향과 증감률

경로 ＼ 연도별	1985년	1990년	증감비율
(가)경로~영천	140,389명	120,569명	14% 감소[−]
(나)경로~포항	261,256명	318,595명	22% 증가[+]

---

16) 영천통계연감(1996 : 51)과 포항통계연감(1996 : 67)에 나오는 수치를 적용하고, 1985 ~1990년까지의 인구증감을 토대로 한 것은 방언자료 수집이 주로 1991년 이후에 이루어졌기 때문이다.

위의 [표 7]에 의하면 (가)경로의 영천은 1985년에 대비해 인구가 14% 감소했고, (나)경로의 포항은 1985년에 대비해 인구가 22% 증가한 것으로 확인된다. 또한 인구수도 포항이 상대적으로 우세하므로 앞서 산출한 인력 지수의 결과가 높게 나오는 것은 당연하다.

이러한 결과는 (나)경로에 놓이는 지역들 사이의 문화적 유연성(類緣性)이 (가)경로에 놓이는 지역보다는 높다고 설명할 수 있다. 반대로 반발지수는 (가)경로가 [+46]이 되는 바, (나)경로에 놓이는 지역보다는 문화적 배타성(排他性)이 높다고 해석할 수 있다.

현재 우리의 일상생활 속에는 방송 매체 특히 TV가 끼치는 영향은 대단하다고 할 수 있다. 특히, 젊은 세대에게는 쉽게 새로운 문화를 접할 수 있게 해 주는 창구 역할을 한다. 그러므로 TV 보급이 많아지면 그만큼 언어 개신의 영향을 받을 개연성은 높아진다. 그런 면에서 볼 때, 위 대상 지역의 TV 보급 현황을 살펴보는 것도 개신파의 이동 상황을 이해하는데 도움이 될 것이다.

다음 [표 8], [표 9]는 (가)경로와 (나)경로의 TV 보급 현황이다. 그 내용을 분석해 보면, 1969년에서 1989년까지 20년 사이에 TV 보급이 기하급수적으로 늘어남을 알 수 있다. 그리고 유년시절의 언어 형성기에 방송 매체의 영향을 많이 받았을 가능성이 있는 세대가 현재의 30~40대 이하일 것이다. 그렇다면 이들이 기준세대가 될 경우, 앞에서 산출한 어두 ㅅ 경음화의 개신파 이동 속력보다는 더 빨라질 가능성이 있고, 예상 전파 시기도 빨라질 수 있다.

[표 8] (가)경로의 TV 보급 현황(단위 : 대)

경로 \ 연도별	1969년	1979년	1989년
의성	7	20,754	27,912
군위	6	6,849	11,242
영천	15	18,920	31,781
경산	145	25,918	36,720
청도	13	12,206	16,577
총계	186	84,647	124,232

[표 9] (나)경로의 TV 보급 현황(단위 : 대)

경로 \ 연도별	1969년	1979년	1989년
봉화	0	11,072	15,482
영양	0	6,596	9,371
청송	0	8,223	12,930
포항	32	71,168	129,480
총계	32	97,059	167,263

그런데 경북 통계 자료에 의하면 1992년에는 이 지역의 TV 보급율이 100%에 도달하고 있다. 만약 100%의 보급율이 언어 생활에 100의 영향을 끼친다고 가정할 경우, 현재 본고의 제보자들은 이미 이러한 영향을 받았을 것이고, 이들을 통해 조사된 방언 자료도 그 영향이 포함된 결과일 것이다. 그리고 TV 보급이 0~5% 미만일 경우를 보면 1960년대였고, 이 시기의 방송 매체의 영향은 0(零)이었을 것이다. 그러므로 그 당시 언어 전파 속력은 현재 전파 속력의 1 / 100이었을 것이다.[17) 그렇다면 현

---

17) 영향지수의 최대치가 100일 것이고, 개인차나 주변 여건에 따라 이 수치는 다르게 책정될 수 있다. 그러므로 어느 한 개인이 방송 매체에 받는 영향을 계측할 수 있는 방법론이 필요하다.

재 전체 평균 속력이 (8) 3.74(km / 년)이니까, 1960년대와 그 이전의 전체 평균 전파 속력은 0.0374(km / 년)로 현재보다는 현저하게 느렸을 것이다. 이러한 계산 방법에 따른다면, 훨씬 이전 시기의 등어선의 위치나 개신파가 지나간 시기, 그 당시의 전파 속력까지도 산출할 수 있다.

6. 맺음말

어떤 어휘든지 최초 진원지(출발 지점, 어휘 발생 지점)가 있을 것이라는 점은 상식적으로 받아들여지는 사실이다. 하지만 최초 진원지를 찾아내는 일은 그렇게 중요하지 않다. 왜냐하면 어휘는 어느 한 지점에 고착되어 있기보다는 늘 어디론가 움직이려는 역동성을 가지고 있기 때문이다. 어휘가 새로 생성되고 나서 상당한 시간이 경과하면 최초의 출발 지점을 찾아내기가 매우 어렵게 된다. 설사 어려운 검증 과정을 통해 최초 진원지를 밝혀 낸다고 하더라도, 그 자체가 어휘의 변화를 밝혀내는 데 결정적 단서를 제공한다고 보기는 어렵다. 물론 최초 진원지의 규명이 개신파의 이동 경로를 밝혀내는 중요한 기준은 되지만 그 이상의 의미는 부여할 수 없다. 최초 진원지에서 전파된 어휘가 전파 경로상에 있는 여러 특정 지점에 교두보(beach head)를 확보하게 되고, 여기서 또다시 여러 방향의 지점으로 이동하면서 새로운 거점을 확보하게 된다. 마치 핵이 분열하듯이 전파되는 것이다. 이것은 말의 전파가 일정한 하나의 경로만을 통해서 이루어지는 것이 아니라, 一 對 多數 즉 여러 경로를 통해 전파되고 있으므로, 될 수 있으면 예상할 수 있는 더 많은 이동로를 선택하여 측정하는 시도가 앞으로 필요하다.

또한 방언 자료를 수집하기 위해 제보자를 선정할 때도 나이가 많은 제보자에게만 국한하지 말고 여러(나이별, 성별, 직업별 등) 계층의 제보자에게서 동시에 자료를 확보하는 것이 필요하다. 물론 어려운 일이지만 계층적으로도 다양하고 풍부한 자료를 수집하고 축적하여 이를 분석하는 과정을 확립할 수 있다면, 우리 국어의 역사는 물론이고 언어의 보편적인 생리를 이해하고 해석하는데, 방언학의 기여도는 한층 더 높아질 것임이 분명하기 때문이다.

현대는 도시가 거대화되고, 교통과 통신이 아주 발달된 시대이다. 그러므로 단순히 점진적인 개신파의 전파 논리로 문제를 해석하기는 어려운 부분이 많다. 이를 극복하기 위해서는 여러 가지 변수를 다각적으로 적용할 수 있는 방법론을 수립하는 일이 필요하다. 즉, 지형적인 조건뿐만 아니라, 인구, 문화적 성향, 시장권, 통혼권, 행정적인 요인 등이 개신파의 전파에 어느 정도로 작용하는지 등을 측정해야 한다. 그렇게 하기 위해서는 축적된 언어(방언) 자료를 능률적으로 활용할 수 있도록 데이터베이스化하고, 이를 분석하여 결과를 도출할 수 있는 이론적 근거를 마련하여야 한다.

본고에서는 언어의 전파가 공간적으로나 세대간에서 점진적으로 이루어진다는 지리언어학적 전제와 사회언어학적 접근 원리를 적용하여, 개신파가 이동하는 과정을 확인해 보았고, 이를 계측할 수 있는 몇 가지 공식을 만들었다. 그리고 이 공식의 타당성을 검증하기 위해 경북 방언 자료를 분석한 결과에 직접 적용하여, 어두 ㅅ 경음화 개신파의 전파 속력을 실제로 측정해 보았다. 그리고 인력 지수를 계산하여 인구 동향과 인구 이동의 증감이 개신파의 이동에 영향을 끼치고 있다는 사실을 입증해 보았다.

[부 록]

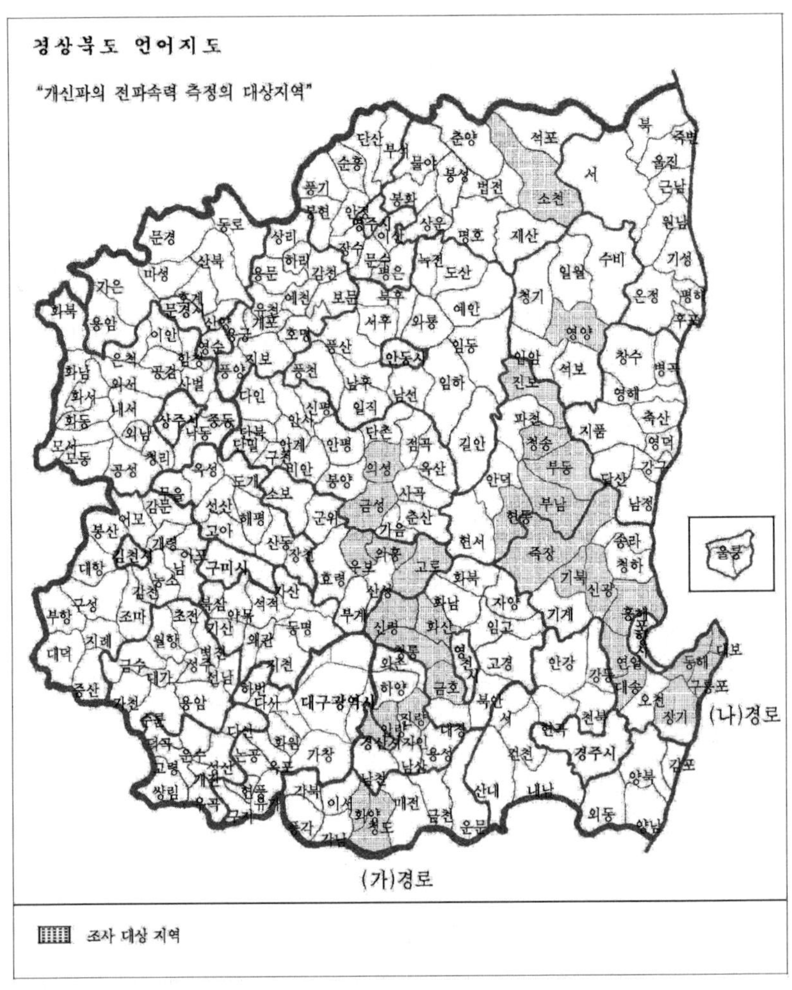

[지도 49] 개신파의 전파속력 측정의 대상지역

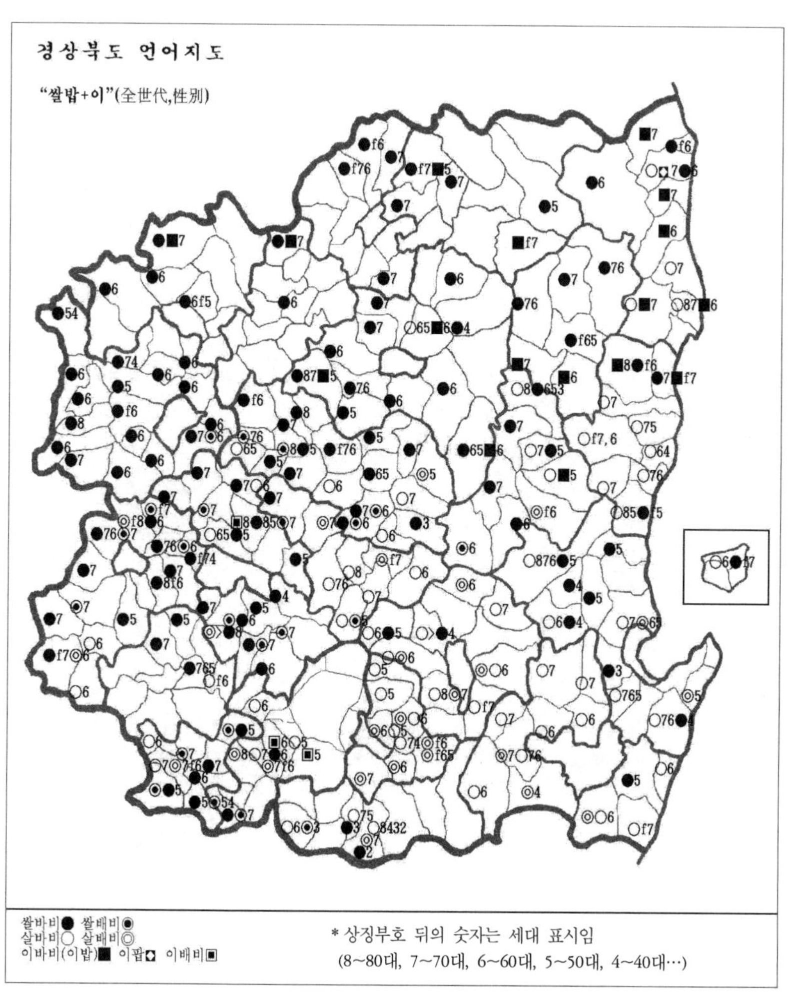

[지도 50] '쌀밥+이'의 전세대, 성별 표시지도

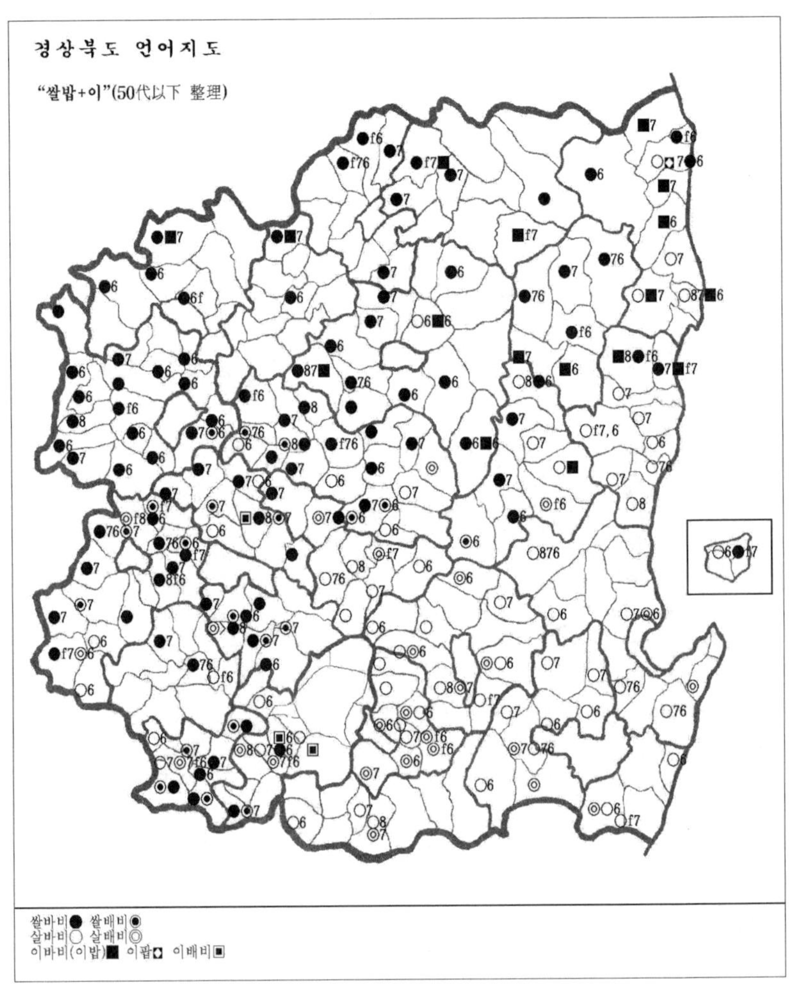

[지도 51] '쌀밥+이'의 60대 이상, 성별 표시지도

제 2 부

지리언어학의 최근 동향

일본의 언어지도 작성

오니시 타쿠이치로(大西拓一郎)

1. 들어가며

일본의 언어지도 작성은 20세기 초기에 시작되었다. 그 이후 약 100년간에 걸쳐 전국을 대상으로 한 국가 규모의 지도에서부터 작은 지역을 대상으로 한 지도까지, 400권 이상의 언어 지도집이 작성되어 왔다. 본발표에서는 이러한 일본의 언어지도 작성 상황을 개관하며 향후의 방향을 전망한다.

2. 『음운 분포도』, 『구어법 분포도』

일본에서 처음으로 작성된 언어 지도는 문부성에 설치된 국어조사위원회가 편집한『음운 분포도』(1905년간, 지도 29매)와『구어법 분포도』(1906 년간, 지도 37매)이다([지도 52]).

이들 지도집이 국가기관에서 편집된 목적은 근대 국가로서 전국에서 통하는 표준 언어의 확립에 있었다. 그 목적이 이들 지도집에 의해서 달성되었는지 달성되지 못했는지는 별개로, 최대의 성과는 일본어에 존재하는 동서의 차이와 그 경계선의 발견에 있었다.

이들 지도집은 각 현의 행정 기관으로부터 보고된 데이터를 국어조사 위원회가 정리하는 형태로 편집되었다.

지도화에는 대상 지역을 색상과 음영을 넣어 구분하는 방법이 채택되었다. 또한 보고 내용도『음운 조사 보고서』,『구어법 조사 보고서』로 지도와 동시에 간행되었다.

[지도 52]『구어법 분포도(口語法分布図)』

3. 가규코(蝸牛考) : 달팽이고

　민속학자인 야나기타 구니오(柳田國男)는 1930년에 『가규코(蝸牛考)』를 저술했다. 『가규코(蝸牛考)』의 주요한 결론은 다음과 같다.

　「달팽이」를 나타내는 어형은 방언에 따라 다양하지만, 어형의 분포는 약 1,000년간 역사의 중앙이었던 긴키(近畿)부터 시작된 것이 서서히 주변부를 향해서 퍼져 가는 형태로 형성된 것이다. 따라서 중앙에서 시간에 따라 생긴 변화가 중앙과의 거리에 따른 분포에 나타나고 있다. 이 생각을 야나기타(柳田)는 방언 주권론(方言周圈論)이라고 이름 붙였다. 방언 주권론(方言周圈論)은 공간과 시간의 관계를 역동적으로 설명하는 이론으로서 매력적이었다. 『가규코(蝸牛考)』를 위한 조사는 통신 조사에 의해 행해졌다. 지도는 어형을 문자 부호로 바꾸고, 분류 마다 문자 부호의 색을 바꾸는 형태로 그려졌다([지도 53]).

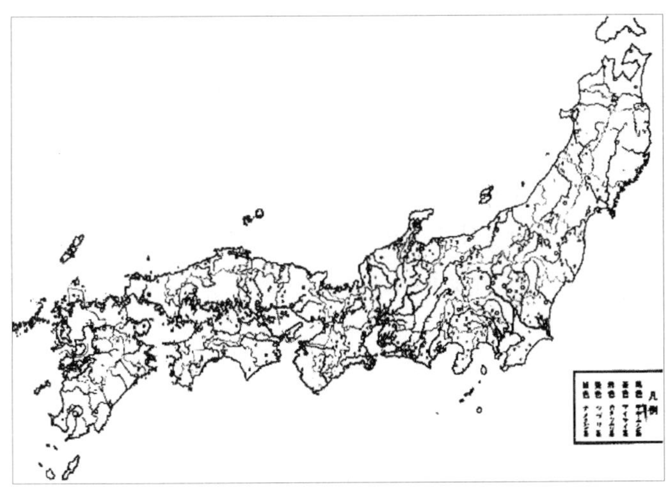

[지도 53] 달팽이이칭분포도(蝸牛異稱分布図)

4. 이토이가와(糸魚川) 조사

1957년부터 1961년에 걸쳐 니가타현 이토이가와(糸魚川) 지방에서 방언의 분포 정보를 얻는 것을 목적으로 연구자가 실제로 조사 지점에 가서, 일정한 조건을 갖춘 화자로부터 방언을 물어서 청취하는 방법으로의 과학적 조사가 본격적으로 실시되었다. 조사 결과는 『이토이가와 언어지도(糸魚川言語地圖)』(1988~1995년간, 전3권)로 정리됨([지도 54])으로써 많은 성과를 가져왔다(시바타[柴田], 1969 ; 그로타스, 1976 ; 도쿠가와[德川], 1993 ; 우마세[馬瀨], 1992).

특히 시바타 타케시(柴田武, 1969)의 『언어지리학의 방법(言語地理學の 方法)』은 이토이가와 조사를 통하여 일본의 언어지리학에 다음과 같은 네 가지 영역을 구체적이고 명확하게 제시하였다.

- 방언 분포를 연구하는 목적
- 방언 분포를 조사하는 방법
- 구체적으로 지도를 그리는 순서
- 그린 지도의 분석 방법(분포의 해석)

지도 작성의 관점에서 보면, 조사 지점을 포인트로 하여 어형을 기호로 바꿈과 동시에 삼각형이나 화살표라고 하는 기호의 특성을 활용해 전파 방향 등의 해석을 기호에 반영시킨 지도를 제작하는 방법이 명시되었다는 것이 의미가 있다.

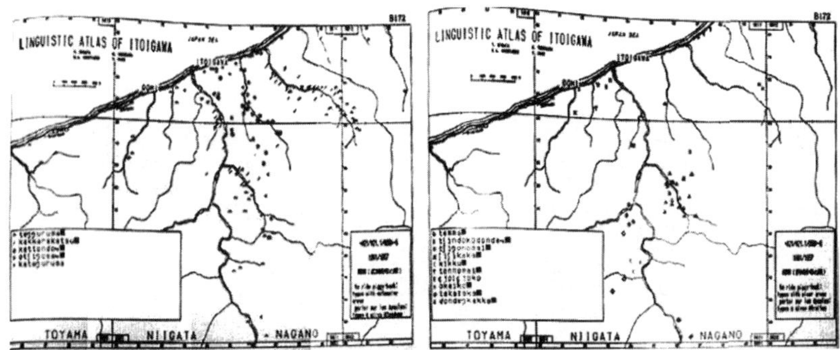

[지도 54] 『이토이가와 언어지도(糸魚川言語地圖)』에서 「목말」
(왼쪽 : 광역분포류, 오른쪽 : 협역분포류)

5. 『일본언어지도(日本言語地図)』

이토이가와(糸魚川) 조사와 거의 같은 시기에 국립국어연구소는 일본 전국을 대상으로 한 언어지도를 제작할 계획을 세워 1957년부터 1965년에 걸쳐 조사를 실시했다. 전국 2400 지점에서 1903년 이전에 태어난 남성을 대상으로, 전국의 연구자 65명의 협력을 얻어, 현지조사에서 직접 묻는 형태로 각지의 방언 데이터를 수집했다. 조사 항목은 「달팽이」 「고드름」, 「옥수수」 등의 어휘를 중심으로 한 약 300항목이다. 조사 결과는 지도 300매로 이루어지고, 전 6권으로 된 『일본언어지도(日本言語地図)』 (Linguistic Atlas of Japan, LAJ)가 1966~1974년에 간행되었다([지도 55]). 지도화에 있어서는 이토이가와 연구와 같이 조사 지점을 포인트로 하여 어형을 기호로 바꾸는 방법을 사용하고 있다.

전술한 이토이가와 조사의 분석에서 구체적인 목적과 방법이 제시된 것에 이어 LAJ에 의해 전국적인 분포도 파악할 수 있게 되었다. 여기에서 일본의 언어지리학은 큰 전개를 보이게 된다.

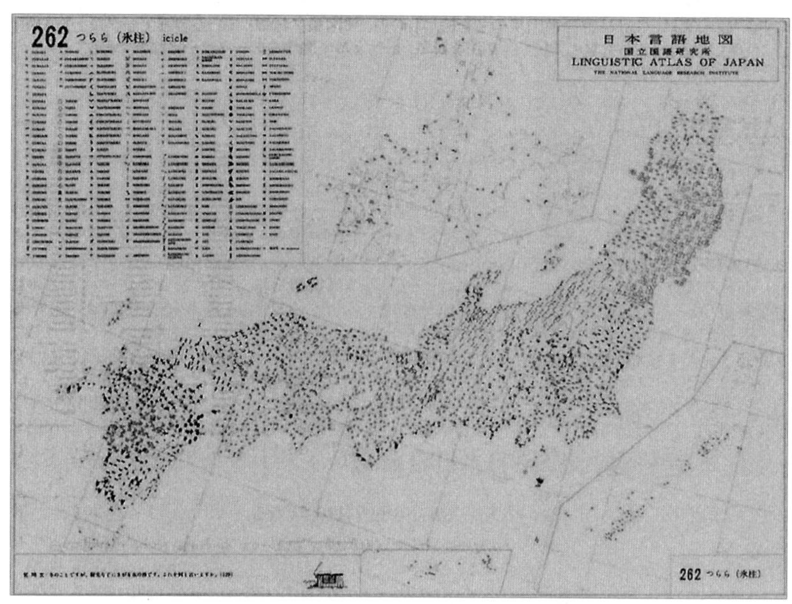

[지도 55] 『일본언어지도(日本言語地図)』에서 「고드름」

6. 방언문법전국지도(方言文法全國地図)

LAJ 완성 후인 1970~1980년대에 일본 방언학에 있어서 언어지리학은 큰 흐름이 있었던 시대였다. 그런 와중에 어휘에 관해서는 LAJ에 의해 전국적인 분포 데이터를 얻을 수 있었지만, 문법에 관한 전국 데이터는 『구어법 분포도(口語法分布図)』에 의지할 수밖에 없는 상태가 계속되었다. 『구어법 분포도(口語法分布図)』는 항목수도 한정되어 있을 뿐만 아니라면 칠하기 형태로 표현되어 있었기 때문에 상세한 분포를 파악하기 어렵고, 지도화의 방법도 명시되어 있지 않기 때문에 지도 자체가 나타내는 정보의 신뢰성에도 문제가 있었다. 그러므로 언어에 있어서 보다 근간이 되는 문법에 관한 과학적인 분포 데이터가 요구되었다.

그래서 국립국어연구소는 LAJ의 성과를 달성하면서 문법을 대상으로 한 전국 분포를 파악할 새로운 계획을 세웠다. LAJ의 순서에 근거하여 73명의 연구자의 협력 아래 1979~1982년에 전국 807 지점에서 조사를 실시해, 1989~2006년에 간행된 것이 350매의 지도로 구성된 『방언문법전국지도(方言文法全國地図)』(Grammar Atlas of Japanese Dialects, GAJ) 전 6권이다([지도 56]).

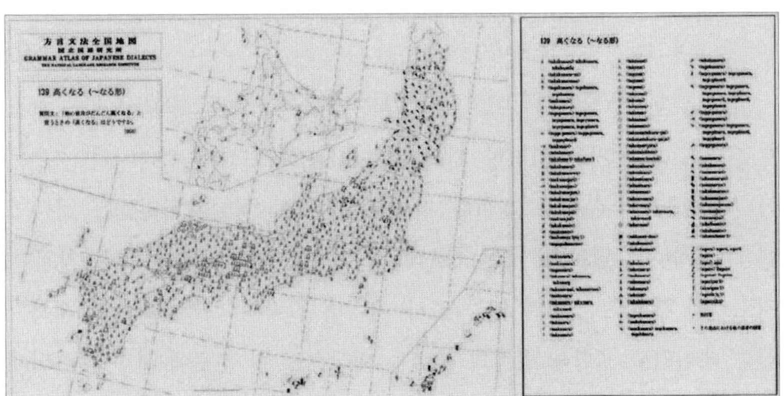

[지도 56] 『방언문법전국지도(方言文法全國地図)』에서 「높아지다」

LAJ는 명시되어 있는 것은 아니지만, 언어사 연구를 목적으로 하는 언어지리학적 수법에 기인한 해석에 상당히 중점을 두고 있었다. 그 때문에 편집 담당자의 해석적 의도를 반영한 지도 작성이 행해진 것은 부정할 수 없다(사토(佐藤), 1990). GAJ는 그에 대한 반성으로 편집순서를 매뉴얼화하고, 객관적 수법(검증·추시가 가능한 과학적 수법)으로 데이터를 정리해, 지도와 함께 조사 데이터도 공개하는 것을 방침으로 편집을 진행시켰다(고바야시(小林), 1990). 이러한 이유로 LAJ는 해석 지도로 불려지고 GAJ는 자료 지도로 불린다.

GAJ는 2002년에 간행한 제5집 이후, 컴퓨터에 의한 지도 작성을 실현했다. 컴퓨터에 의한 지도 작성에 있어서는 지도화를 위해서 편집한 언어 데이터와 지도 공간을 지정하는 위치 데이터를 통합해 데이터베이스화 하는 것이 필수불가결하다. 컴퓨터 지도 작성에 의해 GAJ의 자료성이 한층 더 명확해졌다고 할 수 있다. 이러한 GAJ의 데이터는 다음의 웹사이트에 350,000건으로 구성된 데이터베이스로 공개하고 있다.

http://www2.kokken.go.jp/hogen/index.html

방언 분포의 데이터는 언어 데이터를 취급하는 지리 정보이다. 일반적으로 지도라는 것은 이러한 지리 정보의 표현 형식의 하나이지 전부는 아니다. 따라서 GAJ로 표현한 지도도 분포 데이터를 나타내는 하나의 형식에 지나지 않는다. 실은 GAJ는 언어 지도집이란 이름을 가지지만, 지도집에 부록으로 실려 있는 조사 데이터 일람이나 전자화해 공개하고 있는 데이터도 포함해 방언의 문법을 대상으로 한 분포에 관한 데이터베이스이다.

7. 지역언어지도(地域言語地図)

　일본의 언어지리학에 있어서는 지역을 대상으로 한 언어지도의 작성이 매우 많은 것이 특징적이다. 또한 그 작성자가 전문 연구자인 만큼 한정되어 있지 않은 점도 하나의 특색이다. 언어지도집의 간행수를 시간상으로 보면([그림 10]) 언어지리학이 융성했던 1980년경을 피크로 전국에서 매우 많은 언어지도가 작성되어 온 것을 알 수 있다. 그와 동시에 20세기말이 되면서 언어지도의 작성은 점차 감소하고 있다. 감소 이유는 방언학의 시대적인 동향의 변화와 분석 방법의 한계 등 여러 요인이 있다고 생각되지만, 가장 큰 요인의 하나로 분포를 지탱해 온 전통적 방언의 쇠퇴를 들 수 있다. 일본 전체에서 표준어로의 이행이 진행되어 지도가 대상으로 해 온 세세한 지역차이가 없어져 버린 것이다.

　이러한 언어적 상황이 있는 것은 확실하지만, 이것은 일본어 방언의 현상에 있어서의 특정 측면을 너무 강조하는 경향도 있다는 점에는 주의하고 싶다. 일본어의 지리적, 공간적 다양성이 완전히 없어졌다고 단언하는 방언 연구자는 없을 것이다. 과거에 비하면 변용되어 있는 것은 확실하지만, 그 변용의 방식에 언어지리학의 골조가 다 대응되지는 않았다고 생각할 수는 없는 것일까? 그렇다고 한다면 이에 대응하려는 노력이 요구될 것이고, 이러한 새로운 단면을 찾는 노력에 부응하는 장래가 언어지리학에는 있을 것이다.

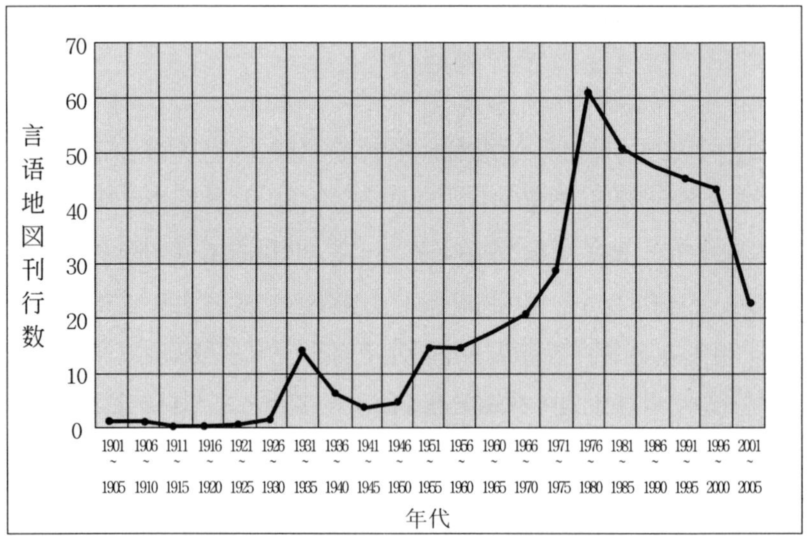

[그림 10] 일본에 있어서의 언어지도 간행수의 동향

8. 마치며

일본에 있어서의 언어지도의 작성은 100년의 역사를 기록했다. 이 역사는 언어 데이터와 공간 데이터를 어떻게 대응시킬 것인가의 역사이다. 필자의 최종적인 견해는 방언 데이터는 방언의 데이터인 이상, 단순한 언어 데이터가 아니고, 공간 데이터를 필수적으로 동반하는 지리정보라는 것이다.

지도란 이러한 지리 정보의 모델화 기법의 하나이며, 개개의 언어지도는 가능성이 있는 복수의 가설로부터 선택된 하나의 가설을 기초로 지리정보를 모델화한 것이다. 언뜻 보면 표현된 언어지도라는 것은 최종 성과처럼 보일지도 모르지만, 결코 이것이 모든 것을 말하는 것은 아니다. 이것은 지리 정보로서의 방언 데이터를 무엇으로 설명할 것인가 하는 것에 유의할 필요가 있다는 것을 의미한다. 종래 이용되어 온 것은 분포의 배치나 거리, 행정계, 도로, 수로 등이 중심이었다. 그러나 현실 세계를 구성하는 지리 정보는 더 다양하다는 사실을 직시할 필요가 있다. 바꾸어 말하면 다양한 지리 정보를 구사한 모델화, 즉 지도화가 요구되는 것이다. 지금까지의 연구의 축적 위에 서는 것은 당연하지만, 고정화한 백지도 위에 방언 분포를 계속 그리는 형태로 작성되어 온 종래의 언어지도가 전부라고 하는 발상에서 자유로워져야만 언어지리학은 새로운 미래를 맞이할 수 있을 것이다.

중국어의 언어지리학(1)
―역사와 현상태―

이와타 레이(岩田礼)

1. 들어가며

중국에 있어서의 언어지리학은 W. 그로타스(W. Grootaers) 신부가 산서성(山西省) 대동시(大同市)의 교회에 부임한 1941년 7월에 시작되어, 그가 중국을 떠난 1948년 8월에 한 번의 종언을 맞이했다. 이 8년간의 경위와 주된 연구 성과에 대해서는 W. 그로타스(W. Grootaers, 1994)에 상세히 기술되어 있고, 또 이와타(岩田, 2002)에서도 그 역사적 의의를 서술했으므로 반복하지 않겠다. 본 발표의 목적은 20세기의 중국에서―지류인 언어지리학에 대해서―주류를 형성한 방언연구의 개요와 최근 연구 동향을 소개하는 것이다.

2. 고음의 재구와 방언 구획

중국의 문헌 언어학은 청조 시대에 눈부신 성과를 올린 것은 잘 알려져 있다. 중국을 대표하는 두뇌집단이었던 청조 고증학자가 『고음(古音)』이라고 부른 것은, 시경(詩經)시대의 중국어 음운 체계이었다. 이 연구는 마침 때를 같이 해 유럽인이 진행한 인도·유럽 조어(祖語)의 재건에 필적할 만하지만, 다른 점은 청조 고증학자의 관심이 현존하는 언어의 비교에는 없었다는 점이다. 그 이유 중 하나는 그들의 수중에 1,000년 이상이나 전의 이미 구축된(ready-made)된 음운적 골조―『절운(切韻)』(601년, 육법언찬)―가 있어 현대 중국어를 참조할 필요성이 없었다는 것이다. 그들은 이것을 『금음(今音)』이라고 불렀다.

칼그렌(B.Karlgren)의 『중국음운학연구(中國音韻學硏究, 1915~1926)』가 지니고 있는 의의는 '절운'에 중국어의 역사를 연구하기 위한 참조기준점(reference point)으로서의 위치를 부여한 데 있다. 이들의 음가를 적용시키기 위해서 그들은 스스로 24개의 방언을 조사했다. 그러나 대상은 구어 어휘뿐만 아니고, 자음, 즉 한자의 발음이었다. 즉 민중의 구어에는 시민권이 부여되지 않았다.

중앙연구원역사어언연구소(中央硏究院歷史語言硏究所, 1928년 설립)에 모인 조원임(趙元任) 등 중국의 젊은 연구자들에게 있어서 칼그렌(Karlgren)이 가져온 방법은 전대를 뛰어넘기 위해서 필요한 도구였다. 그들의 조사표는 몇 개의 구어 어휘를 포함하지만, 주체는 역시 한자의 리스트이다. 이것에는 일찍이 그로타스 신부의 엄격한 비판이 있었다(Grootaers, 1994). 그러나 어느 나라, 어느 지역이었더라도 연구의 초기 단계에 있어서의 사람들의 관심은 우선 전국적인 방언 분포의 파악으로 집중되는 것이다. 자음 조사는 버려지는 부분이 많은 것은 사실이지만, 간편하게 각지의 방언의 음성적 특징을 파악할 수 있는 장점이 있다. 광대한 국토를 가지는 이 나라에서 이러한 방법에 따른 전 지역 조사가 우선되었던 것도 무리는 아니었던 것이다. 벤커(G.Wenker)나 야나기타 쿠니오(柳田國男)의 발견도 통신조사의 산물이었던 것은 아닐까.

중일 전쟁의 영향으로 조사가 실시된 것은 장강(長江) 유역의 몇 개의 성(호북(湖北), 호남(湖南), 운남(雲南), 사천(四川) 등)에 머물렀지만, 각 조사보고에는 각각 많은 지도가 게재되어 있다. [지도 57]은 『호북방언조사보고(湖北方言調査報告, 1948)』에서 수록된 일례. 「家」, 「間」, 「學」 등 26자에 대해서, '구개화'(e.g.「家」ka > tcia)를 일으키지 않는 글자의 비율을 나타내고 있다.

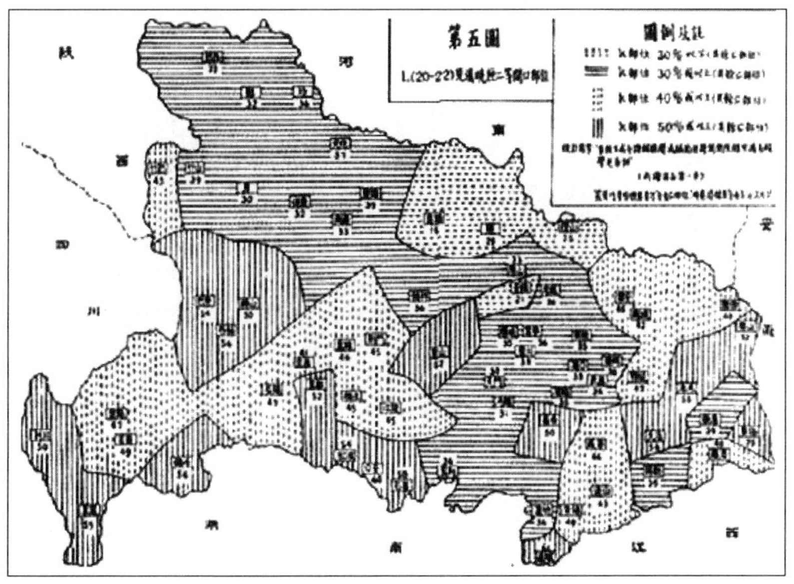

[지도 57] 호북방언조사보고 제5도(湖北方言調査報告 第五図) 구개화가 일어나지 않는 비율

어휘 항목도 포함한 많은 지도를 종합하여 방언 구획의 결과가 나타나고 있어 구획론으로서는 원칙에 따른 방법이다. 이러한 성 마다의 방언 구획의 연장 상에는 당연히 전국 규모의 방언 구획이 있다. 예를 들면 여기에 든 구개화는 중국어 방언을 남북으로 나누는 특징의 하나이다 (Norman, 1988).

전국 방언의 구획이 일단 완결을 보기까지는 중앙연구원역사어언연구소 (中央研究院歷史語言研究所)설립으로부터 60년의 세월을 필요로 했다. 『중국어언지도집(中國語言地圖集)』(1987)이다. 36장의 지도 가운데 정확히 반수인 18장이 한어 방언에 관한 것인데, 그 중 한 장을 [지도 58]로서 게재한다.

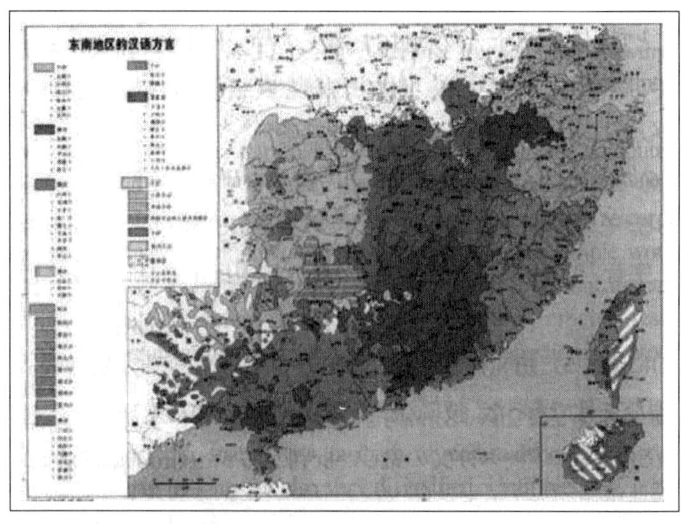

[지도 58] 중국어언지도집(中國語言地圖集) / B8図 동남지구의 한어방언

이 지도에서 밝은 청색으로 칠해진 지역의 방언은 오어(吳語)로 불리고 있다. 이 방언군에 대해서는, 일찍이 조원임(趙元任, 1928)의 조사·연구가 있었다. 그는 오어(吳語)를 '머리 자음의 3항 대립(예를 들면, p, ph, b)을 가

지는 방언'으로 정의하고 있다. 단, 이것은 그의 「잠정적인 '작업가설(作業假說)'」이며, 이 정의 혹은 오어(吳語)가 될 개념이 성립했는지 아닌지는 향후의 상세한 연구를 수행하지 않으면 안 된다고 되어 있다.『중국어언지도집(中國語言地圖集)』(1987)에 의하면, 오어(吳語)는 이 정의를 따르고 있다. 그런데 조원임(趙元任)이 말하는 작업가설(作業假說)이 어떠한 검증을 거쳐 가설에 이르렀는지는 명시되어 있지 않다.

1949년 이후의 중국에서는 표준어 보급이라고 하는 정치적, 사회적 요청이 우선되어 표준어 학습 운동이 전개되는 가운데, 방언 조사는 그러한 목적을 달성하기 위해서 실시되었다. 그 중에 특이한 것은 1959년에 사회과학원어언연구소(社會科學院歷史語言硏究所)에 의해서 실시된 하북성(河北省) 창여현(昌黎縣)에서의 방언 조사이다. 다음 해에는 일찍이 성과가 간행되었다(『창여방언지(昌黎方言志)』). 여기에는 많은 구어 어휘가 수록되어 있고, 언어지도 11장으로 이루어져 있다. [지도 59]는 그 중의 1매이다.

[지도 59] 창여방언지(昌黎方言志) 제6도 「倒上 daoshang」과 「道上daoshang」의 성조

이 지도에서는 「물을 그에게 뿌리다」, 「물을 길에 뿌리다」라고 하는 예문의 하선부의 성조를 비교하고 있다. 이것은 음운법칙적 특징을 확인하기 위한 조사 항목이지만, 한자가 아니고, 예문에 의해서 조사된 점이 획기적이다. 그러나 창여방언지(昌黎方言志)의 지도 11장은 대부분이 남북의 차이를 표현한 것이며, 목적은 방언 구획에 있었다(이영(李榮) 1985).

1980년대의 연구로서는 Zavyalova(1983)에 의한 등어선의 발견이 주목된다. 몇 개의 중요한 음운적 특징에 관한 등어선이 동쪽은 산동 반도의 밑으로부터 서쪽는 태령(泰嶺)산맥까지 뻗어 있는 것이 밝혀졌다. [지도 60]은 관화방언(官話方言)을 남북으로 분단하는 방언 경계선이며, 필자는 회하선(淮河線)이라고 부르고 있다.

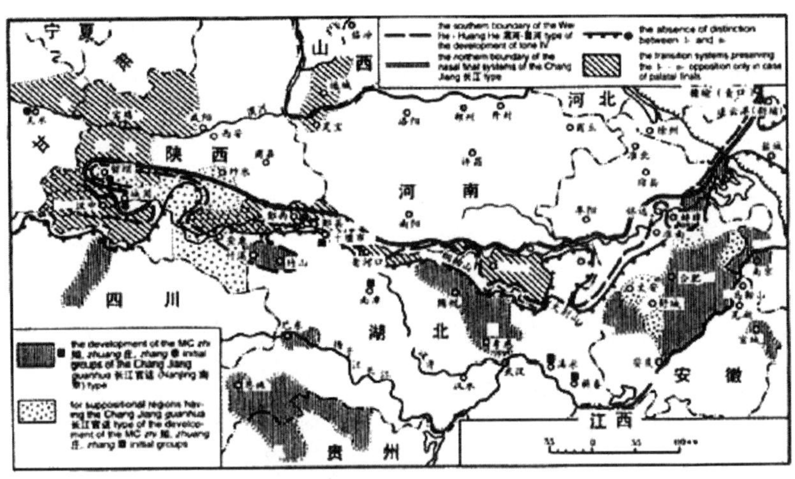

[지도 60] 관화지역(官話地域)을 남북으로 분단하는 등어선속
(Zavjalova and Astrakhan, 1998에 의함)

3. 최근의 동향과 PHD(Project on Han Dialects)

『중국어언지도집(中國語言地圖集)』 이후의 연구 동향은 해외로부터의 이론언어학의 유입으로 인해 다양화하고 있다. 예를 들면, J. Norman씨 등은 『절운(切韻)』을 참조기준점(reference point)으로 한 칼그렌(Karlgren) 이래의 발상을 버리고 구어 어휘에 근거한 순수한 방언 비교에 의해서 각 지역의 조어를 아래로부터 재구하려고 시도하고 있다. 또한 「중국어 방언은 음성적 차이는 크지만 문법적인 차이는 적다」라고 하는 일종의 편견은 방언 문법의 기술 연구의 진전에 의해서 이미 타파되고 있다.

과거 2년간에 '언어지리학'이라는 제목의 전문서가 2권 간행되었다. 하나는 항몽영(項夢泳)·조휘(曹暉)(2005)이다. 이것은 등어선의 개념을 상세하게 검토하는 등 배울 점도 많지만, 방언 분류의 관점이 더욱 농후하고, 말의 전파와 변용이라고 하는 역동적인 관점은 부족하다. 다른 하나는 시몬스(R.Simmons), 석여걸(石汝傑), 고검(顧黔) 세 명에 의한 미중 공동 조사의 보고서(R.Simmons et al, 2006)이다. 대상 지역은 상기 회하선(淮河線)과 같이 중요한 방언 경계선인 장강선(長江線) 부근이며(방언 분류상은 오어와 관화를 나누는 방언 경계선), 등어선이 밀집하는 개별 지역은 거의 샅샅이 뒤지는 조사를 실시했다. 조사 항목은 구어 어휘를 주로 한다. [지도 61]이 그 일례(지도 작성은 후쿠시마 아키코씨(福嶋秩子)의 SEAL에 의한다)이다. 음성의 지리적 추이 실태를 상세하게 기록하여 표현하고 있다. 다만 여기에서도 방언 구획의 발상은 뿌리 깊다.

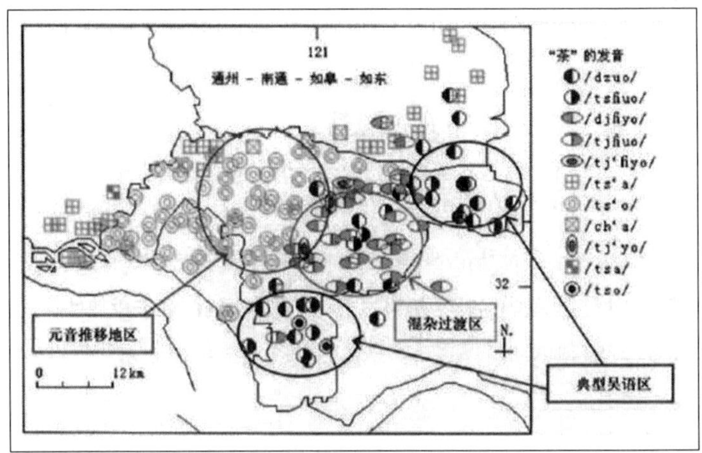

[지도 61] 오어吳語·관화官話의 경계선 부근의 음성적 변종(Simmons et al, 2006)

마지막으로 현재 진행 중인 두 개의 방언 지도 작성 프로젝트에 대해 소개한다.

1) 일본 : PHD(Project on Han Dialects)

이 프로젝트는 1989년 이래의 역사를 가지지만(이와타 1992, 1995) 아직도 지도집 발간에 이르지 않은 것은 유감이다. 2004년부터 **XML** 베이스의 데이터베이스 구축에 착수해, 언어 데이터 입력과 지도 작성은 인터넷상에서 이루어지고 있다(이와타 2005, 하야시 2005). 이 연구의 성과에 대해서는 제2부에서 소개한다.

2) 중국 : 『한어방언지도집(漢語方言地圖集)』

조지운(曹志耘) 교수를 주축으로 하는 북경 어언대학어언연구소(語言大學

語言硏究所)의 연구 그룹은 많은 연구자(상기 시몬스(R.Simmons) 씨나 일본의 아키야 히로유키(秋谷裕幸) 씨를 포함한다)의 협력을 얻어 2003년부터 2006년에 걸친 3년 남짓의 기간 동안에 1,000 지점을 넘는 농촌 방언 조사를 실시했다. 그로타스(Grootaers, 1994, 2003)의 제언에 따라서, 조사 지점은 현성(현청 소재지)을 제외하고 있다. 조사에 근거해 금년도(2007)부터 3년간에, 음운 1권(卷) 2책자(冊), 어휘 1권 2책자, 문법 1책자로 이루어진 「특징도(特徵図)」가 간행될 예정이다. 이미 작도에 들어가, 몇 장의 초판 언어지도가 필자에게 도착해 있다. 다음 발표에서는 그것들을 소개하려고 한다.

일본에서 고안해 낸 글로토그램

사나다 신지(眞田信治)

1. 들어가며-언어지도

언어지리학(linguistic geography)은 근년은 도시언어학, 인간지리학을 통합시킨 「지리언어학(geoligueistics)」의 제창도 있지만, '말은 지리적·사회적으로 전파한다.'라고 하는 것을 전제로 하고 있다. 새로운 표현이 주변지역으로 그 영역을 넓혀 가는(진출해 나가는) 양상 및 그 결과(접촉·변용·마멸의 동태)를 지도나 그래프를 이용하여 지리적·사회적으로 설명하는 것이 이 분야의 연구이다.

말의 전파 중 가장 기본적인 것은 습윤지에 떨어뜨린 잉크가 만드는 얼룩을 닮은 지면을 기는 듯한 전파이다. 이 같은 전파도 험악한 산이나 급류 등에 저지당하는 경우가 있다. 당연한 일이지만 새로운 표현의 영역은 언제나 순조롭게 확대해 간다고 할 수는 없다. 일본어의 동서 방언 대립의 지표로 여겨지는 사상의 분포 상황에는, 일본 알프스의 존재나 하마나(浜名)호·키소미(木曾三)강 등의 호수·하천의 존재가 분명히 관련되어 있다. 한편, 말의 전파를 저지하고, 또 추진하는 것은 자연 경계만이 아니다. 실은 인문지리적인 환경이이야 말로 가장 주목해야 하는 것이다. 경제권이나 행정권(국가·커뮤니티), 그리고 아이덴티티 등, 사회·문화적, 혹은 심리적인 필터가 거기에 크게 관계된다.

언어 형식의 분포를 보면 비화적(飛火的, 불이 퍼지는 것 같은) 전파에 의해서 형성되었다고 생각되는 것이 있다. 비화적 전파에는 이주에 의한 것이나 해상 교통로에 의한 것 등이 있다.

오히려 현대의 새로운 표현 형식의 분포는 지면을 긴다고 하는 것보다 하늘에서 뿌리는 것과 같은 전파로 표현해야 할, 혹은 도시 간 전파의 양상을 나타내고 있다.

그런데 언어지도(linguistic map)는 각각 형식의 공간적 관계를 직접적으로 나타내는 것이지만, 그 배후에는 표면에 나타나지 않는 일종의 두께가 존재하고 있다.

우선 지도에 있어서는 화자의 속성 등을 일정하게 해 조사한 결과를 내지만, 예를 들어, 연령별로는 어떠한 분포가 될까. 노년층을 조사 대상으로 한 지도에 젊은 층을 조사 대상으로 한 지도를 대조하는 것에 의해 그 사상의 변환을 볼 수 있다. 성별에 따른 차이를 나타내는 지도에서는 성별에 따른 표현의 차이를 볼 수 있다. 계층별로 본 지도도 마찬가지이다.

언어지리학의 조사에서는 그 표현이 나타나는 장면을 한정해서 보고 있지만, 화자는 언제나 그 표현만을 사용하고 있는 것은 아니다. 장소나 상대 등에 따라서 다양한 표현을 구사할 것이다. 장면에는 캐쥬얼 장면과 포멀 장면이 연속해 존재한다. 장면별의 지도에서는 스타일 차이, 혹은 각 표현 형식의 사용도나 이해도 등도 관찰할 수 있다.

또한 언어지리학의 조사에서는 일반적으로 조사해야 할 말이 사용되는 문맥(의미·용법)을 한정해서 보고 있다. 그러나 그 주변에는 그 문맥에서는 나타나지 않는 인접하는 의미·용법으로의 언어 운용이 연속해 존재하고 있는 것이다.

여기에서는 이러한 언어지도를 일일이 소개할 수는 없지만, 일본에서는 오늘날까지, 이상에서 예로 든 다양한 관점으로부터 여러 가지의 광역언어지도(GroBraumatlas)나 협역언어지도(Klelnraumatlas)가 작성되어 왔다. 그 구체적인 예에 대해서는 사나다(2002)를 참조하기 바란다.

덧붙여서 일본에 있어서의 언어지도집(linguistic atlas)의 간행은 오래되었고, 그 시작은 1905년으로 거슬러 올라간다(국어 조사위원회 1905, 1906). 이것은 세계의 언어지도 작성의 역사 중에서도 아주 초기에 속한다. 예를 들어 독일에서 벤커(G. Wenker)에 의해서 개시된 통신 조사(1879~1887)의 데이터가 독일 방언 연구소에 의해『독일 언어지도』(Deutscher Sprachatlas)로 출판되기 시작한 것은 1926년부터의 일이다. 또한, 프랑스에서 에드몬(E. Edomont)의 현지 조사(1897~1901) 데이터를 질리에롱(J.Gillieron)이 작도한『프랑스언어도권』(Atlas linguistique de la France)의 간행은 1902~1909년이다.

2. 글로토그램 탄생의 프로세스

글로토그램(glottogram)이란 지리적인 관계와 연령을 X축과 Y축으로 교차시킨 그래프를 말한다. 일본의 언어지리학 속에서 고안되어 붙여진

이름이다. 일본어의 변화에 있어서 그것과 상관하는 사회적 속성차로서는, 연령에 따른 차이, 즉 연령이 가장 중요한 것 중의 하나이다. 여기에 지점×연령도가 주안점으로 생각해 낼 소지가 있었다.

덧붙여 glotto-는 「언어의」, -gram은 「묘사도」라는 의미를 가지고 있다.

여기에서는 필자의 편력도 봐 가면서 글로토그램 모델 탄생의 프로세스를 보기로 하겠다.

그것은 1960년대 말기 무렵이었다. 대학원생이었던 필자는 협역언어지도를 만들면서, 지도를 구성하는 데이터가 그 지점의 언어 실태의 한정된 일부분에 지나지 않는다고 하는 것에 대하여 불만을 가지게 되었다. 할아버지의 회답형은 이것이지만, 그럼, 할머니의 경우는 어떤가, 특히 젊은 사람은 어떤가, 그것이 알고 싶어졌다. 지리적인 면뿐만 아니라, 지점마다의 연령과의 상관을 알고 싶어졌다. 당시 숙소의 옆방에 있던 사람이 지리학을 하는 남자이었기 때문에 한밤중에 여러 가지 의논을 하여 계량적인 방법론을 배웠다. 단어 마다 연령과 지점과의 상관관계를 어떤 함수로 나타낼 수 있는 것은 아닐까, 그것에 의해서 단어의 속성을 유형화할 수 있는 것은 아닐까 하는 생각에 이르게 되었다. 그리고 그 검증을 현장을 도야마현의 도가(利賀)강 유역으로 정했다.

그 조사를 진행하고 있을 무렵, 지도교관인 가토 마사노부(加藤正信) 선생님으로부터 국립국어연구소의 조사원이 니가타현 이토이가와(糸井川)의 하야카와(早川) 골짜기에서 일본 언어지도(Linguistic Atlas of Japan)의 검증을 위해 재미있는 조사를 실시하고 있는 것 같다고 하는 이야기를 들었다. 센다이에서 도야마로 귀성하는 도중, 조사가 행해지고 있는 이토이가와에서 도중하차하여 조사원 본부로 사용하던 여관으로 저녁에 방문했다. 마침 그때 그로타스 신부(Father Grootaers)가 그 조사에서의 결과를 德川宗

賢 선생과 사토 료우이치(佐藤亮一)씨, 다카다 마코토(高田誠)씨들의 앞에서 '지점×연령도'로 나타내어 설명하고 있었다. 필자는 그 때 솔직히 당했다고 생각했으나, 그러나 한편으로는 자신이 하고 있는 것에 자신감도 가졌다.

글로토그램이라고 하는 용어가 태어난 날의 일이다.

글로토그램 탄생의 순간에 대해서는 德川宗賢 선생이 그로타스 신부의 일기에 근거해 날짜를 확인하면서 다음과 같이 기술하고 있다.

> 글로토그램이라는 호칭은 1969(昭和 44)년 3월 27일의 아침, 우리가 숙박하고 있던 이토이가와시 신마치의 야마카와 여관에서 자료 정리를 하고 있었을 때에 처음 우리의 입에 오른 것으로 생각된다. 도화선을 자른 것은 다카다 마코토이었다고 기억한다. 그로타스가 조사의 중간적 자료를 가지고 이토이가와시의 로터리 클럽에서 강연하기 위해서, 모두 큰 종이에 자료를 돌려서 기록하고 있을 때의 일이었다. (중략) 덧붙여 이 하야카와 골짜기의 조사를 실시하고 있을 때, 당시 아직 도호쿠 대학의 학생이었던 사나다 신지씨가 귀향 길에 갑자기 방문해 왔던 것으로 기억한다. 신마치 야마카와 여관의 일실에서 스키야키의 냄비를 둘러싸고 모두가 환담을 한 것이 사나다 씨와 필자가 친하게 이야기한 최초였다. (도쿠가와 1993)

이 「스키야키의 냄비를 둘러싼」 것은 제 연구 일지에 의하면 1969년 3월 26일 밤의 일입니다. 글로토그램(glottogram)에는 그로타스(Grootaers)의 '그로'를 관련지어서(L과 R의 구별을 무시) 그날 밤 늦게까지 다카다 씨와 이야기한 기억이 있다.

어쨌든 글로토그램 탄생의 현장에 조우할 수 있었던 것은 저에게 있어서 아주 행운이었다.

그 때 여관 방의 상인방에 걸려있던 큰 종이에는 하야카와 골짜기 유역에 있어서 「간식」을 표현하는 형식의 분포도 있었다. 그곳의 나카마라고 하는 어형의 분포 영역에 선명한 붉은 색종이가 붙여 있던 것까지 또렷이 머릿속에 떠오른다.

따라서 이 1969년을 우리의 글로토그램이 여명하는 해라고 말할 수 있겠다.

하야카와 골짜기 조사의 결과는 1969년 5월 24일의 국어학회(교토 마이니치 홀)에서 보고되었다. 그곳에서는 조사 항목인 40항목 중 9항목의 결과에 대해서, 「어의 성쇠(語の盛衰)」라고 하는 제목 아래에 공동 연구 발표가 이루어졌다. 구두 발표자는 德川宗賢 선생이었다. 덧붙여 그 보고서의 발간은 1985년이다(국립국어연구소, 1985).

글로토그램이라고 하는 술어의 탄생 후, 각지에서 몇 개의 시행적인 조사가 행해졌지만, 1970년대에는 지도집 형태로는 아직 나타나지 않았다. 지도집 형태로 나타나는 것은 1980년대에 들어오고 나서이다. 1980년대 이후, 이노우에 후미오(井上史雄)씨의 주도로 글로토그램 지도집이 나왔다. 그러나 처음은 글로토그램이라고 칭하지 않았다. 그것이 「글로토그램」이라고 칭해지게 된 것은 위의 하야카와 골짜기 조사의 보고서가 발간된 1985년 이후의 일이다(이노우에, 1985). 그리고 1990년대가 되어 폭발적인 기세로 퍼져 갔다. 1990년대 후반에는 약간 기세가 죽었지만, 그 쯤에서 고오난(甲南) 대학 방언 연구회에서의 글로토그램 조사가 시작되어 생명이 긴 지도집 작성 작업이 현재도 계속되고 있다(츠조메 都染, 2007).

그런데 필자가 1960년대 후반에 행한 조사는 호쿠리쿠, 도야마현 서남부에서의 악센트 변이형의 지리적 분포 상황을 파악하려고 한 것이었다. 2박(拍) 명사인 어떤 어군에 관해서, 화자마다의 그 변이를 양적으로 나타낸 것이 다음 페이지의 언어지도이다. 특히 도가천(利賀川) 유역에서 지점별, 연령별로 자세하게 조사한 결과에서는 이러한 단어의 악센트형의 변화(HL~LH)에 대해서, HL형이 오래되었고, LH형이 지점 17(하류)로부터, 지점 1(최상류)에 걸쳐 새롭게 퍼져가고 있는 것이 판명되었다. 그리고 그 퍼져가는 것, 변화 프로세스의 패턴은 이른바 S자형의 커브를 그리고 있는 것도 인정되었습니다. 이 그래프는 근년에 말해지게 된 「악센트 글로토그램」 그 자체이다. 덧붙여 이 도가골짜기 조사는 1968년 7월부터 개시하고 있다. 다만 보고는 1971년이었다.

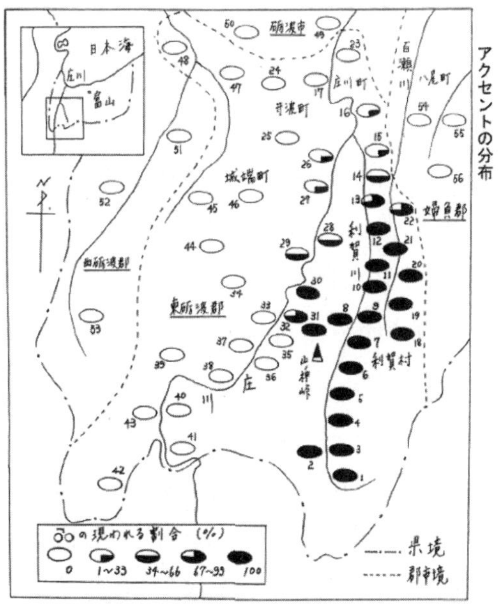

調査地点名	1	大勘場	8	細島	15	高沼	22	菅沼	29	杉尾	36	大島	43	西赤尾	50	鷺栖
	2	千束	9	岩渕	16	湯山	23	金剛寺	30	大崩島	37	上梨	44	上田	51	高宮
	3	中口	10	利賀	17	金屋	24	高瀬	31	高草嶺	38	皆葎	45	上原	52	立野脇
	4	田ノ島	11	大豆谷	18	上百瀬	25	井ノ口	32	東中江	39	小瀬	46	大鋸屋	53	中ノ河内
	5	阿別当	12	北豆谷	19	中村	26	下原	33	下梨	40	真木	47	百町	54	谷
	6	坂上	13	押場	20	百瀬川	27	栃原	34	梨谷	41	成出	48	安居	55	葛坂
	7	上畠	14	草嶺	21	谷内	28	祖山	35	籠渡	42	桂	49	荒高屋	56	三ツ松

[지도 62] 지리적 차이와 연령별 차이(사나다, 1971)

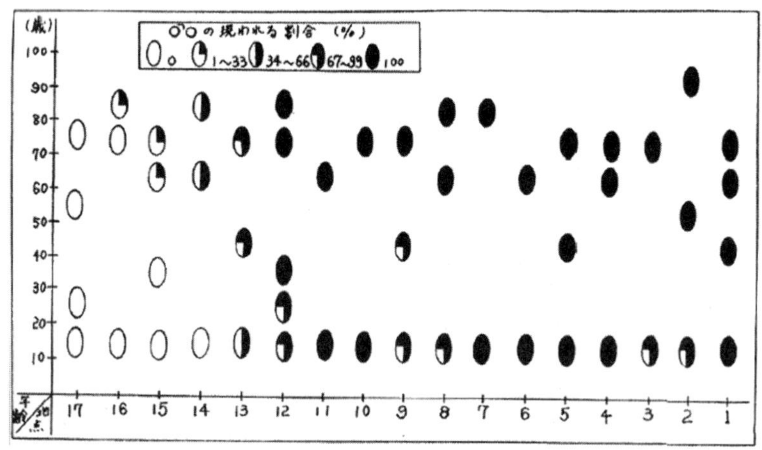

[그림 11] 악센트 사용 글로토그램

글로토그램(Glottogram)은 언어사용의 시간적, 공간적 측면을 보여주는 그래프이다. 글로토그램(Glottogram)은 언어 분포의 지리상의 방향을 파악하는데 있어 유용한 도구이다. 위 글로토그램(Glottogram)에서 세로축은 발화자의 연령(시간적 측면)을 표시하고 가로축은 발화자의 장소(공간적 측면)를 표시한다.

글로토그램(Glottogram)은 특정한 피치 악센트의 사용(조사된 어휘 항목들의 특정한 그룹 내에서)이 지리적으로 어떻게 분포되어 있는지를 보인다. 그래프 위의 원들은 이 그룹들에 의해 사용되는 피치 악센트를 보여준다. 제보자가 새 악센트(LH)를 사용하여 더 많은 단어들을 발음할 수록 원안의 흰 부분이 늘어난다. 반대로 원안에 검은 부분이 많다는 것은 조사된 단어들의 다수에서 제보자가 구 악센트(HL)를 사용했다는 것을 의미한다.

글로토그램(Glottogram) 조사를 위해 선정된 지리상의 지역들은 하나의 선을 따라 놓여있다. 이 조사는 17곳의 장소에서 실시되었으며, 순서대로 가로축을 따라 표시되었다. 가장 왼쪽(지역 17)에서 우리는 모든 제보자(최고연령인 70대부터 십대에 이르기까지)가 LH 악센트만을 사용했다는 것을 볼 수 있다. 가장 오른쪽의 지역 1 제보자들 또한 HL 악센트만을 독점적으로 사용한다. 그러나 지역 12에서 지역 17까지, 이 지역들에서 진행 중인 언어변화를 반영하는 것으로 해석할 수 있는 악센트 사용에 있어서의 연령에 따른 차이가 관찰된다.

3. 글로토그램의 제약

글로토그램에 대한 중요한 비판의 하나로서 여기에서는 江端義夫 씨에 의한 코멘트를 보겠다. 江端義夫 씨는 다음과 같이 말하고 있다.

글로토그램이 그은 선 위를 언어가 모식대로 전파한다고 가정한 위에서의 연령차 변화가 이 그래프의 의미인 것일 것이다. 그런데도 이 글로토그램의 방법이 적용 불가능한 평야부의 지역 환경에까지 지리적인 사정도 생각하지 않고 함부로 계속 적용되어 왔다. 도카이도(東海道)나 산요도(山陽道)에까지 응용되기도 했다. (중략) 연령 변화의 견해는 지금까지 노년층만의 지도에서 충분하다고 해온 세계의 언어지리학에 반기를 든 것으로서 중요하다. 그러나 그 연령차의 시점을 「지리」라고 하는 것으로 파악하려고 했을 때, 「선」으로는 파악될 수 없는 것이라고 어째서 생각하지 않았을까. (중략) 많은 글로토그램의 예는 마치 그 선만을 거쳐 언어가 변화해 나가는 것 같이 파악하는 것들뿐이었다. 지역은 넓고, 다양한 변화의 길이 상정되는데, 아무도 신중하게 이치 이유를 부언해 주지는 않았다. 지리 측면에서 몇 개의 길을 설정하면 이야기는 별개이다. 이 방법은 일본의 독자적인 것이라고 하여 소리 높여 선전되어 왔다. 그러나 구미에서는 글로토그램에 대한 평가가 높은 것인가. 그것을 나는 모른다. (江端 2001)

현 상태는 그의 지적대로 일지도 모른다. 확실히 글로토그램에서는 지리적인 「면」에서의 변화를 파악할 수 없는 점에 큰 제약이 있다. 그렇지만 글로토그램은 본래, 지리적인 「면」에만 한정한 지도에 불만을 품어, 그 보조 수단으로서, 또한 이론 구축의 모델로서 만들어진 것이라는 것을 생각하고 싶다.

덧붙여 「선전」을 할 생각은 없지만, 일본에서 문제로 여겨지는 이론적 과제는 어디까지나 일본에 있어서의 언어 사상을 대상으로 그 안에서 도출되는 것이며, 구미적인 시점에서 구축된 기준만으로 일본어의 사상을 논한다, 혹은 구미의 기준으로 물건을 생각할 필연성은 어디에도 없을 것이다. 대상에 입각해서 다른 방법으로, 혹은 거기에 가장 적합한 방법으로 대상을 그려낼 수 있는, 그러한 방법이야말로 지금 요구되고 있는 것은 아닐까 한다. 덧붙여서, 江端義夫 씨는 「언어지도연대학(言語地図年代學)」을 제창하였다(江端, 2007).

4. 마치며―도구로서의 언어지도

그런데 일본인에 의한 언어지리학의 최초 논문은, 야나기타 구니오(柳田國男)의 「가규코(蝸牛考)」(1927)이다. 「가규(蝸牛)」라고 하는 것은 「달팽이」인데, 야나기타는 「달팽이」를 나타내는 몇 개의 단어가 긴키를 중심으로 일본 열도에 환상(環狀)이 되어 분포하고 있는 것을 발견해, 이것을 문화의 중심이었던 긴키(近畿)에서 신어가 발생함에 따라, 전대의 단어가 차츰 그 주변으로 쫓겨난 결과 생긴 것이며, 따라서 바깥층의 것일수록 오래된 단어일 것이라고 추정했다.

이 논문의 단행본화 과정에서 야나기타는 「방언주권론(方言周圈論)」을 제창했다. 단 그 생각에 대해서는 유럽의 언어지리학으로부터 배웠던 것이 확실하다고 한다. 야나기타는 후에, 그로타스 신부의, "그『가규코』를 쓰셨을 때 프랑스의 언어지리학이나 스위스의 언어지리학으로부터 영향을 받고 계셨다고 생각하십니까?"라는 질문에 대해, "예, 그렇습니다. 1922년부터 23년에 걸쳐 국제연맹위임통치위원회(國際聯盟委任統治委員會)의 일로 제네바에 있었을 때, 제네바 대학에서 피탈 교수의 인류학의 강의를 들었습니다. 피탈 교수가 도자(Dauzat)의 책(『언어지리학』, 1922)에 대해서 이야기했고, 나도 그것을 당시 원문으로 읽었습니다."라고 대답하고 있다(W.A.그로타스, 1976).

그러나 야나기타는 일찍이『後狩詞記』(1909) 속에서 미야자키현 椎葉의 산촌을 방문했을 때의 인상을 적고 있는데,

> 산에 있으면 중심까지도 지금과 멀리 있는 것인가? 생각컨대 고금은 직립하는 하나의 봉이 아니라 산지로 향해서 이것을 옆으로 눕힌 것 같은 것이 우리나라의 모습이다.

라고 말하고 있다. 이것은 바야흐로 역사적 변화를 지리적 변이와의 상관으로 파악할 수 있다는 것에 대해 언급한 주목해야 할 언급이다. 따라서 야나기타 생각에는 해외에서의 자극에 대응할 것이 이미 형성되어 있었다고 생각된다.

야나기타가 단행본인『가규코(蝸牛考)』초판(1930, 도강서원)에서 힘을 쏟아 등장시킨 「방언주권론(方言周圈論)」은 사계에 크게 대두하게 되었다. 크게 대두했던 만큼, 그것을 금과옥조의 것과 같이 생각해 모든 분포 사

상이 주권론으로 설명할 수 있다고 하는 오해를 일부에서 낳게 되었다. 그리고 반대로, 주권론이 적용되지 못하는 사례를 들어 그 유효성을 전면적으로 부정하는 경향까지도 나타났다. 그러나 그것은 전적으로 야나기타가 이 주권론을 법칙의 'one of them(그들의 하나)'에 지나지 않는 것이라고 명확하게 말하지 않았던 것에 기인한다고 본다. 야나기타 자신도 그것을 알고 있었다. 그래서 개정판(1943, 창원사)에서는 다음과 같이 피력하고 있다.

> 발견이라고 할 정도의 굉장한 법칙도 아무것도 아니다. 나는 단지 방언이라고 하는 현저한 문화 현상을 대체로 이것으로 설명할 수 있다는 것을 주의 깊게 봤을 뿐이다.

라고 하는 변명을 하게 된다. 게다가 개정판에서는 「달팽이」의 방언 분포 지도까지 생략해 버린다. 지도를 생략한 이유로 야나기타는 인쇄 기술상의 어려움을 들고 있었지만, 필자는 그 말을 그대로 믿을 수가 없다. 이 점에 관해서는 주권적인 분포 모양을 나타내는 「달팽이」의 지도만이 혼자 주목을 받아 자신의 고찰이 단편적으로 이해되는 것을 싫어한 결과의 조치라고 생각한다. 『가규코(蝸牛考)』를 저술한 목적에 대해서도 개정판에서는 「아동이 지금까지의 말을 바꾸어 가려고 하는 힘과 국어에 대한 가요·창사의 요구, 이 둘만을 추려내어 생각해 보려고 했던 것이다」라고, 그 중점을 말의 창조의 방면으로 교묘하게 이행시키고 있다.

언어지리학의 도구는 언어지도이지만, 그 도구가 언어지리학 자체를 손상시키는 일이 있다고 하는 점도 생각하길 바라는 마음이다.

방언학—디지털과 雙方向性
—디지털 벤커 언어지도, DiWA—

요하킴 헤르겐(Joachim Herrgen)

1. 서문

18세기의 초창기 처음부터, 독일의 방언학은 다각도의 조사로부터 지역적 다양성에 접근하는 광범위한 학문연구 분야로 발전해왔다. 다수의 언어지도, 방언사전, 전공 논문 그리고 인터넷 출판물들은 이 포괄적인 연구 활동의 증거이다. 이렇게 장기간 실시되고 광범위하며 철저하게 분화된 연구 분야가 이와 같이 짧은 발표에서 충분하게 요약될 수는 없다. 개요로서 필자는 매우 유익한 연구 문헌(Barbour / Stevenson, 1990 ; Herrgen, 2001 ; Niebaum / Macha, 2006 ; Veith, 2006a ; Veith, 2006b)을 여러분께 참고하도록 권한다. 대신에 현재 방법론적으로 매우 흥미로운 연구법에 대해 발표하고자 한다. 지난 몇 해 동안 이 연구 방법은 마르부르크(Marbourg)의 독일어 연구소—조지 벤커(George Wenker)에 의해 수립된 독일 언어지도(DeutscWer Sprachatlas)로 발전해왔다. 필자는 디지털 벤커 언어지도 (Digital Wenker Atlas) 프로젝트(혹은 DiWA)에 관하여 이야기하고자 한다. 이 프로젝트서, 주목할만한 점은 첫째로, 일세기가 넘는 시간적 발견들 이 인터넷 기반의 지리정보시스템(GIS) 안에서, 누구나 접근가능한 연구 법이다. 그리고 둘째로, 이 연구 도구가 예전에는 매우 어려운 연구 방 향, 즉 100년이 넘는 기간에 걸친 방언의 역학(力學)을 우리가 조사할 수 있도록 한다는 점이다.

2. 독일어 연구소—Deutscher Sprachatlas

독일어 연구소—Deutscher Sprachatlas의 주요 목표는 독일어의 방언들, 비표준적인 변화, 지역적 변화(Regionalsprachen)를 조사하는 것이다. 이 때 문에 연구소는 포괄적인 범위의 연구 자원을 과학 공동체에 제공한다. 그 안에는 광범위하며 매우 독특한 수집물과 문서 자료, 전문 장서, 언어학 자료모음과 분석 시설, 그리고 언어지리 컴퓨터 실험실 등이 있다. 연구 소가 125년 이상에 걸쳐 방언학과 언어지리학에서 쌓아왔으며, 근래에는 방언들에 대한 연구로 지니게 된 명성은 마르부르크(Marbourg)의 사서였던 조지 벤커(Georg Wenker, 1852~1911)로부터 시작된 것이다. 그는 가장 최초 인 두 개의 언어지도 Sprachatlas der Rheinprovinz(Rhine 지방의 언어지도, 1878)와 그의 주요 공헌물이자 지금까지 편찬된 언어지도들 중 가장 범위 가 넓은 언어지도로 오늘날까지 남아 있는 독일 언어지도(Sprachatlas des deutschen Reichs)의 책임을 맡고 있었다. 이 작업으로 벤커(Wenker)는 마르부 르크(Marbourg)에서 급속히 발전한 '언어의 지리학(linguistic geography)'이라는 새로운 과학 분야에 경험적 주춧돌을 놓았다. 당시 유행하고 있는 (신문법주의) 언어학 이론에 따라, 그는 독일어 방언의 공시적 구어 범위를 그의 경험적 연구의 대상으로 삼았다. 신문법주의자들이 아주 중점적으로 지역-특정적 연구를 했던 반면, 그는 무엇보다도 구어 언어의 잡다한 지역 범위를 체계적으로 획득하는 것에 관심을 가졌다. 그는 새로운 학문 지대를 탐구하려는 준비성과 그의 탁월한 방법론적 독창력을 지님으로써 "근현대 언어학의 전통성"(Herrgen, 2001 : 1527)의 원천에 서 있다. 이것은 방언학의 역사에서 모든 지점들에 걸쳐 추적되는 것이며 특히 마르부르크(Marburg) 연구소의 역사에서도 마찬가지이다. "방언학의 역사에서, 오랜 기간에 걸쳐 단차원적으로 / 통시론적으로 수집된 방언 자료들은 그 시대에 유행했던 사고방식에 따라 조사되고 해석되어 왔다. 현재 논의하고 있는 언어학상의 이론적 접근방법들은 항상 방언자료에서만 시험되었고-최소한 박사 학위에서는 시험되지 않았다- 따라서 방언학은 동시에 역동적인 언어학 실험실을 상징하는 것이다."(Herrgen 2001 : 1527)

마르부르크(Marbourg)의 독일어 연구소 전문가 도서관은 벤커의 독일언어지도(Sprachatlas des deutschen Reichs)의 가장 완전한 복사본을 소장하고 있다. 벤커(Wenker)의 질문지 원본 또한 이곳에 보관, 관리되고 있다. 게다가 연구소 도서관은 정기적으로 갱신되는 독일어와 다른 언어들의 (상당히 진귀한) 언어지도와 사전들을 광범위하게 보유하고 있다. 연구소의 고문서 보관소는 또 지난 200년간의 지역 내 미발간 전공 논문들을 대규모로 보유하고 있다. 더욱이, 여러 장소와 지역으로부터의 '벤커(Wenker) 문장들'인 4,000개에 달하는 음성 녹음기록들이 수집되어 있다. 연구소의 조사 시설은 ISSG(Informationssystem Sparachgeographie, 언어 지리정보시스템) 연구실을 포함하며, 기술적으로 막대한 양의 자료를 다룰 수 있도록 설비되어 있다. 이곳의 지리정보시스템(GIS)은 모든 범위의 지도와 서류, 문

헌 목록, 음성 자료들을 제공하고 연결하도록 되어 있으며 이들이 온라
인에서도 접근이 가능하도록 되어 있다.

3. 언어 역학에 대한 탐구—DiWA 프로젝트

　　마르부르크(Marbourg)의 연구소 독일언어지도(Deutscher Sprachatlas)의 주
목적은 방언들, 비표준적인 변화 그리고 독일어의 지역적 변화를 연구하
는 것에 있다. 이러한 방법으로 연구소의 역할을 정의하는 것은 독일어
구어의 공간적이고 사회적인 변화에 대한 전반을 포함하려는 연구소 본
연의 순수한 방언학적 조사에 대한 초점을 자세히 설명하는 것이다. 이
러한 변화(언어학적인 방언학)의 주된 연구 목표는 표준어와 기본 방언, 두
양극 사이에 지역상의 언어학적 변화의 전체적인 스펙트럼의 구조와 변
화를 조사하는 것이다.

[지도 63] DiWA로 제공받은 독일제국의 언어지도(Sprachatlas des deutschen Reichs) (주제 : pfund)

① Wenker–Atlas(자료수집 1880)

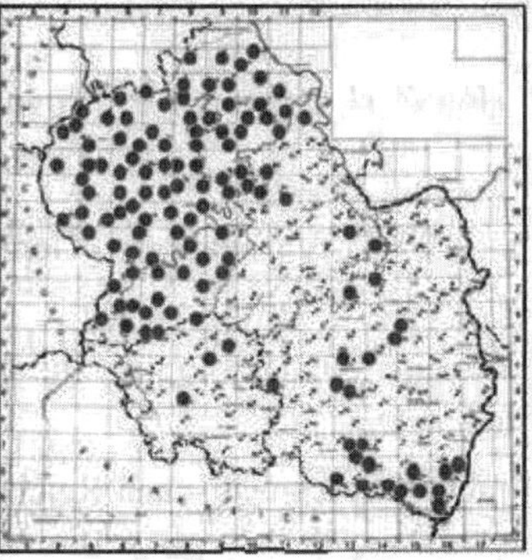

② MRhSA(구세대)(자료수집 1980)

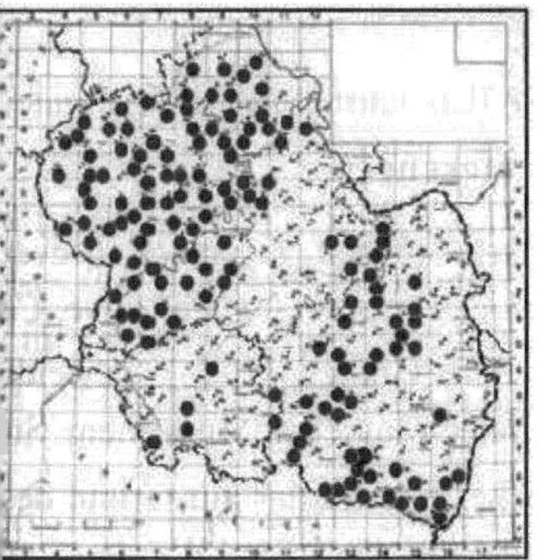

③ MRhSA(신세대)(자료수집 1980)

[지도 64] hast('you have')에서의 t-삭제
(1880~1980)

　　방언 자료의 매우 포괄적인 문서화 때문에, 역사적으로 중요한 벤커(Wenker)의 독일제국의 언어지도(Sprachatlas des deutschen Reichs)는 독일어에 있어 언어 변화 연구에 특히 중요한 것이다. 100년 이상 전에 수집된 벤커(Wenker)의 자료와 더 최근의 것이면서도 또한 매우 광범위에 걸친, 다른 연구소들의 조사로 얻어진 자료-현대 지방 지도들로부터의 것과 같은-의 비교는 1세기 이상에 걸친 구어의 변형에 대한 체계적인 분석을 가능하게 한다. 현재 마르부르크(Marbourg)에서 진행 중인 디지털 벤커 언어지도(Digital Wenker Atlas, DiWA) 프로젝트는 벤커(Wenker)의 언어학 지도들의 발간과 학문적 분석을 중심으로 다룬다. 이 프로젝트의 첫 번째 목표는 독일제국의 언어지도(Sprachatlas des deutschen Reichs)의 원본 지도 1,653장을 처음으로 모두 간행하는 것이었다. 인터넷을 통하여, 학자들과 관심을 가진 일반인들 양쪽 모두에게 널리 접근이 가능해졌다는 것이었다. 인터넷을 지도들의 디지털화(600dpi의 해상도)로, 이 작업물에 대한 양질의 문서자료보관소를 목표로 하게 되었다. DiWA는 독일에서 현재 이루어지고 있는 지도 광범위한 인문학 프로젝트들 중 하나이다. 모든 원본 지도들은 DiWA 웹 페이지

(http://www.diwa.info)에서 개별적으로 선택해서 볼 수 있다. 툴바는 개별 지도 내에서 슬라이딩 스케일 확대와 무한정의 내비게이션을 포함하는 고급 보기 옵션 기능을 제공한다.

　그러나 DiWA는 독일제국의 언어지도(Sprachatlas des deutschen Reichs)의 온라인 버전 그 이상이다. 특이한 점으로는 지도들을 지리정보시스템(GIS)로 통합하는 것이다. 지도를 지리참조[1]로 보는 것은 많은 점에서 효과적이다. 첫째로, 세 개의 개별 지도를 모든 지역을 아우르는 한 장의 지도로 정확히 겹칠 수 있게 해 준다. 또한 지리참조는 벤커(Wenker)지도를 전자 형태의 다른 어떤 지도제작물 위에라도 겹칠 수 있게 하고 그 두 지도를 직접 비교할 수 있다. 투명 기능은 겹쳐진 지도들을 점차 희미하게 하거나 뚜렷하게 할 수 있다. 이 투명 기능을 사용하여 여러 개의 벤커 지도들을 일대일, 지역대 지역으로 비교할 수 있으며 방언 지역들과 방언 현상의 동시 발생에 대한 결론을 이끌어 낼 수 있다. 그러나 또한 벤커 지도들은 언어 변화 연구를 위하여 새 창을 하나 열어서 다른 지리참조인 지도와 직접 비교할 수도 있다. 벤커 지도들을 100년 후에 수집된 자료에 기초한 동시대의 지역 방언 지도와 정확히 대응시키는 것은 언어 변화 경향에 대한 조사를 가능케 한다. 하지만 투명 기능이 언어지도에 있어서 언어학적 해석에 대한 가능성만 순수하게 내놓는 것은 아니다. 이 기능은 또한 벤커의 지도를 지형학적, 문화·역사적, 사회 인구통계학적인 지도제작 자료들과도 자세히 비교할 수 있는 기회를 열어 준다. 이러한 비교는 언어, 공간, 시간 그리고 사회 간의 복잡한 관계망에 대한 통찰력을 제공할 수 있다. 예를 들어, 방언·지리적이고 지구물

---

1) 지도들은 위성사진과 항공사진을 분석한 것을 원격감지하여 ER Mapper 그래픽 유틸리티 프로그램을 이용해 작성되었다. 지도를 지리참조(georeferencing)할 때에는, 선결된 좌표가 이미지 파일의 지정된 지점에 할당된다.

리학적인 정보는 상호간에 직접 관련될 수 있으며 그 사이의 관계가 연구될 수 있다.

복합 지도(TIFF 형태로 용량 약 1.4GB)가 인터넷을 통해 제공될 때 자료의 양 때문에 생기는 문제는 Image Web Server 로 해결된다. 이 유틸리티 프로그램은 ECW(enhanced compressed wavelet, 강화 압축 잔물결) 압축 기술에 기초한 요소들을 가지고 사용자 모니터에서 요구되는 이미지 데이터들만 압축을 풀고 전송할 수 있도록 하였기 때문에 로딩 시간을 현격히 줄일 수 있다.[2]

가능한 적용 사례들은 DiWA 웹 페이지에서 볼 수 있다. 현재 독일제국의 언어지도(Sprachatlas des deutschen Reichs), 실증적인 지형도(디지털 입면 설계도), Mittelrheinischer Sprachatlas(MRhSA)로부터 엄선된 지도들, Sprachatlas von Bayerisch-Schwaben(SBS) 그리고 Südwestdeutscher Sprachatlas(SSA)가 온라인에서 이용가능하다. 언어 역학 연구[3]를 위하여, DiWA는 지금까지 언급한 것보다 훨씬 더 많은 정보들을 이용 가능하도록 한다. DiWA는 또한 최근의 지역지도와 사회 인구통계학 지도의 자료도 포함한다. 더욱이, 온라인에서 방대한 수의 조사 지점을 클릭할 수 있을 뿐만 아니라, 문헌목록 정보, 디지털화된 원본 질문지의 복사본, 그리고―가능한 곳에서는― 벤커(Wenker) 문장들의 음성 녹음과도 링크되어 있다.[4] 이와

---

2) 더 많은 기술적인 정보는 http://www.diwa.info를 참고.

3) Schmidt 2005, Lenz 2005, Herrgen 2006 그리고 Herregen / Schmidt(발행예정)을 참고.

4) 시작하기(간결한 DiWA 사용자 안내)

1. www.diwa.info에서 DiWA를 연다.

2. DiWA 시작 페이지에서, 벤커 지도로 연결되는 링크가 왼쪽 내비게이션 바에 있다.
   *Atlas / Kartenverzeichnis*를 통해서 목록을 열고 지도를 선택한다. *Weiter*가 여러 화면표시 옵션을 보인다. Diese Karte einzeln anzeigen('이 지도만 보이기')을 선택하

같이 벤커(Wenker)의 저작물은 다차원적인 방언학 정보 시스템으로 변환
되었으며 분석도구 또한 오디오 자료들과 함께, 관심을 가진 일반 대중
을 겨냥하였다.

　　는 것이 가장 쉽다. 선택한 지도가 곧 화면에 나타난다.
3. 만약 이번이 처음으로 DiWA를 사용하는 것이라면, 첫 지도를 열면 자동적으로
　　플러그-인 설치, 즉 지도를 보이기 위해 사용자의 브라우저에 필요한 간단한 적
　　용사항의 설치가 시작된다(이를 설치하기 위해서 관리자 허가가 필요하다).
4. 네비게이션 바의 *Atlas / Hilfe bei Problemen*에서 지도 내에서 사용할 수 있는
　　DiWA 툴바를 이용해 팁을 얻을 수 있다. 예를 들어 지도 상에서 확대하려면, 툴
　　바에서 돋보기를 고른 후 확대하고자 하는 부분의 가운데를 클릭한 뒤 마우스를
　　사용자 앞쪽으로 드래그하면 된다.
5. 더 많은 화면 표시 옵션의 예시는 *Atlas / Anwendungsbeispiele*에서 찾을 수 있다.
　　기술상의 요구조건 : 본래, DiWA는 모든 정상 PC에서 기능한다. 그러나 최상의
　　신속한 결과는 광대역 네트워크 연결과 마이크로 소프트 인터넷 익스플로러를
　　브라우저로 사용할 때 얻을 수 있다. 문제가 생기면, DiWA 웹마스터(webmaster
　　@diwa.info)가 도움이 될 것이다.

영국 지리언어학의 최근 경향
—과거와 현재의 연결—

하인리히 라미쉬(Heinrich Ramisch)

　지난 수십 년 간에 걸친 컴퓨터 기술의 급속한 진보의 결과로 지리언어학 분야가 상당한 변화를 겪었다는 점에는 의심의 여지가 없다. 현대 컴퓨터 기술에 깊이 영향을 받은 신세대의 언어지도가 이루어지게 되었다. 이러한 정황에서, 두 가지 양상이 특히 주목할 만하다. 첫째로, 많은 양의 자료를 데이터베이스의 형태로 기록하고 저장하는 것이 가능해졌다. 둘째로 자료가 자동적으로 검색 가능하게 되었고 컴퓨터 지도제작법에 의하여 효과적으로 처리되고 시각화된다. 밤베르그(Bamberg)에서 현재 진행 중인 우리의 프로젝트인 '컴퓨터로 개발한 잉글랜드 언어지도 (Computer Developed Linguistic atlas of England, CLAE, cf. Viereck / Ramisch 1991, 1997)'의 역사도 지리언어학의 이러한 진보를 반영하고 있다.

1. 데이터베이스로 영어방언조사(SED)를 사용

언어지도의 방언학적이고 컴퓨터적인 중요한 측면들에 관해 논하기 전에, 필자는 먼저 우리가 사용 중인 데이터베이스에 대해 간략하게 설명을 하고자 하는데, 이는 영어방언조사(혹은 SED)의 '기본 자료'이다. SED는 여전히 가장 많이 알려지고 널리 쓰이는 영어 방언 조사이다. 이 프로젝트는 Eugen Dieth(Zurich 대학교)와 Harold Orton(Leeds 대학교)에 의해 처음 계획되었다. SED의 주요 목표는 잉글랜드 전통 지역 방언에 대한 언어학적인 자료를 수집하는 것이었다. 현지 조사는 1950년에서 1961년 사이에 잉글랜드 전역에 걸친 313개의 지역, 주로 500명 이하의 인구를 가진 작은 마을에서 훈련된 언어학자들에 의해 실시되었다. SED는 사실 이전 영어 방언 연구의 연장으로 간주할 수 있으나, 방법론에 있어서는 특히 현저히 다르다. 앞선 많은 방언 연구와 마찬가지로 SED의 전반적인 방향은 무엇보다 통시성에 있다. 이 프로젝트의 창시자들은 언어 역사가들로서 비표준 방언형이 구형의 표명이라는 점에 관심을 갖고 있었다. 따라서 지역어의 최고형을 기록하는 것이 SED의 목표였다. 가령 'eyes' 항목에 대한 지역 발음인 een[i:n]은, 이 경우 어떠한 역사적인 모음 발달이나 복수형태 형성에 대한 정보를 우리에게 제공할 수 있으므로 매우 흥미로운 것이다. 잉글랜드의 여러 지역에서 보이는 thou / thee와 같은 발음의 출현은 예전 대명사 체계의 잔류형에 대한 증거를 제시한다. 또 표준 영어에서 'play'를 뜻하는, 북쪽에서 사용하는 어휘 항목인 lake[le:k]는 영어에 있어 스칸디나비아어의 영향을 보여주는 예이다.

가장 구형이면서 가장 지역적인 자료를 얻기 위하여, SED는 가능한

한 다른 사회적, 교육적, 지리적 요소들에 영향을 받지 않은 제보자들을 우선 선정하였다. 이 프로젝트에 참여한 제보자들은 일반적으로 NORM-제보자로 설명되며, 이 약어는 비이동성의, 나이든, 농촌의, 남성(non-mobile, older, rural, males)을 의미한다. 물론 SED에서 인터뷰한 제보자들이 잉글랜드 모든 주민에 대한 대표 샘플을 구성하는 것은 절대 아니다. 제보자 955명 대부분은 나이든 세대의 농장 노동자였다. 따라서 SED의 자료는 나이, 성별, 사회계층과 관련해서는 유의미하게 분석되지 못한다.

　방법론과 관련하여서, 가능한 신뢰도가 높고 필적할 만한 데이터를 확실히 수집하기 위하여 SED 프로젝트는 현지조사 기술에 있어 다소 엄격하였다. 우선 첫째로, 자료들은 우편 질문지나 자원봉사자들의 힘을 빌리는 등의 간접적인 방법으로는 수집하지 않았다. SED 현지조사자들은 훈련된 언어학자들로서 다양한 질문 기술과 음성 전사를 익힌 상태였으며 각 질문들에 대한 이유를 숙지하고 있었다. 현지조사자들은 제보자들의 가정에 방문하여 현장 인터뷰를 실시하였다. SED 질문지는 총 1,300개가 넘는 항목으로 이루어졌으며 농사, 동물, 자연, 가사, 날씨, 다양한 사회 영역과 같은 여러 농촌 생활 분야를 다루었다.

2. 컴퓨터로 개발한 잉글랜드 언어지도의 제작과정

　SED 자료를 사용한 일련의 언어지도들 중 CLAE는 컴퓨터 기술을 활용한 첫 번째 지도였다. 우리의 언어지도의 첫 두 권은 150개의 어휘지도, 121개의 형태지도, 50개의 통사지도를 포함한다. 게다가, 제2권에는 SED 자료로부터 일반화를 도출하고 언어학적 영역을 정의하기 위하여 다양한 양적 방법을 사용한 방언측정적인 기여(dialectometrical contributions)에 대한 부록이 수록되어 있다. 그 연구들은 '선택적인 방언측정법'이라고 명명한 연구뿐만 아니라 다차원적인 크기 조절, 계통적 분류, 다양한 변이 분석 등을 포함한다. 사실 이 심포지엄의 논문집에도 미리 투고한 두 사람이 제2번째 책을 위해 논문을 작성하였다. 한스 괴블(Hans Goebl)은 등어선과 통합을 다루면서 CLAE 자료의 방언측정적 분석을 제시하였다. 치즈꼬 후쿠시마(Chisuko Fukushima)는 데이터에서 보여줄 수 있는 형태적 변화의 다양성에 대한 표준화 과정을 조사하였다.

아마도 CLAE의 가장 주가 되는 특징은 지역상의 변화를 표현하기 위해서 단지 부호만을 사용한다는 점이다. 잉글랜드 언어지도(LAE, Orton et al. 1978)와는 대조적으로 등어선은 지도상에 보이지 않는다. 부호지도의 큰 이점은 지도에서 변이 지역을 보일 수 있다는 것과 따라서 언어학적 실상을 더욱 정확히 표현할 수 있다는 것이다. 등어선은 이러한 실상을 발췌하는 방법으로 분명히 유용하긴 하지만 지도 사용자에 대한 영향을 가능한 한 최소화해야 한다는 일반적인 원칙에는 역행한다. CLAE의 모든 지도들은 SED의 313개 지역 각각에 대한 개별적인 응답을 제공하는 온전한 문서 목록을 수반한다. 이 문서 목록은 독자에게 어떤 형태들이 한 부호 아래로 속하는 것인지, 어떤 형태들이 지도에 전혀 표시되지 않는 것인지에 대해서도 알려준다. 더욱이, SED 질문지의 개개의 질문들이 인용되며, 많은 경우 그림들로 주어진 항목이 확인될 수 있도록 돕는다.

CLAE의 독특한 또 다른 특징은 제보자와 현지조사자의 의견이 부호에 통합되어 있다는 점이다. 다음의 7개 상태 범주는 구별된다. 1) '보통, 친숙한', 2) '드문, 때때로의, 덜 흔한', 3) '오래된, 구식의', 4) '현대의, 신식의', 5) '(강한)압력, 제안된 형태 / 단어', 6) '선호되는', 7) '생각나는 자료에서 발췌된'. 이 범주 각각은 약간 수정한 기본 부호에 의해 표시된다(참고. CLAE 제2권의 지도 Rind L 16의 예). 지도제작 시스템은 필요에 따라 두개의 범주를 동일 부호 하나로 통합되도록 한다. 부호화는 몇 개의 기본 규칙을 따른다. 만약 특정 어형이 빈번히 나타나면, 그 어형에는 상대적으로 단순한 즉, 엄격히 기하학적인 부호가 할당된다. 만약 한 어형이 드문 것이라면, 부호는 더욱 복잡하다. 그리고 빈도의 차이는 부호의 크기에 드러난다. 큰 부호가 드문 어형을 위해 쓰이는 것과 반대로 자주 나타나는 어형들은 부호가 작은 모양으로 출력된다. 결과적으로 이들은 지도를 보는 사람들의 시선을 더 직접적으로 끌 수 있다. 분명히 이러한 종류의 매우 상세하고 복잡한 부호 지도는 컴퓨터 기술의 도움을 받아야만 제작될 수 있다.

제보자나 현지조사자의 의견의 관계성을 보여주는 좋은 예가 'Rind' 지도(L 16, CLAE 제2권)이다. 어형 sward 혹은 swath가 잉글랜드의 북쪽과 서쪽에서 여전히 나타나는 것이 보인다. 그러나 이중 부호로 표시된 rind 는 빈번히 동시에 나타난다. Rind는 사실 많은 제보자들에게서 첫 번째 대답으로 많이 나타난다. 부호 내의 가로선은 형태 sward / swath가 때때로 질문자에 의해 제안되었다는 것을 보여준다. 특히 sward / swath는 '오래된' 혹은 '선호되는' 형태라고 많은 제보자들이 설명하므로, 이 어형들이 더욱 전통적인 방언으로 간주됨이 드러난다. 어떤 독자들은 '제안된 단어'와 '선호되는'의 결합처럼 상호 모순되지 않는 경우에 있어 대답이 상당히 특이하다고 볼 수도 있다. 그러나 이러한 결합은 SED 자료에서 드문 것이 아니다. 물론 제보자가 그들의 전통 방언에 대해 질문받고 있다는 것을 알고 있다. 특정 어형이 그들에게 제안된다 하더라도 제보자들은 여전히 이 형태가 그들의 지역 방언에서는 원형이라는 (즉, 선호된다는) 것을 확증할 수 있다. sward / swath가 빈번히 제안되거나 '오래된' 형태로 설명되므로 우리는 이 어형들이 더욱 사라져가고 있으며 아마도 경어인 rind로 대체될 것임을 가정할 수 있다. CLAE의 모든 지도들은 완전히 갖추어진 문서 목록이 수반되는데 이들은 지도의 왼쪽에 위치한다. 이 목록에는 모든 조사지역에 대한 개별 응답들이 수록되어 있다. 이 목록에서 우리는 어떤 응답들이 하나의 동일한 부호에 묶이는지도 확인할 수 있다. 언어 지도제작에 있어 아주 해결하기 힘든 부분은 단점은 관계가 있을 수 있는 어형들을 다루는 방법이다. 사실, 언어학자 / 지도제작자는 이러한 항목들이 단 하나의 부호에 혹은 두개의 유사한 부호에 혹은 두개의 완전히 다른 부호에 할당되어야 하는 것인지 결정해야만 한다. Rind 지도에서, 편집자는 항목 sward와 swath를 분리되었으나 어휘적으로 연관성 있는 두 형태로 보았다. 따라서 이들에는 유사한 부호가 할당된다(sward에는 동그라미, swath에는 톱니모양의 동그라미).

일반적으로 하나의 방언지도 상에 부호의 개수를 제한하는 것이 권장된다. 너무 많은 상이한 부호들이 보이는 지도는 결국 보기 복잡하고 어려운 지도가 되기 때문이다. CLAE 프로젝트에서는 대개 부호의 개수를 최대 7개에서 8개로 제한한다. 몇몇 경우에서는 정보를 한 개의 지도가 아니라 두 개의 지도에 표시하였다. 5회 이하로 나타난 응답은 지도에 거의 표시하지 않았다.

3. 컴퓨터로 개발한 잉글랜드 언어지도의 전산화 과정

본래 CLAE는 밤베르그(Bamberg) 대학교의 영어학과 중세학과 학과장과 마르부르크(Marburg) 대학교와의 협력 프로젝트였고, 마르부르크(Marburg) 대학교는 '독일 언어 지도(Deutscher Sprachatlas)'가 기반을 두었던 곳이다.

마르부르크(Marburg)에 있는 우리의 동료들은 첫 두 권을 위한 소프트웨어 개발을 실행하였다. CLAE 1권을 위하여 포트란(Fortran)으로 메인프레임 컴퓨터를 위한 프로그램을 만들었다. CLAE 2권을 위해서는 개인용 컴퓨터로 프로그래밍 언어인 C++을 이용했다(참고. Händler / Marx 1997 : XII). CLAE 2권을 완성한 후에 우리는 언어지도 제작을 위한 새로운 전산화 과정을 찾아야 했다. 동시에 이 일은 우리로 하여금 최근의 소프트웨어 성과물들을 우리의 프로젝트에 결합시키는 기회를 제공하기도 하였다.

마르부르크(Marburg) 동료들의 기본 개념은 문서적(해설) 요소와 그림 요소 두 가지 모두를 만들어 내는 대체로 일체형인 소프트웨어 체계였다 (참고. Händler, 1991 : 12). 이러한 과정은 상당한 양의 프로그래밍을 필요로 하였다. 오늘날의 소프트웨어 패키지를 고려하면, 일체형 체계를 단념하는 편이 훨씬 더 실용적인 것으로 보인다. 피시맵(PCMAP)과 같은 지도 제작 프로그램들도 문서적 요소를 삽입할 수 있는 선택 기능들을 포함하는데, 현대의 문서 작성 프로그램들은 그림 요소들과의 결합을 쉽게 허용한다. 따라서 우리의 연구방법은 해설과 지도의 합을 함께 만드는, 서로 다른 프로그램을 사용하는 것이었다. 이와 같은 과정에서, 우리는 존재하는 표준 프로그램을 잘 사용하여 그것을 필요에 따라 우리의 요구에 맞는, 기본 자료 모음과 해설들을 위하여 표준 문서작성기인 MS WORD를 사용한다. 이는 무엇보다도, 해설 제작 시 MS Word의 형식 지정(formatting) 기능을 완전히 이용할 수 있다는 것을 뜻하는 것이다. 게다가, 그림 요소들은 MS Word에서 만든 문서 파일에 쉽게 포함될 수 있다. 예를 들어, 항목 'Rind'에 대한 해설은 다양한 부호를 포함하는 것으로서 MS Word에서 쉽게 만들 수 있다.

[표 10]은 MS Word 기본 자료 파일의 예이다. 기본 자료 파일은 해설

과 지도 양쪽 모두를 위한 기초를 이룬다. 기본 자료 파일은 근본적으로 는 행과 열로 이루어진 MS Word의 표이다. 표는 처음에 이미 A, B, D 열을 포함하며 이 열들은 바꿀 필요가 없다. A열에서 313개의 SED 지역 들이 숫자로 표시된다. 이 숫자들은 이후에, 각 지역에 개개의 번호를 할 당하는 지도제작 프로그램 PCMAP에 의해 쓰인다. B열은 첫 번째 대답 에 대한 지역 코드를 포함한다. 예를 들어 Nb1은, Northumberland의 지 역 1을 나타내며, Cu2는 Cumberland의 지역 2를 나타낸다. 지역 코드는 나중에 해설([표 10] 참조)에서 이용된다. C열의 각 칸들에는 개개 지역에 서의 첫 답변들이 입력될 수 있다. 이는 MS Word 매크로에 의해 서로 다른 형태들이 삽입될 수 있듯이, 보통은 반자동 방식으로 행해질 수 있 다. D열에는 있을 수 있는 두 번째 답변을 위한 지역 코드가 들어간다. 두 번째 답변은 SED 기본 자료에서 상당히 빈번히 나타난다. 두 번째 답 변은 E열에 입력할 수 있다.

F열은 C열과 E열에 대한 자동 찾기 기능을 통해 형성된다. F열은 PCMAP에 의한 부호들을 자동 입력하는 데 아주 결정적인 것으로 그 확 인능을 통해 형숫자를 필요로 한다. 예를 들어서, 20이 보통 동그라미를, 60이 톱니모양 동그라미를, 50이 구름 부호를 의미한다. 지역 Cu2의 숫 자 2050은 결합된 부호(보통 동그라미 더하기 구름)를 나타낸다. 그리고 PCMAP에서 부호의 크기와 형태를 반드시 결정해야 하는 것이다. 이는 G열의 숫자에 의해 결정된다. G열의 숫자들은 F열의 숫자들에 의해 자 동적으로 생성된다.

[표 10] 기본 자료 파일(MS Word) 발췌 : 항목 '장의차(hearse)'

A	B	C	D	E	F	G
locality	locality code	1st response	locality code	2nd response	type of symbol	size of symbol
1	Nb1,	hiɔᴿs	Nb1,		60	45
2	Nb2,	hiɔᴿs	Nb2,		60	45
3	Nb3,	hiəʁəs	Nb3,		60	45
4	Nb4,	hiɔᴿs	Nb4,		60	45
5	Nb5,	hiəᴿs	Nb5,		60	45
6	Nb6,	hiəs	Nb6,		60	45
7	Nb7,	hiɔᴿs	Nb7,		60	45
8	Nb8,	hiəs	Nb8,		60	45
9	Nb9,	hiərs	Nb9,		60	45
10	Cu1,	hə:s	Cu1,		60	45
11	Cu2,	hə:s	Cu2,	jəs	2050	331
etc.	etc.	etc.	etc.		etc.	etc.

또 다른 중요한 과정은 다소 복잡한 MS Word 매크로의 도움으로 기본 자료 파일들로부터 해설을 자동 제작하는 것이다([표 11] 참조). 이 매크로의 주된 요소는 소위 'while-wend cycle'이라는 것으로 개개 답변의 모든 예들이 해설로 이동될 때까지 일련의 명령들을 반복적으로 실행시키는 것이다. 예시에서 분석된 것은 h-dropping(처음 위치에서 [h-]를 발음하지 않는 것, Wells 1982 : 252ff 참고)이다. 매크로는 먼저 처음 위치에 [h-]가 없는 답변이 다음으로 출현하는 것을 탐색한다. 그 다음 매크로는 그 대답을 삭제하고 지역코드가 발견되는 이전의 칸으로 돌아간다. 지역 코드는 복사되어 내 파일로 이동한다. 기본 자료 파일로 돌아간 후에 같은 과정이 새롭게 시작될 수 있다.

PCMAP을 이용해 컴퓨터로 그리는 지도의 제작을 위해서는 먼저 바탕 지도가 디지털화되어야 한다. 실제 과정은 SED 네트워크의 스캔된 이미지(예를 들어, 윈도우즈 비트맵의 형태)를 프로그램에 놓는다. 그 다음에 선과 면적 그리고 지역 등을 디지털화하기 위하여 적당한 부분을 확대하여 스크린 상에서 마우스를 사용할 수 있다. 그러므로 컴퓨터가 그리는 지도를 제작하기 위해서 더 이상 디지타이징 보드나 또 다른 특별한 도구를 사용할 필요가 없다. 문서 요소는 음성 기호를 포함한, 윈도우즈 내에 설치된 어떤 폰트를 사용하더라도 지도 내로 통합될 수 있다. 이것은 다른 그림 '타입'이 정의될 수 있는 PCMAP의 특징으로 필요에 따라 켜고 끌 수 있다. 예를 들어 어떤 지도에서는 주(州)의 경계 혹은 주 이름을 삭제하는 것이 유용할 수 있다.

[표 11] 해설 제작을 위한 매크로(MS Word)

```
Public Sub MAIN()
Dim x
WordBasic.ScreenUpdating 0
WordBasic.NextWindow
WordBasic.StartOfDocument
X=-1
White x=-1
WordBasic.EditFind Find:="xyz", Direction:=0, MatchCase:=1, WholeWord:=1,
    PatternMatch:=1, SoundLike:=0, Format:=0, Wrap:=1
x=WordBasic.EditFindFound()
If x=-1 Then WordBasic.EditClear:WordBasic.PrevCell:WordBasic.EditCopy:
WordBasic.NextWindow: WordBasic.EditPaste: WordBasic.NextWindow
Wend
WordBasic.NextWindow
WordBasic.EditClear-1
WordBasic.InsertPara
WordBasic.InsertPara
WordBasic.Insert Chr(9)
WordBasic.ScreenUpdating 1
End Sub
```

다음 단계는 바탕 지도를 이른바 '주제 지도'로 바꾸는 과정으로 외부의 자료에 따라 프로그램에 의해 자동적으로 생성된다. 우리의 프로젝트에서는 이 지도가 기본 자료 파일의 A, F, G열에 근거 한 ASCII 파일 내의 정보를 따라 그려진 부호지도이다. 주제 지도를 생성하기 위한 PCMAP 내의 다른 옵션에는 면적 색칠하기, 면적 음영 넣기, 부호의 여러 가지 색깔 그리고 여러 가지 부호 음영이 있다. 마지막으로 언급된 지도제작 기술은 특히 다양화된 지도에 유용하다. 게다가 바탕 지도는 다른 데이터베이스에 직접 연결될 수 있다. 예를 들어, 직접 자료 교환(DDE, direct data exchange) 연결은 MS Excel 혹은 MS Access로 설치할 수 있다. 열린 데이터베이스 접속(ODBC, open database connection)으로 지역들의 문서 파일을 보이거나 오디오 파일을 재생시키는 다른 윈도우즈 응용 프로그램들과 연결하는 것이 가능하다. 이러한 방식으로 '말하는' 지도가 PCMAP에서 완성된다. 부호가 자유로이 생성된다는 PCMAP의 특징은 우리의 프로젝트를 포함하여 현행 프로젝트들과 특히 관련이 있다. 실제 어떤 그림 요소라도 부호가 될 수 있다.

4. 그 외 최근의 프로젝트들

영국 지리언어학의 새 형식의 연구 프로젝트는 Leeds 대학교의 Sally Johnson과 Clive Upton의 협력으로 BBC에 의해 시작되었다. 지금까지, 'BBC 음성 프로젝트'는 700시간이 넘는 지역 영어를 수집하였다(http://www.bbc.co.uk/voices 참고). 이 프로젝트의 목적은 사회, 지리적 요소뿐만 아니라 도시 중심, 나이, 성별 그리고 민족 그룹 등과 같은 면들을 포함하여 영국 영어의 변화를 연구하는 것이다. 51명의 BBC 기자들이 2004년과 2005년에 영국 전 지역에 걸친 1,200명의 사람들의 발화를 녹음하였다. 그리고 질병, 부, 관계, 의복과 같은 일상적인 개념들에 제보자들이 어떤 단어들을 사용하는지 말하도록 질문지가 주어졌다. 동시에 이 프로젝트는 인터넷의 상호적 기능을 이용하였다. 어휘 항목의 지역 분포는 단어 지도의 형태로 개인 컴퓨터에 보이거나 다른 지역으로 부터의 오디오 클립을 들을 수 있다. 상세한 지역 어휘 사전을 구축하려는 목적으로 사람들은 그들 지역의 어휘들을 보내도록 요청받았다. 이 프로젝트는 또한 어떻게 언어가 매체에 보도되는지도 연구할 것이다. 이러한 목적으로, 속어나 욕설에 대한 기사들부터 언어 항목이 뉴스에 어떻게 나타나는지 설명하는 기사들에까지 이르는 많은 뉴스 기사들이 수집되어 왔다. BBC 음성 프로젝트의 웹사이트는 토론의 장으로 받아들여졌다. Clive Upton은 프로젝트에 대한 사람들의 전반적인 관심을 다음과 같이 설명한다. "이것은 그들의 정체성에 관한 것입니다. 이것은 그들이 누구인가에 대한 것이며 그들이 어떻게 표현하는가에 대한 것입니다. 그리고 이들은 사람들이 강하게 느꼈던 것들입니다."

조금 특별한 성향을 가진 지리학 프로젝트는 밤베르그(Bamberg)의 동료들이 편찬한 영국 성씨 지도(The Atals of English Surnames)이다. 이 언어지도는 240개가 넘는 여러 가지 성씨의 지도, 150개 이상의 표 그리고 지역이나 직업의 성씨, 별명에 대한 심화 연구에 사용될 수 있는 그림들을 포함한다. 각 성씨는 그 어원, 역사적 배경, 지리적 분포와 관련하여 논의된다. 지도를 위한 기초를 제공하는 자료는 CD-ROM으로 발행된 전화번호부로부터 주로 얻었다. 다른 정보의 원천은 인구조사 기록과 행정 교구 기록이었다.

마지막으로 필자는 현재 인스부룩(Innsbruck) 대학교 (오스트리아)에서

Manfred Markus와 그의 동료에 의해 진행중인 프로젝트에 관해 말하고 싶다. 이 프로젝트의 목표는 Joseph Wright의 영어 방언 사전(EDD, English Dialect Dictionary) 6권 다량을 디지털화하고 평가하는 것이다. 이 사전은 1896~1905년 사이에 출판된 것으로, 심지어 유명한 옥스포드 영어 사전(OED, Oxford English Dictionary)보다 방언형에 대하여 더 많은 정보를 제공하는, 18세기와 19세기에 사용된 지역 방언들에 대한 여전히 가장 광범위하고 신뢰할 수 있는 자료이다. 일단 전자형태의 EDD가 이용 가능해지면, 그것은 방언학 연구뿐만이 아니라 영어 역사 언어학, 구어와 문어 영어의 사용 그리고 관련된 분야들에서 중요한 연구 도구로 이용될 것이다(이 프로젝트에 대한 더 많은 정보는 http://uibk.ac.at/anglistik/projects/speed/index.html 참고).

5. 결론

이 논문에서 설명한 다양한 프로젝트들이 최근 영국의 지리언어학 연구에 있어서 전자 자료 처리가 가진 탁월함을 충분히 보여주었다. 다량의 방언 말뭉치를 분석하는 새로운 방법들이 가능해졌고, 영어의 지역적 변화에 대한 강력하고 새로워진 관심이 있다는 것은 기쁜 일이다. 한편, 과거에 지역적 변화에 대한 연구가 다소 소홀했다는 것 또한 사실이다. 영국에서, 사회언어학 연구 패러다임은 지난 몇 십 년에 걸쳐 특히 우세했다. 이러한 견지에서, 예를 들어 프랑스나 독일과 같은 다른 유럽 국가에서 흔히 있는 일이었으나 지역 방언 지도를 연구하려는 실질적인 연구 시도가 없었다는 것이 실로 안타깝다. 그러나 언어학자들은 지리언어학

자료가 빈번히 우리의 문화, 언어 역사 안으로 대단한 통찰력을 제공함으로써 실제로 과거를 현재와 연결한다고 분명히 동의할 것이다.

카탈로니아어와 스페인어 언어지도의 기술들

마리아 필라 페리(Maria-Pilar Perea)

1. 소개

　전통적으로 지리언어학의 주요 목표는, 질문지로부터 얻은 음성적, 형태적, 그리고 특히 어휘적인 자료의 공간적 분포를 보이는 지도 세트라고 볼 수 있는 언어 지도를 주된 도구로 사용해서 제작하고, 지리학적 관점에서 방언의 변화를 연구하는 것이었다.

　이 글의 목적은 현재 카탈로니아에서 진행 중인 지리언어학 연구들의 전반적인 개요를 소개하는 것이다. 지난 세기에 간행된 언어지도들에 대한 짧은 보고서가 말뭉치 자료를 사용한 지도 제작기술에 대한 설명으로 이어질 것이다. 이 연구는 비록 철저하지는 않지만 스페인에서 개발 중인 기술들과 가장 적절한 지도들에 대하여 소개할 것이다.

2. 카탈로니아 지리언어학에 대한 간단한 소개

20세기에, 카탈로니아 방언에 대해 범위와 유용성이 다른 단 세 개의 지도만이 간행되었다.

- 카탈로니아 언어지도(ALC)
- 이베리카 반도의 언어지도(ALPI)
- 도미니 카탈랴의 언어지도(ALDC)

Antoni Griera의 카탈로니아 언어지도(The Atlas Linguistic de Catalunya, ALC, 1923~1929, 1964)는 여덟 권으로 되어 있다. 질문지에는 2,886개의 질문이 실려 있으며 101곳의 지역을 방문하였다. 이 지도는 자료 수집 방법뿐만 아니라 자료의 유효성과 대표성 때문에도 비판들을 끌어내었다. 오늘날 이 지도는 참고 연구로 자격이 없다고 본다.

Tomás Navarro Tomás에 의한 이베리카 반도의 언어지도(The Atlas Linguistico de la Peninsula Iberica, ALPI)(1962)에서 카탈로니아어는 부분적으로 다루어졌다. 이베리아 반도 전역에서 시행된 500개의 조사로부터, 첫 번째(이자 마지막) 책에서 출판된 내용에는 Catalonia, Andorra, Roussillon, Valencia 그리고 Balearic 섬에 대한 정보를 제공하고 있는 75장의 음운지도를 출판했다. 이 지도는 David Heap의 노력 덕분에 현재 더욱 광범위하게 다루어진다(http://www.alpi.ca/). 물론 노트북전사가 1930년대와 1940년대의 카탈로니아 방언에 대한 새로운 자료를 제공할 것이다.

마지막으로, 도미니 카탈랴의 언어지도(The Atlas Linguistico del Domini Català, ALDC)(2001~)는 Joan Veny와 Lídia Pons가 제작하는 것으로 가장 방대하며 현재 출판 중인 카탈로니아 언어지도 중 가장 최근의 것이다(총

9권 중). 세 권이 현재 편집되었다. 이 지도는 전통적인 지도로서, 본래 어휘 유형학에 관한 것이나 약간의 형태론적 통사론적 면 부분도 다룬다. 이 지도의 준비를 위한 조사가 1960년대에 시작되었다. 190개의 마을을 방문하여 단일 제보자를 조사하며 대부분의 자료는 질문자 중 하나가 질문지의 출력본에 대답을 쓰는 동시에 녹음테이프에 기록되었다. 귀중한 도구임에도 불구하고 이 지도는 30여 년 전에 모은 자료들을 반영한다.

불행히도 이 세 개의 언어지도 결과물들은 대상과 시각 그리고 질문지가 서로 다르기 때문에 비교가 불가능하다.

최근의 카탈로니아 지리언어학 연구는 단지 지역적 범위만 가지므로 그들은 소지도(microatlases)라고도 불린다. 종이로 출판된 다음의 지도들이 이 그룹에 속한다. Pere Navarro의 테라알타(Terra Alta)의 언어지도(1996)는 1,105개의 지도(185장의 음성지도, 72개의 동사 형태, 736개의 어휘, 그리고 14개의 결과)가 실렸고, 15개의 지역을 조사하였다. Lluís Gimeno의 Diòcesi de Tortosa의 언어지도(1997)는 571장의 지도가 실려 있고 48곳의 지역을 조사하였다.

여전히 작업 중인 지도가 하나 있다. 그것은 Jordi Colomina가 지휘하는 Comunitat Valenciana의 언어지도이다. 몇몇 조사들은 1993년에서 1997년 사이에 103곳의 카탈로니아어 사용 지역과 46곳의 스페인어 사용지역에서 실행되었다.

위에 언급한 지도들의 제보자들의 특징은 대개 Chambers와 Trudgill (1980 : 33)에서 나타난 기준과 일치한다(NORM, 비이동성의 나이 든 시골 남성).

종이 형태의 카탈로니아어(일반 그리고 지역)지도에 관해 동시대적 관점에서 이야기하는 것은 자동 지도 제작 기술에 대해 이야기하는 것과 관계가 있다. 그러나 이 방법을 사용한 지도 제작은 더 이상 지도에 활용되지 않고 오히려 말뭉치에 활용된다. 여기서 말뭉치의 개념에 대한 설명이 필요하다. 일반적으로 이 용어는 한정된 기준과 목적에 따라 수집되고 체계화시킨 전자 형식의 텍스트 모음에 적용되어 왔다. 말뭉치는 원래 사전을 만드는데 있어 유용한 수단이며, 언어의 다른 측면들에 대한 훌륭하고 대표적인 자료도 제공한다. 이 용어의 의미를 더 넓히자면, 말뭉치는 또 언어학 자료의 완전한 수집물, 특히 데이터베이스에 속한 것들을 나타낼 수도 있다. 따라서 몇몇 데이터베이스에 포함된 Alcover의 La flexió verbal 혹은 Corpus Oral Dialectal(COD)의 470,255개의 표제어는 말뭉치라고 칭할 수 있다. 그리고 전자 지도 제작법이 이러한 말뭉치에 적용되어 왔다.

오늘날, 적어도 카탈로니아에서는, 방언 변화를 설명하기 위한 흔한 도구가 자연스러운 구어 인터뷰에 기반한 말뭉치이며, 이는 오디오 테이프이나 비디오에 기록된다. 그러나 여기에 특별하게 어휘 처리를 하지 않는다면 이러한 텍스트들에 대한 전사가 지도화되지 못할 것이다. 최근 이러한 종류의 두 프로젝트가 Corbera의 Arxiu audiovisual dels dialectes catalans de les Illes Balears(2002)로 이 결과물은 DVD로 출간(Corbera, 2006)되기도 했으며, 다른 하나는 Perea(미출간)에 의해 지휘되는 The archive of the salat subdialect of the Costa Brava로 여전히 진행 중에 있으며 역사적으로 고문체형 관사를 사용해온 지중해 연안을 따른 7개의 마을에 대한 몇 개의 시청각 기록 자료 모음을 포함한다. 이 말뭉치는 섬의 방언 특징에 대한 연구를 다양하게 할 수 있게 할 뿐만 아니라 비언어적인 언어에 대한 연구도 가능하게 한다.

지도제작과 관련하여, 현재 옛날 지도들에 들어 있는 자료들을 전산화하려는 새로운 연구는 없다. 또한 현대의 카탈로니아어의 새로운 일반 지도 제작에 대한 계획들도 없다.

　카탈로니아 방언을 위하여 자동화된 지도 제작 과정이 두 종류의 자료에 적용되어 왔다. a) 약 1세기 전에 Antoni M. Alcover가 모은 옛 자료들로, 20세기 초 카탈로니아어의 동사 형태론에 대한 체계적이고 완전한 말뭉치를 구성하는 자료와 b) 카탈로니아 언어학부에서 연구 중인 EOCD 프로젝트에서 행한 조사들에서 취한 최근의 자료들이 그것이다. 구어방언 말뭉치(COD)에서는 전자 지도를 만들기 위하여 Alcover의 데이터에 적용된 것과 유사한 프로토콜을 이용하여, 음성학적이고 형태론적인 자료들의 체계적 세트를 모은다.

1) 구 자료들 : Alcover의 자료

　La flexió verbal(동사의 활용)의 원전에서, 연구된 67개의 동사가 활용에 의해 분류되었다. 각 동사에 대한 여러 가지 시제형(부정사, 동명사, 분사, 직설법 현재, 직설법 과거, 과거, 미래, 조건, 가정법 현재, 가정법 과거와 명령법)이 보인다. 동사 변화표를 전개하기 위하여, 각 동사형은 음성형과 형태론적 이형태와 관계되었는데, 이는 그 동사형의 방언적 범위를 결정하는 데 도움을 주었다. 이 대답이 기록된 지역들의 목록이 음성적 이형태에 따라 나타난다. 지역들은 번호로 표시된다.

　'동사의 활용'의 자료는 데이터베이스에 소개되고, 일단 체계화되고 완성된 후, 전산화된 언어학 지도의 생성을 위한 적절한 말뭉치를 형성하였다. 자료의 지도화 과정은 본래 출력된 자료가 갖는 선형적인 구조를 데이터베이스 구조로 그리고 포함된 표제어를 지도제작상의 표시로 전이시키는 것으로 구성되었다. 사용가능한 기술을 이용하여 연구자들은 지도들에서―카탈로니아어 전체 언어학 분야에서 혹은 특정한 방언 분야에서―'메뉴에서 마음껏 고르는' 세트를 제작할 수 있었는데 만약 이

지도의 세트가 연구자들의 컴퓨터 하드디스크에 저장이 되면 이것은 그들만의 언어학 지도를 점차적으로 증진시킬 것이다.

자료들을 순서대로 정리하고 완성하는 과정은 발행된 작업물에서 나타나는 모든 동사들을 구성하는(국제음성기호 알파벳에 알맞은) 470,255개의 표제어(국제음성기호 알파벳에 알맞은)를 가진 형태적 말뭉치를 생성한다. 컴퓨터 프로그램으로 제작한 언어지도는 사용자의 요구에 따라 업데이트 될 수 있는 가능성이 있는 지도들의 집합이다. 각각의 지도는 점들로 나타낸 다양한 조사지역들에서 음성적으로 전사한 날짜를 정돈한다. 결과([지도 65]를 보라)는 언어지도가 세 가지 목표를 성취했다는 것이다.

a) 언어지도는 공시적으로 형태론적이고 음성적인 설명을 나타낸다.
b) 언어지도는 동시에 일어나는 형태들의 분포를 통하여 다양한 언어 범위의 형성을 보여준다
c) 언어지도는 후속 연구나 자료 해석을 위한 전형적인 자료를 제공한다(Perea, 2005).

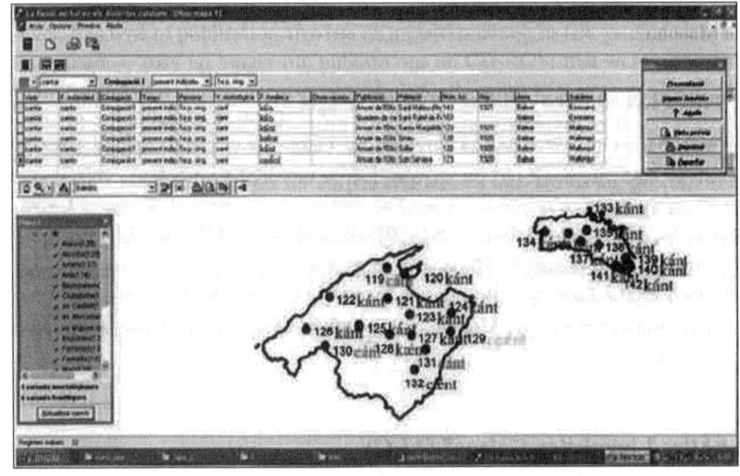

[지도 65] La flexió verbal의 자동화된 지도 작성의 예(Balearic Islands로부터의 세부 데이터)

2) 신 자료들 : COD 자료

COD(Lloret & Perea, 2002)의 음성적, 형태론적 자료들은 1995년에서 1997년 사이에 카탈로니아어 사용권역 내 모든 주의 주요한 도시들—혹은 동등한 도회지—에서 여러 가지 조사들을 통해 얻어졌다. 조사들은 82곳의 중심지에서 행해졌고 최소 세 명의 제보자씩 질문에 답하였다.

질문지에 대한 답변은 바른 철자로도, 음성적으로도 전사되었고 몇 개의 데이터베이스 안에서 유형론적으로 분류되었다(음성학, 관사, 지시사, 소유대명사, 처격, 인칭 대명사, 대명사적 접사, 규칙 동사).

Alcover의 자료와 COD 데이터베이스를 지도화하는 것은 다양한 면으로 수행되었다. 음성 전사와 정서법 전사만 가지고 있는 La flexió verbal의 자료와는 달리, COD 자료는 소리 표제어(Goebl 2004와 Baver & Goebl 2006 참고)의 뒷받침을 받았다.

지도제작 프로그램을 가지고 사용자는 화면상에서 지도를 제작할 수 있으며 하드디스크에 저장하고 프린트할 수 있다.

[지도 65]는 화면 검색을 통하여 얻어진 자료가 목록과 지도, 두 가지 방법으로 시각화될 수 있다는 것을 보여준다.

지도들은 또한 두 가지 선택사항을 갖는다.

  a) 카탈로니아어 사용권역에 대한 일반 지도
  b) 카탈로니아어 사용권역이 여섯 개의 주요 방언 사용지역으로 분리
    된 개별 상세 지도

음성 전사나 부호 표시를 통해 얻어진 결과물들의 명확한 분포 외에도, 지도들은 등어선의 잠재적인 윤곽을 포함하는데, 이는 카탈로니아어권 전역이나 일정한 방언 영역에서의 형태론적 변화를 보여준다.

3. 스페인 지리언어학에 대한 간략한 소개

오늘날 스페인의 여러 대학에서 많은 연구자들이 방언지도를 개발하고 있다. 스페인과 포르투갈의 527곳 지역을 조사하여 그 범위가 몹시 넓은 ALPI 이외에도, 여러 개의 지역 지도들이 20세기에 개발되었다. Manual Alvar와 다른 공헌자들의 노력으로, 총 6권으로 이루어진 Atlas Lingüístico y Etnográfico de Andalucía(ALEA)(1961~1965), 총 12권으로 이루어진 Atlas Lingüístico y Etnográfico de Aragón, Navarra y la Rioja (1977~1981), 총 2권인 Atlas Lingüístico y Etnográfico de Cantabria(1995)를 포함한 모든 지도가 종이 형태로 발간되었다.

카탈로니아어와 함께 스페인 방언 연구는 오늘날 더욱 좁은 시각을 가지고 일반적으로 스페인 내에 공존하는 스페인어, 카탈로니아어, 바스크어 그리고 갈리시아어 4개의 주요 언어에 대응하는 언어 영역에만 집중하고 있다. 앞서 다루었던 카탈로니아어를 제외하고, 바스크 지방, 갈리시아 그리고 정치·행정 구역상 'Castile-La Mancha'로 불리는 곳인 스페인 중앙지방 세 곳의 방언지도를 살펴보도록 하겠다.

1) The "Atlas Lingüístico del País Vasco"(EHHA)

바스크어 지도는 1984년에 Gotzon Aurrekoetxea와 Charles Videgain에 의해 착수되었다. 질문지는 2,857개의 항목으로 구성된다(2,162개의 어휘, 336개의 명사 형태, 260개의 동사 형태, 62개의 통사론과 37개의 통사 음성학). 총 145개의 마을을 조사하였다. 73개의 지역은 바스크 자치 단체, 27개의 Navarre 마을, 45개의 프랑스 바스크 지방. 이 조사는 4,000시간 이상의 오디오 자료를 제공한다. 제보자 선정은 전통적인 지도의 고전적 윤곽에 일치하여 그 지역에서 자란 나이든 사람들로 글씨를 읽고 쓸 줄 모르는 사람들이었다. 조사는 언어학적이고 민족지적인 두 종류의 정보를 수집하였다. 지금까지 출간된 것은 없으며 전산화된 버전은 인터넷을 통해 파악할 수 있다.

2) The "Atlas Linguistico Galego"(ALG)

갈리시아어 지도는 1974년에 Constantino García, Anton Santamarina와 다른 공헌자들에 의해 제작되었다. 질문지는 2,712 항목(어휘 2,185개, 형태 237개, 통사 139개 그리고 음성학 148개)이다. 갈리시아어를 사용하는 총 167개의 마을을 조사하였다. 몇 명의 여자들이 특정한 직업을 고려하여 질문받기도 했으나 대부분의 제보자는 남자였다. 제보자의 나이는 40세에서 70세 사이였다. 조사자가 가끔 여러 명의 이차 제보자들을 이용했으나 보통은 각 지역에서 단 한 사람의 제보자(주제보자)를 인터뷰했다. 제보자 선정은 대표적인 NORMs의 기준과 일치한다. 지금까지 지도 세 권이 간행되었으며(1990~), 많은 지도들에 대하여 인터넷 상에서 정보를 구할 수 있다(http://www.usc.es/~ilgas/mapas.html).

3) The "Atlas Lingüístico y Etnográfico de Castilla-la Mancha"(ALeCMan)

Pilar García Mouton과 Francisco Moreno Fernández에 의해 제작된 Castile-La Mancha의 지도는 1987년에 시작된 492평방km 지역을 다루는 지역지도이다. 질문지는 음성, 형태, 통사, 어휘에 관련된 3,073개 항목으로 이루어졌다. 5개 지역 내의 총 200개 마을을 방문하였다(Albacete에서 25곳, Real Ciudad에서 29곳, Cuenca에서 47곳, Guadalajara에서 58곳, Toledo에서 41곳). 개개 마을에서 남자와 여자 각각 한 사람씩 조사했고, 도시에서는 그 지역 외의 다른 조사지점과 비교할 수 있게 하는 소형 어휘 질문지도 포함하는 등 다양한 방법론을 적용하는 사회언어학적인 특성을 가진 조사방법이 이용되었다. 처음부터 ALeCMan은 자동화 지도 제작에 의해 만들어진 지도 세트로 이해되었다. 'Atlante'라고 하는 프로그램은 Alcalà 대학교(스페인)에서 개발한 것으로, 지도들을 생성하기 위하여 데이터베이스를 이용한다. 그러나 이 기술은 메뉴에서 마음껏 고르는 역동적인 지도들을 만들지는 못한다. 대신 지도가 일단 생성되면 pdf 형태로 인터넷 상에 그대로 추가된다.

4. 결론

카탈로니아와 스페인 양쪽에서, 지금껏 방언 지도 제작에 적용되는 기술들은 지도의 출력 버전을 더욱 쉽게 얻으려는 특정한 목적을 가지고 이루어져 왔다. 데이터베이스는 자료를 체계화하고 분류하도록 설계되어 왔으나 CD-ROM이나 인터넷 상의 자동화 지도 제작 기술은 아직 더 발전해야 한다. 그러나 Alcover의 형태 자료를 사용하여 전산화된 지도를 제작하도록 하는 프로그램을 카탈로니아에서 개발하였다. 이 기술은 자료의 지도 제작 상의 표기에 있어서의 원천을 단순화하고 왜곡을 최소화하였다. 하지만 인터넷 상에서의 사용을 위하여 이 프로그램의 설계를 다르게 하는 것이 필요할 것이다.

전통적으로 지도책으로 이해했던 언어지도의 개념이 이제는 변하고 있다. 만약 지도의 주요 목적이 어떤 지역의 방언 현실에 대한 대략적인 표시를 제공하는 것이라면 가장 적절한 편집의 형태는 전산화된 과정을 거친 형태이다. 특히 자료가 업데이트될 필요가 없는 기존 자료로부터 취한 폐쇄된 말뭉치의 일부라면, 결과물들을 CD-ROM 상으로 출간하는 것에 많은 이점이 있을 것이다. 그러나 이러한 출판 형식에 불편한 점도 존재한다. 몇 해가 지나지 않아 새로운 버전의 윈도우즈에서—만약 이 플랫폼이 사용된다면—이전 버전에서는 완전히 적합했으나 새 버전에서는 CD-ROM 출판물들을 더 이상 작동시키지 않을 수도 있다. 이러한 경우에 이 작업물을 다시 출시하여 여러 해 동안 이용 가능하도록 하는 것이 필요할지 모른다. 분명한 의문점은 얼마나 오래 이 업데이트 과정이 실행 가능하게 남는가 하는 것이다.

인터넷에서 접근할 수 있는 지도들의 이용은 가능하고 바람직한 방언 자료의 출판형태이다. 이것은 전사와 체계화 과정 중에 있는 말뭉치와 언어지도들을 위한 적절한 플랫폼(응용 프로그램, 소프트웨어 등을 실행하는데 쓰이는 하드웨어와 소프트웨어의 결합체)이 될 것이다. 웹 제작은 자료가 과정의 첫 단계부터 수정될 수 있도록 허락하며 주기적으로 자료들을 업데이트하는 것이 가능할 것이다. 그러므로 대응하는 소리 표제어를 가능한 결합시키는 언어지도의 웹(web)판 버전을 위한 기준을 만들어내는 것이 필요할 것이다. 이러한 기준들은 개별 프로젝트의 특징과 사용된 언어학적 다양성에 적응하도록 충분히 유연해야 할 것이다. 이 기준들은 또한 지도가 쉽고 빠르게 그려지도록 하여야 한다. 아마도 이 제안은 머지않아 실현될 것이다.

일본의 방언분포 분석

오니시 타쿠이치로(大西拓一郎)

1. 들어가며

일본에 있어서의 언어지도의 활용은 언어지도의 분석과 거의 같은 의미이다. 본 발표에서는 분포 정보를 읽고 해석하는 관점의 변천을 근거로 그 흐름을 파악하고, 그것을 통하여 향후의 분석 방향을 고찰한다.

2. 방언 구획론과 방언 주권론

가장 초기의 언어지도인 국어 조사위원회(1906)『구어법 분포도(口語法分布図)』가 이끌어낸 동서의 경계선 발견은, 방언학에 있어서의 기본적인 문제 설정, 즉, 일본어에는 몇 개의 방언이 존재하고, 각각의 경계선은 어디에 있는가라는 것을 생각하는데 큰 단서를 주게 되었다[지도 66]). 이 관점에서 방언학의 중심적 과제를 방언 구획론(方言區劃論)으로 설정한 것이 도죠 미사오(東條操)이며, 그의 결론은 도죠(1954)에 나타나 있다[지도 67]). 일본방언연구회편(1964)에서는 연구계 전체가 이 테마에 임했다.

한편, 방언 구획론에 방언학의 과제를 집중시키는 것에 이의를 주장한 것이 야나기타 구니오(柳田國男)이며, 야나기타(柳田, 1930) 『가규코(蝸牛考)』에서 주장한 방언주권론(方言 周圈論)을 통해서 도죠의 방언 구획론과 대치했다.

도죠의 방언 구획론도 야나기타(柳田)의 방언 주권론(方言周圈論)도 실은, 상세한 지도를 바탕으로 논의가 전개된 것은 아니었다. 구체적이고도 충분히 신뢰할 수 있는 지도에 관한 논의는 다음의 시대로 넘겨지게 된다.

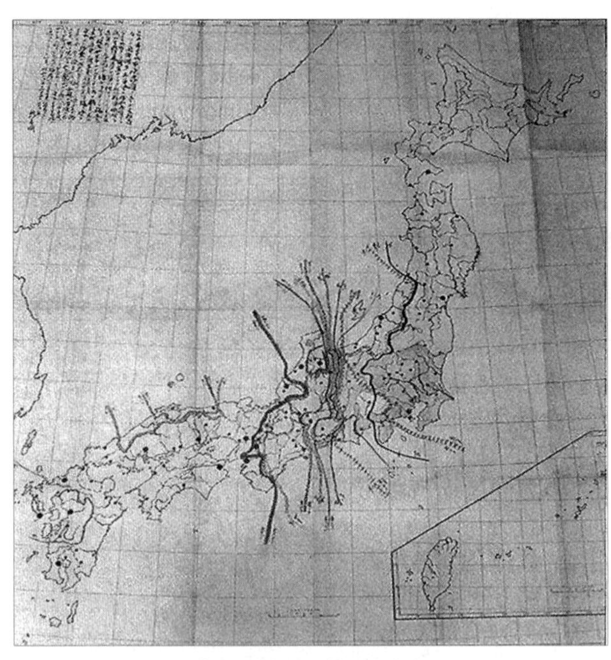

[지도 66] 신무라(新村出)의
『동서어법경계선개략(東西語法境界線概略)』(1904)에서 등어선속

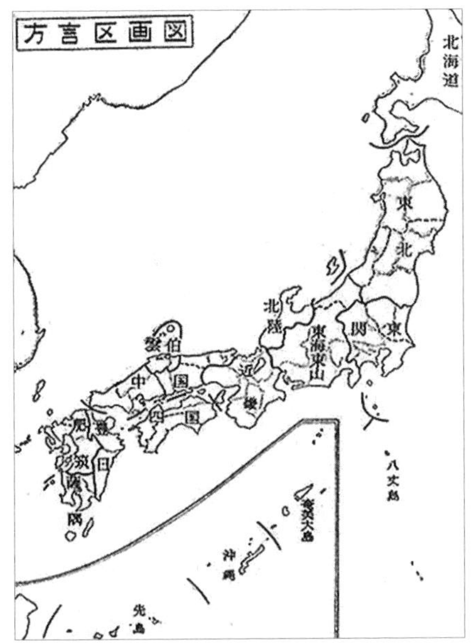

[지도 67] 도조 마사오(東條操)의 方言區劃(1954)

3. 언어사로서의 언어지리학

시바타 타케시(柴田武) 등에 의한 이토이가와(糸魚川) 조사는 지점이나 화자 선정 방법의 명시, 지도화 수법의 확정 등에 의해 분포 정보, 그리고 그것을 시각화한 지도 그 자체가 엄밀한 과학적 연구 대상이 될 수 있다는 것을 명확하게 세웠다. 일본의 언어지리학은 여기에서 독립한 연구 분야로 출발하게 되었다고 해도 과언은 아니다.

그 의미로 시바타(1969) 『언어지리학의 방법(言語地理學の 方法)』은 일본에 있어서의 언어지리학의 성서(聖書 Bible)적 역할을 한다[지도 68]. 시바타(1969 : 11 · 27)는 언어지리학을 「언어사의 방법의 하나」로서 명확하게 자리매김했다. 또한, 그러한 언어사를 파악하기 위해서 여덟(8) 종류의 단서를 제시하고 있다(시바타, 1969 : 27).

이 단서 중에서 특히 중시되어 계승된 것이 「그 단어의 지리적 분포」이며, 거기에서 하위 구분된 「인접 분포의 원칙」과 「주변 분포의 원칙」이었다. 이 절차는 야나기타에 의한 방언 주권론(方言周圈論)을 과학적 분석으로 할 수 있도록 승화시켰다고도 말할 수 있다. 동시에 그 외의 절차에서도 도자(Dauzat, 1938) 등을 통해 예부터 일본에도 소개되고 있었던 유럽의 언어지리학의 성과를 근거로 한 것으로, 보편적인 연구 수법의 확립을 목표로 한 것으로 파악된다.

이 점에 있어서, 이토이가와(糸魚川) 조사의 공동 연구자인 우마세 요시오(馬瀬良雄) 또한 유럽의 성과를 활용하는 방향으로, 언어지리학의 확립에 큰 역할을 담당한 한 사람이며, 우마세(1969)에서는 동음 충돌·유음색인·민간어원·혼효라고 하는 언어의 측면에서 설명되는 변화와 관련된 기본 개념을 해설함으로써 언어사 연구로서의 언어지리학의 성격이 명확하게 했다([지도 69]).

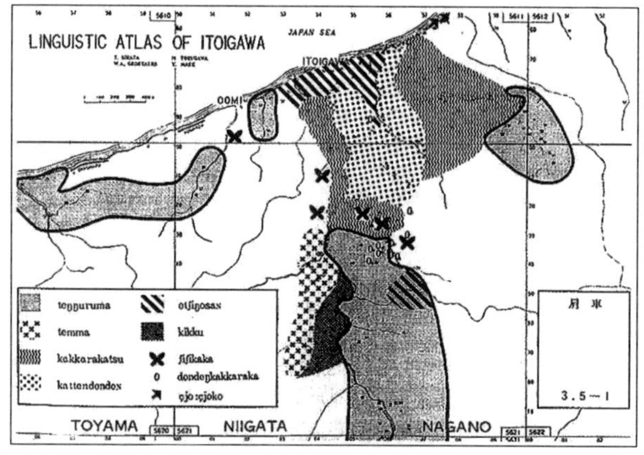

[지도 68] 이토이가와(糸魚川) 지방의 「가타구루마 : 목말」

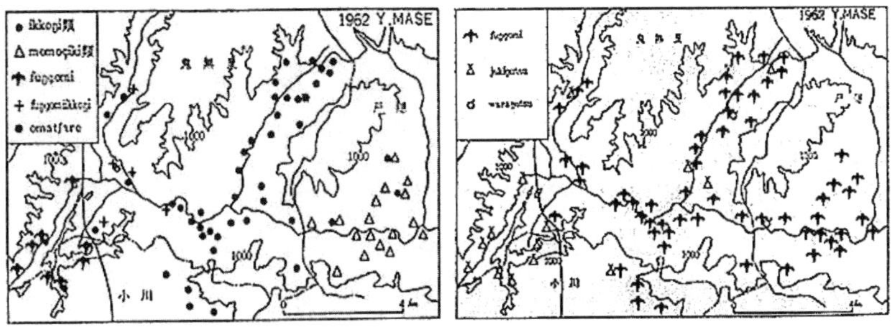

[지도 69] 동음 충돌(나가노현)

4. 지리 정보

일본의 언어지리학은 개개 단어의 역사를 해설하는 것을 중심으로 전개되어 왔다.

그때 활용되어 온 지리 공간에 관련되는 정보는 주로 분포의 배치 관계였다. 그 외의 지리 정보(예를 들면 대상물의 역사나 대상 지역의 특성 등)도 경시되었던 것은 아니다. 오히려 초기의 언어지리학에서는 그것들을 적극적으로 활용하는 경향이 있었고(우마세(馬瀬), 1964, 1969), 그것이 언어에만 대상을 특화하지 않는 것으로 언어를 통해 인간의 활동에 접근한다는 점에 있어서 언어지리학은 큰 매력을 가지고 있었다. 그러나 방언 분포의 배치 관계를 기반으로 한 언어사 구축이 차츰 언어지리학의 중심 과제가 되고, 문헌과의 조합을 통해, 이 방향으로 더욱 굳어지게 된다(고바야시(小林), 2004).

방언 분포라고 하는 지리적 배치 이외의 지리 정보의 활용은 구체화를 위한 절차에 대해 곤란함을 동반한다. 예를 들면 사나다(1979)는 강줄기

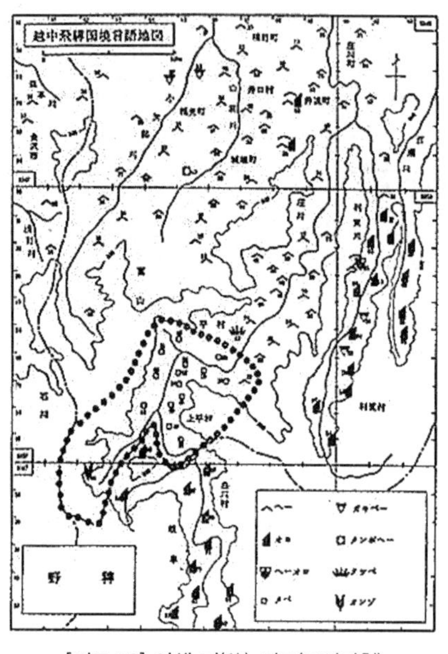

[지도 70] 야생 피(稗) 지도(도야마현)

나 도로와 분포의 관계가 나타나는, 다른 강줄기의 상류역에 동일 형식(오로)이 분포하고 있는 것을 근거로 이 형식이 오래되었음을 기술하지만, 다른 한편에서는 상류역 간에 교류가 없는 것은 지도로 나타내는 것이 아니라 기술함으로서 설명하고 있다([지도 70]). 강줄기 간의 표고의 제시로 지도로 나타내는 것도 가능하기는 하지만, 실제로 수작업으로 이것을 지도로 그리는 것은 꽤 복잡하다. 이러한 점 때문에 언어 외의 다양한 지리정보의 활용이 반드시 적극적으로 행해져 온 것은 아니었다.

그렇지만 지리 공간상에서 언어정보를 취급하는 이상, 본래는 지세도 포함해 다양한 지리 정보의 제시와 활용은 추천되어야 할 것이다. 지도를 통해서 언어 내외의 정보를 조합할 수 있다는 것은 다른 언어 연구 분야에는 없는 강점이다. 그럼에도 불구하고 구체적인 전개가 적었던 것은 그것을 위해 본그림을 실제로 제작할 경우, 수단이 무척 복잡해서 장로 작용할 수 있다고 생각된다.

5. 지리정보시스템

이러한 장해를 극복하는 것이, 지리정보시스템(Geographical Information

Systems, GIS)이다. GIS를 활용하는 것으로 교통·표고·부락과 같은 지세
뿐만 아니라, 인구나 강수량과 같은 통합적 데이터를 지도 위에서 나타
내어 방언 분포 데이터도 포함해 스크랩 앤드 빌드(scrap and build)를 반복
하면서 조합하는 것이 가능하게 된다.

예를 들면 표고 데이터나 인구 데이터와 방언 분포를 조합하는 것으로
([지도 71], [지도 72]), 이론상 새로운 것이라고 여겨지는 특정 형식의 분포
영역에 관한 지리적 상황을 검토할 수 있게 되었다(오니시(大西), 2007).

또한 일본의 방언 분포 연구의 원점이라고도 할 수 있는 동서의 경계
에 대해서도 지형과의 관계를 파악하는 것이 가능하게 되었다([지도 73]).
게다가 G1S를 통해 입체화해 볼 수 있음([지도 74])과 동시에, GAJ의 데
이터에 의해 종래 눈치 채기 어려웠던 특이한 데이터의 존재와 그 분포
영역의 지리적 상황도 파악할 수 있게 되었다(ONISHI, 2005).

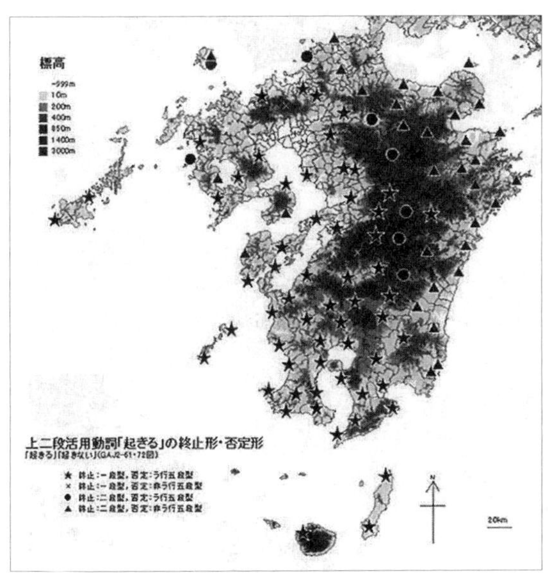

[지도 71] 규슈에서 おける 활용 분포와 표고

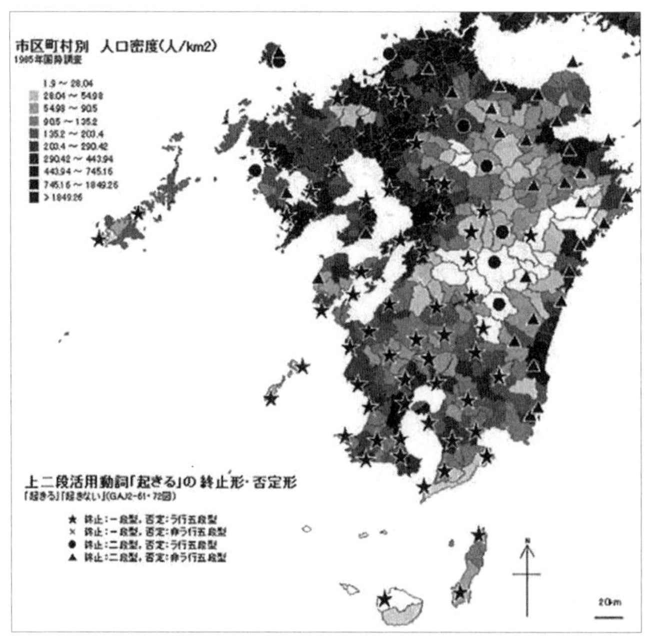

[지도 72] 규수에서 おける 활용 분포와 인구밀도

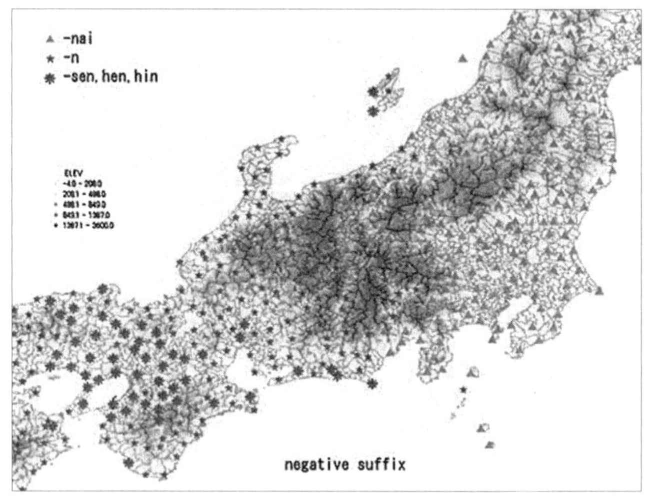

[지도 73] 부정사 분포와 표고

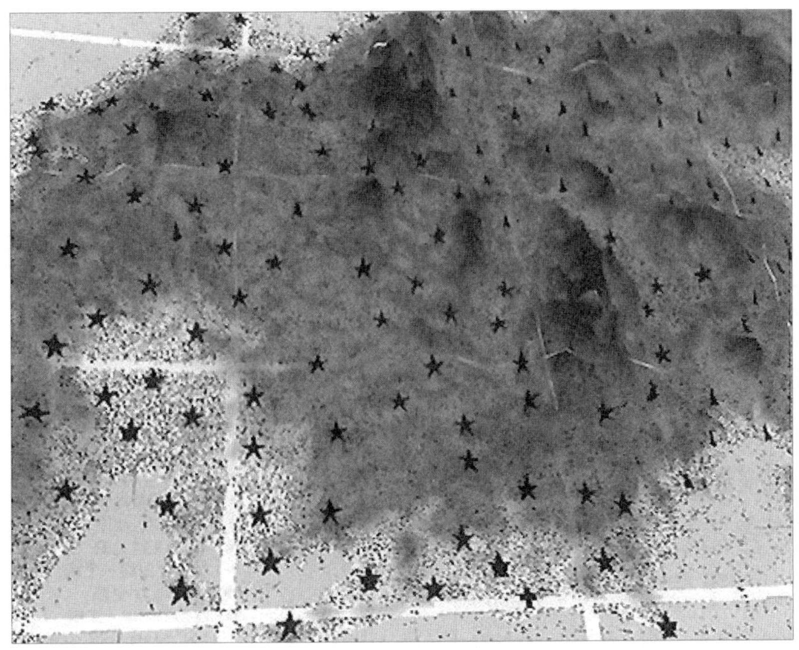

[지도 74] 부정사 분포의 입체도(★ナイ, ▲ン)

6. 언어지리학의 방향

　동시에 오니시(大西, 2007)가 나타낸 것처럼 지리정보시스템(GIS)을 통해 언어 내외의 지리 정보의 관계를 파악한 경우, 방언의 분포는 언어의 역사만을 말하는 것이 아니라는 것을 알게 되었다. 예를 들면 격식있는 장면에서 공통어형이 나타나는 방법에 관해서 동일본을 주목해 보면, 인구밀도가 높은 도시지역에서 나타나기 쉽다는 것을 파악할 수 있다([지도 75]).

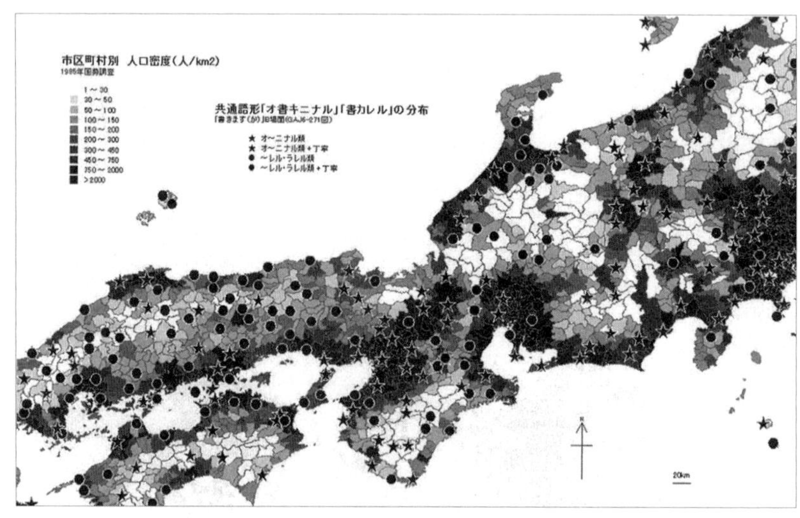

[지도 75] 대우도가 높은 장면에서의 공통어형 분포와 인구밀도

또한 가족인 자신의 부친에 대해서 이야기를 할 때에 경어 형식이 사용되는 것은 가족 규모가 작은 지역이라는 것도 알 수 있었다[지도 76].

이상과 같은 분석은 언어지리학을 언어사 해명의 틀 안에 가두는 것에 소박한 의문을 가지게 한다. 즉, 방언 분포의 분석에서 언어사 연구로 목적을 한정할 필연성은 없는 것이 아닌가 하는 것이다. 오히려, 방언의 분포를 연구하는 분야 전반을 언어지리학이라고 하는 것도 괜찮지 않은가라고 생각한다. 그렇게 함으로써 넓고 다양한 각도에서 분포에 접근할 수 있고, 방향을 좁히지 않는 것으로 지리학을 포함한 관련 모든 과학과의 교류도 진행하기 쉬워질 것이다.

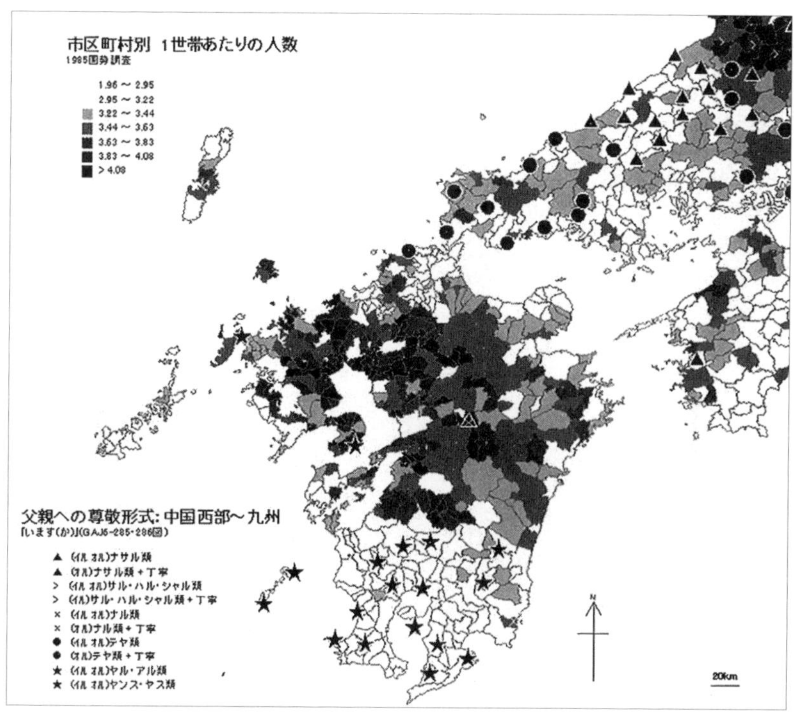

[지도 76] 가족에 대한 존경어와 가족 규모

7. 마치며

방언의 분류로부터 출발해 단어의 개별 역사를 해명하는 것으로 전개해 온 일본의 언어지리학은 지리정보시스템(GIS)의 활용에 의해 역사적 관점에 사로잡히지 않고, 언어정보와 언어 외의 정보를 지리 공간상에서 조합하는 방향으로 향하려고 하고 있다(상술한 것처럼 초기의 언어지리학은 그러한 경향을 띠고 있었다). 물론 그러한 조합에서는 대상으로 하는 지리

정보의 성질에 대한 검토나 조합의 유효성에 관해서 진중함과 시행착오도 요구될 것이다. 이러한 활동을 통하여 언어지리학이 목표로 할 곳은 명확해 졌다. 언어 정보의 지리 공간상의 분포를 통해 언어에 관련된 인간의 활동을 밝히는 것을 언어지리학의 목표로 삼을 수 있다.

중국어의 언어지리학(2)
-언어 지도의 해석-

이와타 레이(岩田礼)

1. 들어가며

앞의 「중국어의 언어지리학(1) - 역사와 현상태 - 」에서 설명한 상황을 감안하여 보면 우리가 완수해야 할 역할은 하나밖에 없다. 그것은 「언어 지리학의 목적은 언어의 역사를 분명히 하는 것에 있다」(시바타 다케시, 1969)라는 인식 하에, 지도 한 장 한 장에서 언어 변화의 양상과 그 요인을 고찰하는 것, 이것에 의해서 유럽과 일본의 언어지리학이 축적해 온 수많은 발견을 중국어 방언에 대입하여 확인하는 것이다.

이러한 인식에 근거해 작성된 지도는 제작자의 해석을 나타내는 것이다. 제작자는 미리 어형과 의미를 분석해 분류 작업을 한다. 중국어에서 유효한 것은 '형태소 단위의 분석(morpheme based analysis)'이다. 분류 결과에 근거하여 지도를 작성해, '유의의(有意義, 의미와 가치가 있음)한 분포'를 얻을 수 있을 때까지 분류를 계속한다.

　복수의 분류 방법 모두가 유의의라고 판단되면 동일 항목에 대해 몇 장의 지도를 작성한다. 이하, 필자 자신이 작성한 지도를 예로 지금까지 얻은 몇 개의 발견을 소개한다.

2. 언어 전파의 방향

　중국어의 방언 분포의 역사적 형성을 푸는 키워드가 두 개 있다. ① 북방화, ② 남쪽의 중 핵 지역(kemlandschaft). 북방화란, 자세한 설명은 생략하고 여기에서는 「단어가 북쪽에서 남쪽으로 전파하는 것」이라고 정의한다.

　남쪽의 중핵 지역이란, 남경(육조 시대에 수도가 놓여진), 양쥬(오래된 상업도시)를 중심으로 하는 강회 지역을 가리키며, 이 지역이 북방에서의 언어 전파의 중계점으로서 또 새로운 변화의 발신지로서 주변지역에 강한 영향을 미치고 있었다는 것을 함축하고 있다. 아래 그림은 이 가설의 주 내용이다(이와타, 2000 : 19). 동서 방향으로 그어지는 방언경계선(등어선의 다발)으로 회하선과 장강선이 있다(「중국어의 언어지리학(1)－역사와 현상태－」 참조).

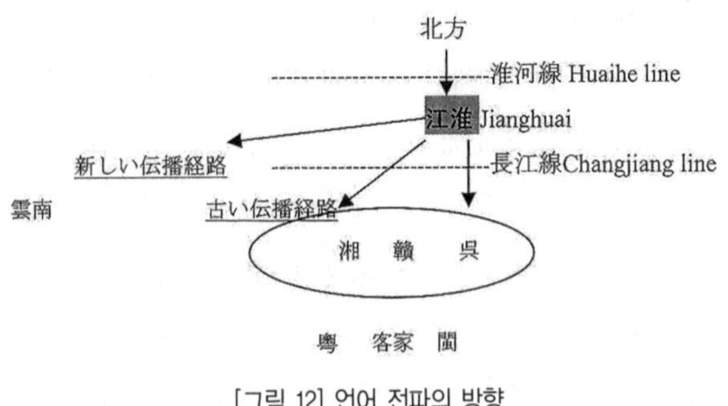

[그림 12] 언어 전파의 방향

이 가설을 입증하는 하나의 예로서 [지도 77]을 들겠다. 이것은 부계
친족을 나타내는 어간 '爺 ye'에 대해, 그것이 <아버지>, <아버지의
형>, <아버지의 남동생> 중 어떤 것을 가리키는 것인지를 나타낸 것이
다(이하 어형의 음성 표기는 표준어형의 Pinyin 로마자로 대용한다).

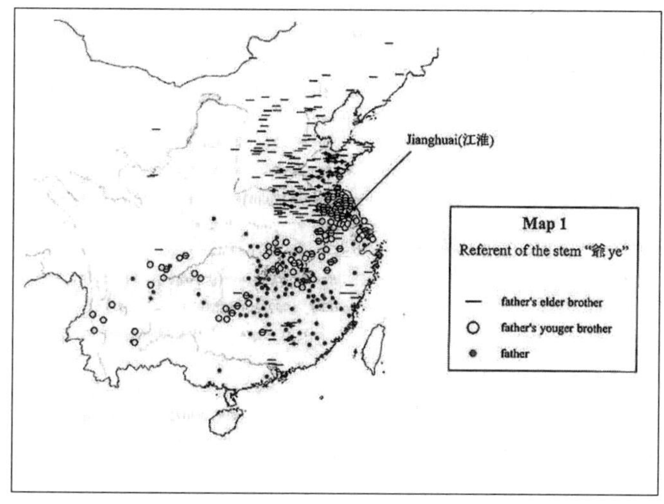

[지도 77] 부계친족어간 '爺ye'

다음의 분포 경향을 볼 수 있다. 단 '爺 ye'가 복수의 친족범주를 가리
키는 방언도 많다.

    (1) 북방(동부) : <아버지의 형>
    (2) 장강 유역 : <아버지의 남동생>
    (3) 남방(주로 내륙부) : <아버지>

이 중 가장 오래된 용법은(3)이다. '爺 ye'는 회하선을 넘어 우선 강회
지역에 도달. 다음에 장강선을 넘어 남하했지만, 대부분은 바로 남쪽으

로 진행된 것이 아니라, 위의 오래된 전파 경로를 지나 남서쪽으로 전파했다. '爺 ye'가 <아버지>만을 가리킨다고 하는 본래의 용법은 거기에서 보존되었다. 이것에 반해서 북방과 강회에서는 다음과 같은 지시 대상의 전이(semantic Shift)가 일어났다.

    (1) 북방(동부) : <아버지> → <아버지의 형>
    (2) 강회 : <아버지> → <아버지의 남동생>

강회에서 생겨난 (2)의 용법은 위 지도의 새로운 전파 경로를 지나 운남(雲南)까지 전파했다. 이러한 분포를 장강형 분포라고 부른다.

또한 이 두 개의 변화에는 모두 언어 외적 요인이 관여하고 있다. (1)의 변화가 발생한 북방 지역은 '爺 ye'가 <아버지의 아버지>를 부르는 데도 사용되는 지역으로 아마 중국의 가족제(종족제(宗族制))에 있어서의 맏형, 조부 중시를 반영하고 있다. (2)의 변화는 성명(星命)사상에 근거하는 개칭 현상의 산물이며, 장강 유역에서는 현재에도 <아버지의 가장어린 남동생>을 <아버지>를 나타내는 어간으로 부르는 풍습이 잔존하고 있다. (1)과 (2)의 차이는 회하 이북의 북방 지역과 강회 지역과의 사이에 문화적 기반의 상위가 존재한 것을 보여준다.

3. 어사의 복구

'ABA 분포', '주권분포'에는 예외도 많다고 알려져 있지만, 상황 증거가 갖추어지면 「A는 B보다 오래되었다」, 「주변에 분포하는 어형이 오래

되었다」고 판단할 수 있다. 예를 들면, [지도 78]에 있어서 <tomorrow>
나 <morning>을 나타내는 어간 '朝 zhao'는 장강 이남에 넓게 분포하지
만, 거기에서 멀리 떨어져 북방에서도 보인다. 이 경우 '조 zhao'는 이미
단독으로 사용되지 않고, 또 북방에서는 조어 능력도 부족한 형태소이기
때문에 오래된 형태의 잔존이라고 보는 것 외에 선택의 여지가 없다.

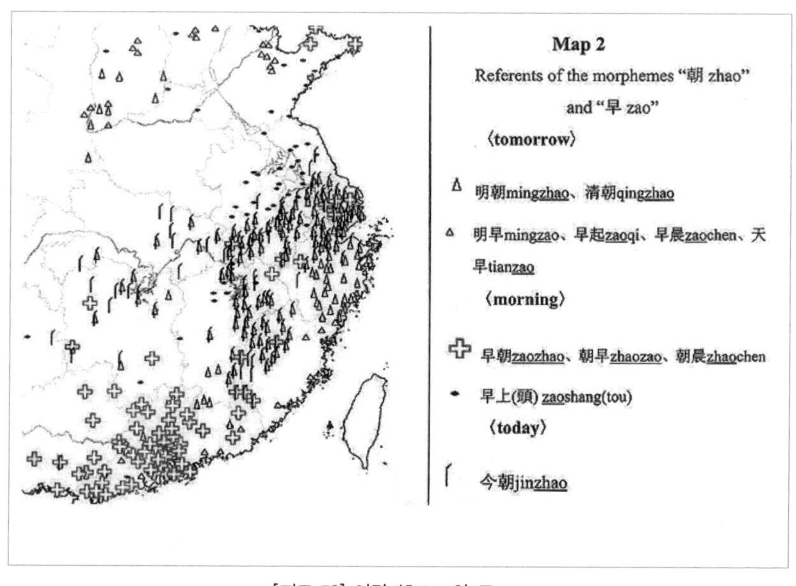

[지도 78] 어간 朝zhao와 早zao

　　<tomorrow>와 <morning>에서 같은 어간이 공유되는 것은 인구어(印
歐語)나 일본어와 평행적이다. 이것에 대응하는 <yesterday>와 <evening
/ night>를 나타내는 어형은, 어간 '夜 ye'(또는 그 유의어)를 공유하고 있
었다고 추정된다. 한편, <tomorrow>와 <yesterday>를 나타내는 고어에
는 '明日 mingri', '昨日 zuorl'도 있었다. 이렇게 고대 중국어의 날짜를
나타내는 말의 체계는 이중구조인 것이 된다.

Ⅰ 昨日   今日   明日
Ⅱ 昨夜   今日   明朝

평행예로서 상기의 <아버지>를 나타내는 어간이 있다.

Ⅰ '父'*bia > '爸'*pa
Ⅱ '爹'*tia > '爺'*jia

또한 언어지리학은 종래의 문헌 어원학의 잘못을 바로잡을 수 있다. 예를 들면, 청조를 대표하는 뛰어난 고증학자였던 정요전(程瑤田)은 문헌 언어와 구어 어휘 중에서 음절 두자음(initial)이 k-1의 순서로 나타나는 대량의 복음절어를 찾아내, 이것들이 모두 고대의 같은 어원 그룹으로 거슬러 올라가는 것이라고 주장했다. 나는 속어에서 가치를 찾아낸 정요전을 존경하고 있지만, 이것과 완전히 꼭 같은 발상과 수법에 의해 어원 연구가 이루어지고 있는 현상(現狀)은 학문의 퇴보라고 본다. 방언 지도의 관찰에 근거한 전망에 의하면, 현대 방언의 k-1 어군은 비교적 새로운 시대의 산물이며, k-접두사가 증식한 것 또는 강세 악센트의 발달(2음절어의 강-약형, 3음절어의 중-약-강형)에 의해서 약음절이 1-음절로 변화했던 것에 기인한다(Iwata, 2006 ; 이와타(岩田), 2007).

4. 견인과 충돌

언어 내부의 요인과 외부적 압력에 의해서 쇠약해져 가는 말이 있다. 그에 대해서 언어는 여러 가지 치유력을 발휘하여 말의 활력을 회복한다.―이것은 질리에롱이나 도자(Dauzat)의 언어지도 작품을 관철시키는 하나의 동기이다(마츠바라(松原)·요코야마(横山), 1958 ; 오가와(大川)·그로타스·사사키(佐々木), 1991~1997).

말의 쇠약을 가져오는 요인의 하나는 음운변화이다. 중국어에서 강세 악센트가 발달한 것은 음운구조의 간략화에 수반해 동음 충돌을 회피할 수 있도록 복음절어가 증식했던 것에 기인하지만, 그 결과, 강약형(trochaics)의 2음절어가 다른 말에 의해서 견인되는 현상을 초래했다.

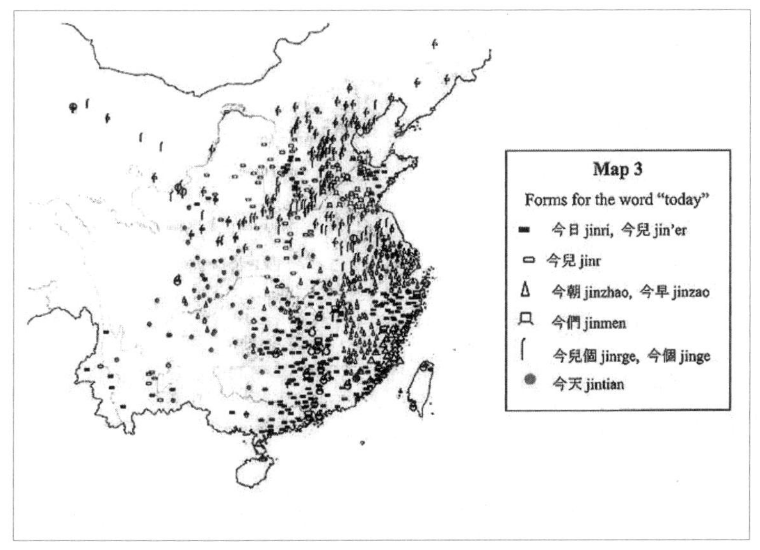

[지도 79] 단어 'today'의 형태

[지도 79]에 있어서 <today>를 나타내는 북방 방언의 어형은 '個 ge'(양사(量詞)), '們 men'(인칭대명사 복수어미)와 같은 부속어를 취하는 것이 많다. 그 중 '個 ge'는 <tomorrow>, <yesterday> 등 다른 시간사에도 사용되고 있다. 이것은 '今日 jin ri'와 같은 2음절어의 마지막 성분이 약화

(음성, 의미 쌍방의 약화)한 결과, '這一個 zhe yi ge(> zhei ge)'(이것), '那一個 na yi ge(> nei ge)'(저것), 또한 '我們 wo men'(너희들) 와 같은 대명사의 견인을 받기에 이르렀기 때문이다. 이것은 일종의 유추 작용의 산물이기도 하지만, 의미적 관련이 없는 특정의 어군에 의한 견인 작용이 상정되는 점에서 유추 견인이라고 부른다. '個 ge'를 포함한 어형은 현재도 아직 넓은 분포 영역을 가지고 있지만, '今天 jin tian'과 같은 표준어형으로 교체되어 가고 있다. 그러나 이것은 표준어 교육의 힘에 인한 것은 아니다. 하나에는 '個 ge' > '天 tian'의 변화를 촉진한 요인이 방언 내부에 존재한 것. 예를 들면 '天 tian'의 양사적 용법. 그리고 그 본질은 방언화자가 '個 ge'와 같은 무의미한 성분에 만족하지 못하고 보다 표현력 풍부한 '天 tian'으로 바뀌었다는 것이다.

견인보다 잘 알려진 형태로 유음 견인이 있다. 유음 견인의 결론은 하나의 형태를 둘러싸고 두 개의 의미가 싸우는 동음 충돌이다. 동음 충돌은 단편적으로는 방언의 내부 현상이지만, 외부적 요인이 늦게 일어나는 경우는 지리적인 상보 분포의 형성에 의해서 충돌이 회피되는 일이 있다(우마세, 1992 ; Iwata, 2006). 이에 반해 하나의 의미를 둘러싸고 두 개의 형태가 싸우는 것을 동의 충돌이라고 부른다. 동의 충돌을 일으키는 것은 일반적으로 말의 전파라고 하는 외적 요인이다. 다음은 그것이 있을 수 있는 모든 결과. p는 예부터 전해오는 어형, Q는 인접지역에서 전파된 새로운 어형, x, y는 의미를 나타낸다(우마세, 1992에 따른다).

(A) Q의 승리와 P의 소멸(또는 그 반대)

(B) 의미 영역 x를 Q가 차지해 쫓겨난 p가 인접 영역 y로 도망친다. :
$Q(x) \rightarrow P(x) \rightarrow P(y)$

(C) 의미 또는 용법의 분담 : $p(x1) / Q(x2)$

(D) 혼합형의 탄생 : $\{(P + Q) \div 2\}\ (x)$

(A), (B)는 한쪽이 승리하는 경우.

(B)의 일례 : 산서성 남부에서는 <morning>이 '淸朝 qingzhao', <tomorrow>가 '明朝 mingzhao'로 불리고 있었지만, 인접지역으로부터 <morning>을 나타내는 '淸晨 qingchen', '무起 zaoqi' 등이 전파된 결과, '淸朝 qingzhao'가 <tomorrow>를 지시하게 된 방언이 있다('明朝 mingzhao'는 사멸).

(C), (D)는 신구 어형의 힘이 팽팽히 맞서 타협을 이룬 경우.

(C)의 일례 : [지도 77]로 <아버지>를 나타내는 '爺 ye'가 장강 유역에 도달했을 때, 거기에는 토착어형 '爹 die'가 있었다. 이 두 어형의 분쟁은 '爹 die'를 호격어(vocative)로 '爺 ye'를 지칭어(designitive)로, 라고 하는 용법의 분담에 의해서 결부되었다.

(D) 혼합형의 예는 중국어 방언에 매우 많다(이와타, 2007). 이것은 방언 간 격렬한 접촉이 있던 것을 말해준다.

방언측정 : 이론적 우선 조건, 실제 문제들 그리고 구체적인 적용
-프랑스 언어지도, 1902~1910으로부터의 예를 주로 하여-

한스 괴블(Hans Goebl)

1. 방언측정이란 무엇인가?

　방언측정(DM, Dialectometry)의 기본 목적은 언어지도 자료 혹은 유사한 자료 모음들에 대한 종합적이고 양적인 탐구이다. 사실, 방언측정(DM)은 -예나 지금이나 지구 전 지역에 걸쳐 정착한 공간적 인간(HOMO SPATIALIS)이기도 한- 언어적 인간(HOMO LOQUENS)이 스스로 살고 있는 장소를 자신의 발화와 언어를 통하여 특정한 방식으로 다룬다고 보는 중요한 이론적 가정에 기초한다. 발화 공동체에 의해 사용되는 모든 방언 (혹은 언어)이 공간 분포의 한 종류로 나타나므로 언어적 인간(HOMO LOQUENS)에 의한 공간에 대한 언어적 관리의 문제는 사실 보편적인 것이다. 다른 인간 과학(인류학, 민족지학, 집단유전학 등)이 공간 관리에 관하여 유사한 질문을 던지듯이, 이것 또한 참으로 학제적인 것이다. 언어학의 범위 내에서, 방언측정에 의해 공들여 만들어진 결과물은 또한 공시적 관련성도 있다. 게다가 공간에서의 의사소통과 상호작용에 대한 다양한 측면에 관해 통시적으로 중요한, 아주 많은 결과들도 발견할 수 있다.

방법론적으로 방언측정(DM)은 다음의 공식에 의해 특성을 나타낸다.

방언측정(DM) = 지리언어학 + 수적 분류측정학(혹은 분류). 양적 자료 통합을 위해 방언측정(DM)에서 사용하는 통계학적인 순서들은 자연 과학, 사회 과학 그리고 인간 과학에서도 일반적으로 사용되는 것이다. 요즘음에는 통계학적인 순서들이 '자료 수집'이라는 일반적 용어에 포섭된다. 방언측정(DM)은 (상대적으로 단순한 통계학적 방법을 가지고) 언어지도 자료 내에서 첫눈에 관찰자에게 아직 보이지 않았던, 낮고 높은 순위의 구조적 패턴을 보여주고자 한다. 통계적 분석 후에는 패턴과 구조가 지도에 표시되고 방언측정적으로 논의된다.

수적, 분류적 전산화와 그에 대응하는 지도 제작 혹은 시각화의 빠른 실행을 위하여, 2000년도에 'Visual DialectoMetry'(VDM)이라는 컴퓨터 프로그램을 필자의 선임 연구 조교인 Edgar HAIMERI가 제작하였다. 이 투고문 내의 모든 지도들은 VDM으로 생성되었고, 필자의 현 협력자인 Slawomir SOBOTA[1])에 의해 최종적인 지도 제작 형식으로 다시 고쳐졌다. 그 결과, 잘츠부르크(Salzburg)의 다양한 방언측정(DM)은 매우 많은(대부분 다채로운) 서로 다른 형태의 지도들에 초점을 맞춘다.

---

1) 이 두 신사분의 비범하고 의욕적인 조력에 존경과 감사를 표한다.

2. 잘츠부르크 방언측정의 방법론적 보고에 대한 간단한 소개

이어서, 잘츠부르크 방언측정(Salzburg DM)의 가장 중요한 방법론상의 진보를 소개하고 설명할 것이다. 방언측정(DM) 프로젝트는 항상 적당한 언어지도와 그에 알맞은 자료 처리방법을 선정하는 것으로 시작한다. 이 단계는 (음성학, 형태론 그리고 어휘목록과 관련한) 로망스어학의 정착된 방법론적 원칙을 따라 여전히 수작업으로 이루어진다. 생산물은 매우 많은 양의 '작업 지도'(조사지점 혹은 '현장' N과 함께) (p)이다. [지도 80]을 보라. 이들 p의 '작업 지도' 내용은 $N \times p$의 차원의 데이터 행렬에 요약된다. 이 절차를 지난 후에만 양적 측정과 더불어 방언측정(DM)의 자료(혹은 정보) 처리가 시작된다.

먼저 N 벡터들(로부터 취해진 한 쌍) 사이의 유사성이 측정된다. 방언측정자가 대체로 서로 다른 유사성 측정기준을 사용할 수 있으므로, 방언측정자는 자신의 방언 유사성에 대한 이론적 가정에 유의하여 적절한 색인을 선정해야 한다. 이러한 특별한 경우에 '상관 일치값'(RIV $_{jk}$)이 매우 유용한 것으로 입증되었다. 상관 일치값은 데이터 행렬에 등록된 언어자질들의 불연속적인 근소한 (혹은 양적) 유형들 사이의 백분율 혹은 한 쌍 조화 정도를 측정한다. ($N \times N$ 차원을 갖는) 정사각형의 유사성 행렬은 이 모든 측정값을 가지고 양적 형태의 모든 변이형들의 총 숫자를 알려준다. 그러므로 관련한 그런 언어 정보는 질적 수준에서 양적 수준으로 전환된다. 이것이 자연과학, 인간과학, 생물학에서 흔한 일임에도, 많은 언어학자들이 이 변환을 이해하는 것을 어려워하는 것이 실험을 통해 알려졌다.

단순한 변환(유사성 값 + 거리 값 = 100)으로 적절한 거리 행렬이 유사성 행렬로부터 계산될 수 있다. 마지막으로, 두 행렬에 저장된 특정값들은 (방언학／지리언어학의 목적에 따라) 부분적으로 혹은 전체적으로 해석되어야 한다. 이 과정에서 지정된 목적에 따라 많은 지도들이 확립되며 각 지도들은 두 행렬의 각 부분들에 대응한다. 따라서 방언측정(DM) 내의 논리는 지도제작을 마치는데 있어 필수적으로 많은 분석들의 유사한 유효성을 요구한다.

1) 언어지도(ALF)에서 데이터 행렬로

1997년에서 2000년 사이에 잘츠부르크(Salzburg) 연구 프로젝트가 ALF의 원본 지도 626장이 분석하였다. 분석 목적은 이 ALF 지도상의 음성, 형태 그리고 어휘 변화를 분류하는 것이었다. 데이터 행렬은 1,687개의 작업 지도와 641개의 현장들로 만들어졌다. 이 641개(638개 대신에)라는 수는 다음과 같이 설명하면 편리하다. 불어, 이태리어 그리고 카탈로니아어의 표준형에 대응하는 3개의 인공 현장(혹은 '틀린 방언들')이 ALF의 원래 638개의 현장에 추가되었다.

2) 언어지도 격자의 기하학적 조정

방언측정(DM) 분석의 결과는 두 종료의 지도에 출력되었다. 1) 상이한 공간적 기호의 퍼즐로서의 코로플레트(choropleth) 지도, 그리고 2) 선형적 기호들의 연결망에 의존하는 등어선 혹은 들보(beam) 지도. 두 종류 모두 들로네(Delaunay)의 삼각측량 원칙과 보로노이(Voronoi)의 다각형화 원칙에 따라서 조정될 수 있다. 이 두 과정은 지도제작의 필수요소로 국제 표준 기준에 해당하는 것이다.

3) 자료에서 유사성 혹은 거리 행렬로

'상관 일치값'(RIV $_{jk}$)은 명사의 변별 자질 유사성에 대한 백분율에 의지하는 (한 쌍의) 현장 간 유사성을 측정하는데 보통 적용된다. 모든 장소에서 발견되는 언어 유형(측정)보다 드물게 나타나는 자질들을 강조키 위하여 '가중 일치값(가중치 1과 함께)'[WIV(1)jk] 또한 적용되었다. 이러한 시각은 빈번한 자질들이 평범한 것이므로, 빈번한 자질들보다 드물며 따라서 더욱 중요한 언어 자질들이 특별하다고 생각하는, 여러 유능한 언어학자들의 의견과 일치하는 것이다.

4) 코로플레트(Choropleth)와 아이서리스믹(Isarithmic)(등어선과 들보) 지도의 구성

유사성 혹은 거리 행렬에서 얻은 측정값의 시각화 과정에서, 주어진 수적 변화가 알고리즘상 모양을 잘 갖춘 아이콘 변형물(여기서는 색상 혹은 음영, 선영)로 바뀌어야 한다. 이 문제에 대해서는 지난 200년간 논의되어 왔으므로 앞선 경험들이 많이 존재한다. 인간의 패턴 인식은 6~8개의 색 단계에서 가장 잘 이루어진다고 알고 있으며, 대부분의 지도는 이러한 환경에 일치하여 만들어졌다. 모든 지도는 산술 평균을 따라 맞춰졌다. 차가운 색상의 다각형은 산술평균 이하의 측정값에 대응하며, 따듯한 색상의 다각형은 산술평균 이상의 측정값에 대응한다. 산술평균의 좌측 하단에는 수 해설이 보이며 우측 하단에는 각각의 도수분포도가 보인다(항상 N 혹은 N-1 측정값을 갖는다). 그래서 이러한 도수분포도는 저마다의 빈도에 대한 양적인 특징을 언급하며 통계적으로도 중요하다. 도수분포도 막대기의 개수는 각각의 색상 단계 숫자의 두 배이다. 각 도수분포도

위의 곡선은 두 가지 개별 분포의 통계 지표값(산술 평균과 표준편차)에 의해 계산된 가우스 분포(즉 정상분포)를 표시한다. 이것은 주로 도수분포도 형태의 비교를 위한 통계적인 관련성도 있다.

3. 유사성 지도에 대한 소개

유사성 지도의 자기발견적인 방법은 잘츠부르크 방언측정(Salzburg DM)의 유형－진단 원칙을 보여준다. 형식적으로 각 유사성 지도들은 유사성 행렬의 N벡터 중 하나에 의존한다. N 측정값 중 하나는 항상 100이다.

유사성 지도는 이미 선정된 현장(j로 표시)과 관련하여 조사된 언어지도의 개개 N-1 측정값에 대한 방언 유사성을 공간적으로 성층하는 것과 관련한 모든 정보를 제공한다(k로 표시). [지도 81]의 경우, 이는 Chapelle-Yvon, Département Calvados (＝ ALF－P. 343)의 현장이다. 사실 모든 유사성 지도는 지점까지 증가하는 거리와 더불어 (일반적인) 방언 유사성의 감소를 반영하여 조화롭게 구조화된 아이콘 윤곽을 보여준다. 그럼에도 불구하고, 개별 방언 지형도는 그만의 특징을 갖는다. 그 결과, [지도 81]은 전형적인 Norman 아이콘 윤곽을 보인다.

언어학적으로 개별 유사성 지도는 전체의 연구 격자 안의 어떤 방언의 위치에 대한 지리언어학적 양상에 대한 정보를 포함한다. 환경에 대해 방언의 입장에 관한 문제들은 로망스어학과 게르만어학에서 지난 150여 년에 걸쳐 자주 연구되었다. 방언측정(DM)에서 정확한 답변이 주어질 수 있는데, 이 답변들은 더욱이 이러한 문제에 대한 근본적인 공간 비유에 대응한다.

유추적으로 비언어적 해석이 관찰자로 하여금 유사성 지도가 전달하는 내용에 대한 깊은 뜻을 이해하도록 도울 수 있다. 다음은 분명한 유추의 예들이다.

전화 유추

유사성 지도의 기초에 있는 수학적 논리는, 개별지도 각각 모두가 전화 연결망 내의 N 참가자들 중 한 사람의 총 (발신과 수신) 전화통화 기록으로써 고려하게 된다. 따라서 [지도 81]은 개별 참가자들이 매우 자주 혹은 드물게 전화통화를 하거나 아니면 거의 통화를 하지 않는 것을 나타낸다.

전도사 유추

개별 인용 지점들이 그의 관념을 열심히 전파하려고 하는 전도사 한 사람과 비유될 수 있다는 가정 하에, 유사성 지도는 그 전도사가 어디까지 그리고 어느 정도까지 성과를 올릴 수 있는지를 보여준다.

유사성 지도의 아이콘 내용들이 양적인 것임을 확실히 이해하는 것이 중요하다. RI-값의 공간적 감소를 시각화하는 여섯 개의 색상 단계는 (거칠게 구조화된) 공간적 의사-연속체를 나타낸다. 이것은 상이한 색상 단계 사이의 경계들이 언어 경계의 성격을 띠고 있지 않음을 뜻한다. VDM 소프트웨어를 가지고 이제는 개별 유사성 지도를 열 개의 다른 형태로 시각화 할 수 있게 되었다(2부터 20까지의 색상단계). 더군다나 관찰자의 진단 상의 요구에 따르기 위하여 세 개의 아이콘 알고리즘(MINMWMAX, MEDMW 그리고 MED)을 삽입할 수 있다.

4. 벌집 지도와 들보 지도

벌집(honey comb) 지도는 방법론적으로 그리고 제도 제작 상 전통적인 등어선 개요에 일치하며 현대의 언어 분과에서 널리 사용된다. 들보(beam) 지도는, 새로운 지리언어학 도구로, (지도제작, 분류측정, 언어학적 측면에서) 벌집 지도의 논리상의 전환이다. 다음 표에서, 기본 방법론적 원칙을 비교할 수 있다.

	들보(Beam) 지도	벌집(Honeycomb) 지도
기본 격자의 기하학적 표본	삼각형	다각형
변수의 시각화	유사성 값 (RIVjk으로 계산)	거리 값 (RDVjk으로 계산)
언어학적 의미	점 사이 접촉의 근거(친밀)	점 사이 거리의 근거(대립)

이 두 종류의 지도가 존재하는 인접하는 조사 지점간의 유사성에 대한 혹은 거리에 대한 정보만을 제공한다는 것을 주목해야 한다. 이 때문에 총칭적 용어가 '점 사이 지도'가 되는 것이다. [지도 82]와 [지도 83]은 에서 아이콘의 통사론은 1,791개의 선형적 기호(= 다각형 혹은 삼각형의 변)에 의존하는데, 이는 농도나 어둡기에 따라 달라질 수 있다. 두 지도에서 다음의 원칙이 적용된다. '색이 진할수록, 더 파랗다([지도 82]) / 더 빨갛다([지도 83]).' 비유적으로, 빨간 삼각형의 변은 접촉을 나타내는 반면, 파란 다각형의 변들은 갈등을 나타낸다.

벌집 지도([지도 82])를 보면 ALF 공간을 구성하는 선명한 경계 현상의 증거를 볼 수 있으나 연속적인 선들, 혹은—전통적인 의미로—경계선이 없다는 것 또한 볼 수 있다. 실제로 다소 심한 벌집 현상을 확인할 수 있다. 따라서 [지도 82]에서, (동쪽의) Francoprovençal과 (남쪽의) Catalan in the Roussilon의 특별한 위치뿐만 아니라, 북서 구획도 발견된다.

대조적으로, [지도 83]에서 짙은 빨간색 삼각형 변들의 축적은 촘촘한 상호작용 공간들을 나타낸다. 이것은 북쪽 Domain d'Oïl의 중부 지역과 남쪽(Languedoc, Provence)의 다소 눈에 드러나지 않는 지역들과 관계가 있다. 또 분명히 구별할 수 있는 북쪽과 남쪽 사이의 변이 지대도 관찰된다. 이것은 이 ALF 조사 지점 사이에, 북쪽과 남쪽의 핵심 지대에서 보다 훨씬 드문 유사점들이 있다는 것을 표시한다.

만약 벌집(honey comb) 지도와 들보(beam) 지도가 매우 암시적이고 분명하다면, 그럼에도 불구하고 분류측정학과 관련될 경우 이 지도들은 피상적이다. 유명한 결합 공식인 N / 2 (N − 1)을 가지고, [지도 84], [지도 85]에서 기초하고 있는 유사성 행렬이나 거리 행렬(641 × 641 차원)에서 205,120개의 측정값을 찾을 수 있다고 생각해보라. [지도 84]와 [지도 85]의 형성에서 측정값 100%가 기록된 데 반해, 이 모든 값들 가운데 단지 1,791(즉 0.87%)개의 값만이 기록되거나 시각화된다. 이 비교는 두 가지 관찰 결과를 낳는다.

1) 일반적인 관찰결과 : 대체로 분류측정 분석은 다소 깊이 묻힌 구조를 드러낼 수 있다.

2) 이 특별한 경우 : 점 사이 분석은 약간 피상적이다.

따라서 이 비교는 초기의 지리언어적 분류에 대한 유용한 도구로 생각할 수 있으나 방언 연결망에 대해 더 깊은 구조적 분석을 위해 적당한 발견적 수단이라고는 생각할 수 없다.

5. 매개변수 지도 : 비대칭값 일람의 예

유사성 행렬에 대한 유사성 지도의 막대그래프들은 근본적인 유사성 분포의 통계적 본질을 나타낸다고 제안되어 왔다. 여러 막대그래프들을 비교하는 것은 유사성 분포 형태가 어떤 넓은 방언 지역에서 다른 넓은 방언 지역으로 변화한다는 것을 보여준다. 그러므로 이러한 유사성 분포의 '특징적인 매개변수'(가령, 최소, 산술 평균, 최대, 중간값 혹은 표준편차)의 개요를 세우는 것 또한 필연적이며 그것을 지리언어학 패턴의 인지에 적용하는 것이 필연적인 것이다. 언어학적으로 관련된 특징적 매개변수는 비대칭값으로 이는 유사성 분포의 대칭성을 측정한다.

이론적으로, 이것은 개별(유사성 혹은 다른) 분포가 완전히 대칭적이면, 비대칭값은 0임을 뜻한다. 비대칭값은 만약 개별 분포가 오른쪽으로 비스듬하면 음의 값을 가지고, 만약 왼쪽으로 비스듬하면 양의 값을 갖는다. [지도 84]를 보면, 파란색(= 음수)의 공간적 분포와 빨간색(= 양수)의 비대칭값은 공간적으로 분명히 분산돼 있는 것이 보인다.

비대칭값 개요가 갖는 진정한 지리언어학적 관련성은 무엇인가? 이 사항은 Sprachausgleich 언어학적 절충 혹은 교환의 개념으로 이끄는데, 이것은 독일어학에서 처음 소개된 것이다. 이것은 결국 어느 정도 혼효가 되는 지대와 더불어 넓고 작은 방언 지역 사이의 다양한 언어적 접촉과 절충 현상에 해당한다.

[지도 84]에 적용하면 이것은 :
- 진한 파란색 지대는 집중적인 언어 절충을 나타내며 이 지대에서 강한 혼효화 과정이 일어났다.
- 빨간 지대는 매우 약한 언어 절충을 보이며 이 지대는 언어 변화의

일반적인 과정에서 거의 벗어난 지대를 의미한다.

[지도 84]에서, Domain d'Oïl을 둘러싸는 진한 파란색 띠(혹은 도랑)와 Francoprovençal을 둘러싸는 진한 파란색 반원이 보인다. 이 두 둥근 현상은 1) Langue d'Oïl의 언어유형에 대한 일반적인 원심력 방사의 결과이고 2) (북쪽의) Langue d'Oïl과 (남쪽의) Langue d'Oc의 옛 라틴어체 사용과 더불어 Lugdunum / Lyon의 라틴어체 사용인 후방 활동의 결과이다.

[지도 84]의 남부의 빨간색 음영이 된 방파제 세 곳(Gascoigne, Languedoc-Roussillon, Provence)은 다른 한 편, 일반적인 언어 변화에 거의 포함되지 않은 모습을 보여준다. 두 지도의 진한 파란색과 빨간 핵 지대 사이의 전이는 느슨하게 형성되어 있다.

[지도 84]가 보이는 놀라운 구조는 분명 서기 500년 이후의 프랑스 언어 역사를 반영하며, 이것은 북쪽의 초지역적 언어 역학과 남쪽의 몇몇 활발한 지역 부중심지들의 다중심적인 동시작용에 의해 결정된 것이다.

6. 수형적 방언측정(DM)

August Schleicher가 1863년에 그의 유명한 인도-유럽어 어족 지도를 발행한 이후, 어족 수형도는 언어학의 많은 분야에서 비유적으로 효과적인 발견적 도구가 되어왔다. 특히 어휘통계학에서, 언어 근원 관계를 재구성할 때 빈번히 계통 수형도를 사용하는 것을 기억해야 한다. 분류측정학 방법에서, (서로 다른 알고리즘. 분류측) 유사성 혹은 거리 행렬에 기초하여 이분지적인 나무 구조를 만드는 것은 상당히 쉽기 때문이다. 이 발견적인 도구는 DM 분석에도 포함된다. DM에서, 최고로 중요한 것은 계통 수형도의 결과적인 단편화를 공간으로 직접 맞추는 것, 즉 그것을 지도상에 공간적으로 투사하는 것(공간화)이다. VDM을 가지고, 두 절차─(직후에 착색이 없는) 수형도의 구성과 착색의 공간화─가 어렵지 않게 실현된다.

　　용어에 대한 주석 : 현저한 착색에 의해 표시되는 수형도의 분지들과 지도상의 그 대응물들을 '응집된 덩어리(dendreme)'라고 부른다.

또, 수형적 DM은 매우 함축성 있는 그래픽 결과물을 산출하지만 수형도 제작의 통계적 과정에 대한 충분한 지식을 요구한다. 간단히 말하자면, 이 경우에 사용된 특정한 알고리즘(Ward 알고리즘)은 '계급─집적적 과정'의 분류에 속한다. 계통적인 융합이나 유사성 행렬 내 매우 유사한 두 요소의 응집 작용에 의하여─연속되지 않은 N 요소들(장차 수형도의 '이파리들')로 시작하는─둘로 이루어지는 계급이 생성된다. 이 과정에서, 응집된 덩어리들(dendremes)은 점차 축소되어, 두 개 덩어리로 최종적인 분리형을 이루게 되는데, 이는 수형도의 줄기(혹은 뿌리)에서 접합될 수 있다. 응집된 덩어리(dendreme) 내부의 양적 이질 성분은 이파리 옆에서보다, 수형도의 뿌리(혹은 줄기)에서 더 많다.

지리언어학적으로, 수형도는 또 통시적, 공시적으로 해석될 수 있다. 공시적 해석은 주어진 언어 지역이 본래 동질적이었다고 가정하여 그 언어 지역의 점진적인 분열을 자극한다. 따라서 [지도 85]는 북쪽(dendremes / choremes A~D)과 Gallo-Romania의 남쪽(dendremes / choremes E~G) 사이의 기본적 대립을 반영하는 두 개의 macro-dendremes / choremes를(마디 1과 마디 2의 아래로) 보여준다. 같은 방식으로, 다음 분열(마디 3 그리고 마디 4)은 Gallo-Romania의 북쪽을 다시 두 부분(dendreme / choreme D와 dendremes /

choremes A~D) 등으로 분할한다.

계통 수형도의 통시적 해석은 공간적 분류화와 지역화에 집중하는데, 수형도 가지의 응집된 덩어리(dendreme)들의 위치는 그들의 상대적인 상호 유사성을 표시한다. [지도 85]에서, 응집된 덩어리(dendreme) B와 C는 응집된 덩어리(dendreme) A나 응집된 덩어리(dendreme) D보다 서로 더 유사하다고 보아야 한다.

choreme의 동일성과 현저한 공간적 응집성을 주목하는 것은 흥미롭다. 요약하면, 수형적 DM은 상대적으로 깊은 지리언어학적 패턴을 드러낼 수 있으나 수형도 생성에 대해서는 상당한 통계학적—수학적인 지식을 요구한다.

7. 결론 대신에

이 짧은 발표를 통하여 이 다양체에 대한 첫 인상과 DM의 (유망한) 적용들에 대해 알리게 되었고—6개의 착색된 지도를 통하여—DM 프로그램 VDM의 잠재력을 소개할 수 있었다. 두말할 것도 없이, 이것은 방언측정적 사고를 가진 모든 (지리)언어학자들이 자유롭게 이용할 수 있다. 그러나 앞으로 숙련자들은 광범위한 사용을 위해서 잘츠부르크(Salzburg)의 실제 훈련 과정(3~4일간)을 이용해야만 할 것이다. 여러 동료들이 이미 이러한 기회를 이용하였으나 현재로서는 로망스어권 국가들 출신이 전부이다. 이러한 제공이 더 많은 다양한 그룹의 언어학자들에게 잘 전달되면, 세계적으로 DM 전문가들의 기원을 펼침으로써 이 공헌이 그 근본 목적에 도달할 수 있을 것이다.

[부 록]

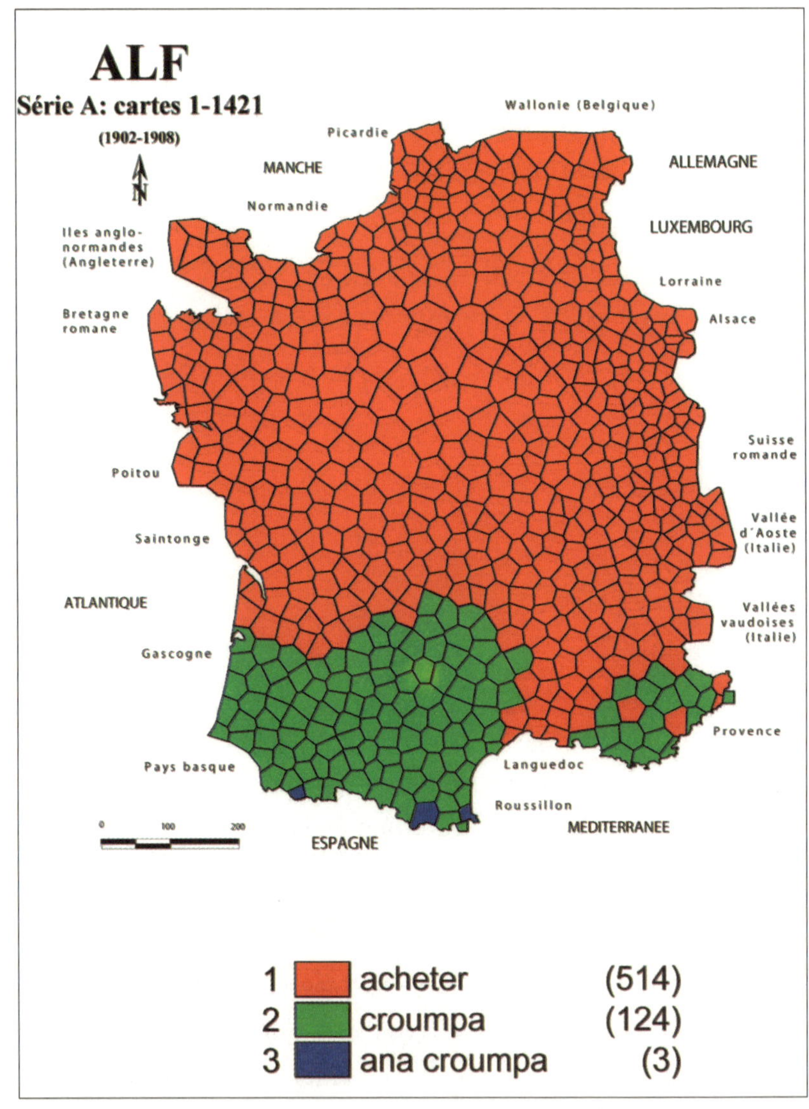

[지도 80] '사다'의 Gallo-Romance 호칭의 공간 분포를 보이는 '작업 지도'
예(ALF 6 acheter를 따라서)

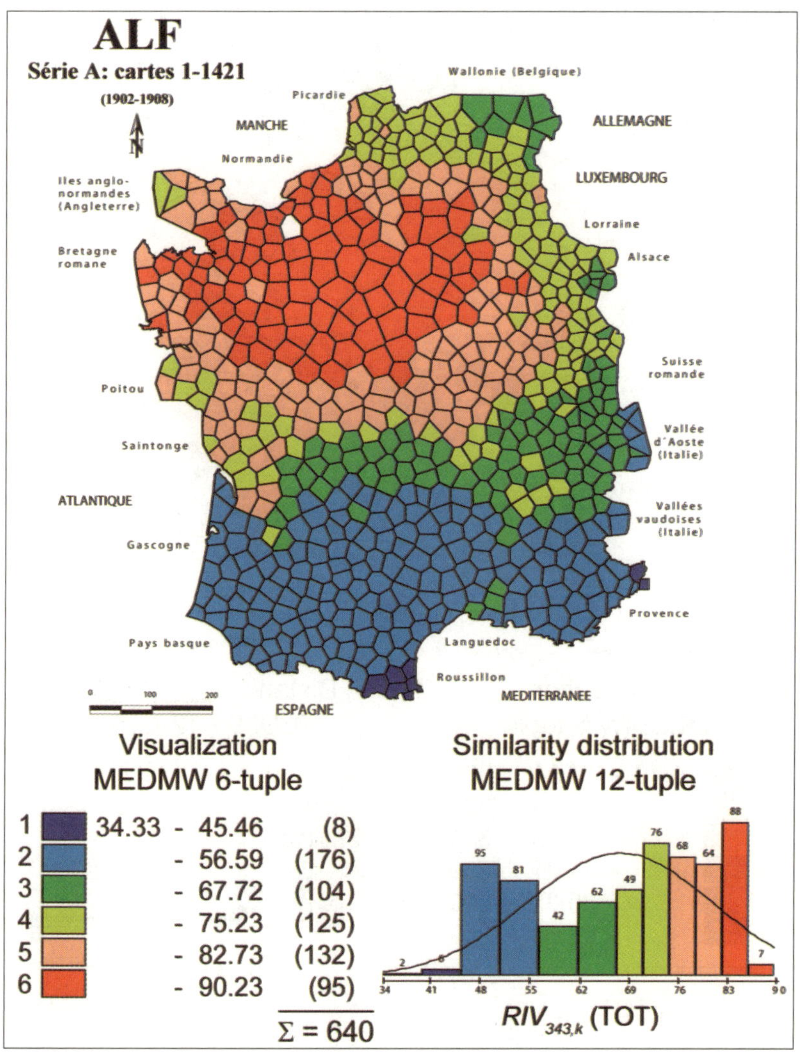

[지도 81] 북부 'd'Oïl' 권역의 전형적인 유사성 윤곽 지도
ALF-지점 343(La Chapelle-Yvon, Dép. Calvados)에 대한 유사성 지도
유사성 지표 : RIV343,k ; 말뭉치 : 1687개의 작업 지도(총 말뭉치)
시각화 알고리즘 : MINMWMAX(6개-요소)

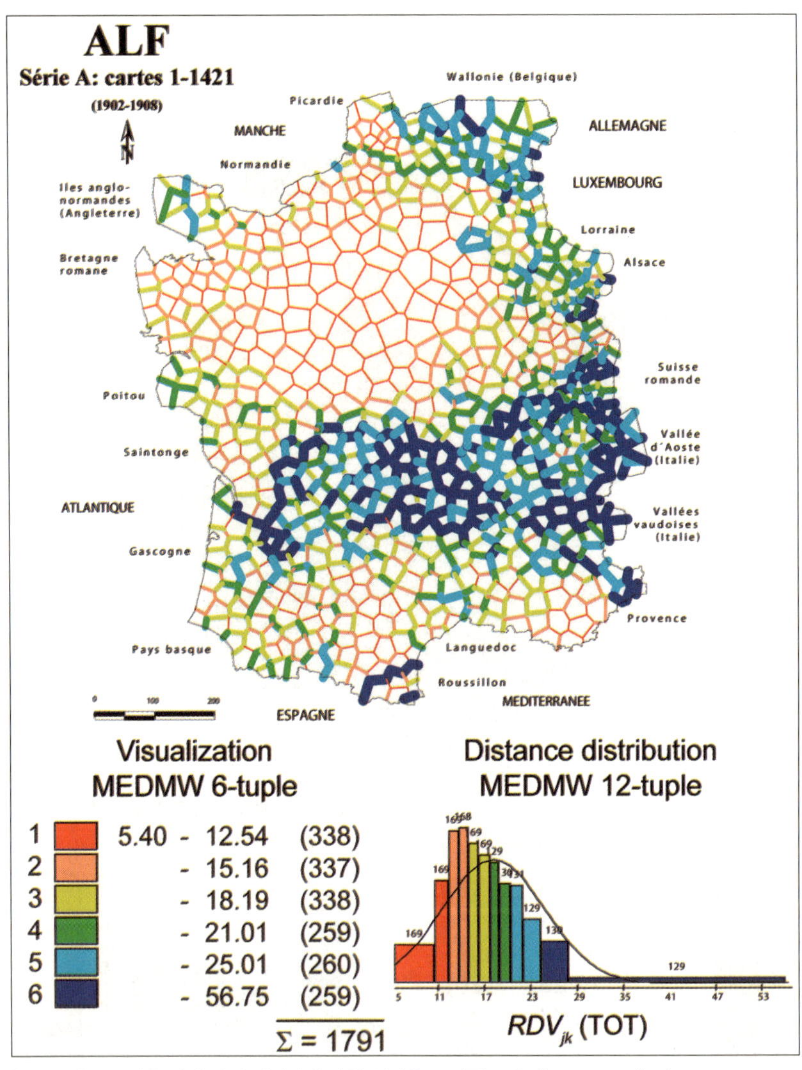

[지도 82] 1791개의 지점 사이 거리값에 대한 일람을 보여주는 벌집(Honeycomb) 지도
거리 지표 : RDV$_{jk}$
말뭉치 : 1687개의 작업 지도(ALF)
시각화 알고리즘 : MEDMW(6개-요소)

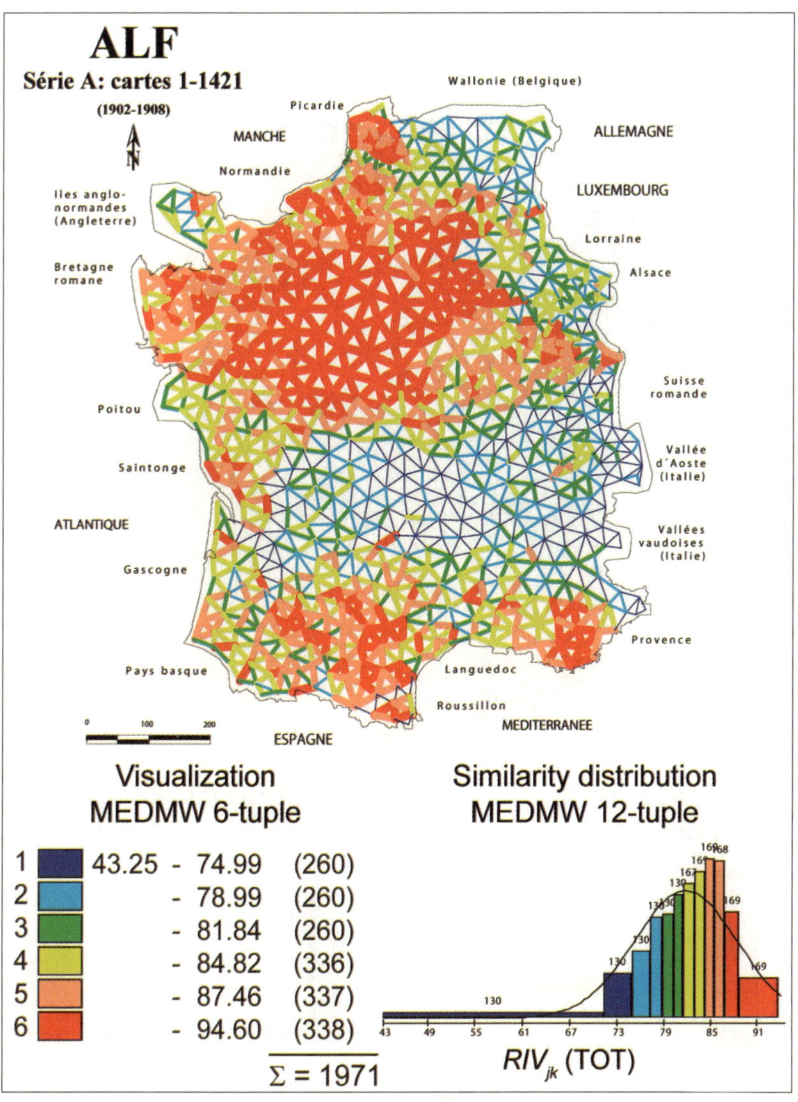

[지도 83] 1791개의 지점 사이 유사성값에 대한 일람을 보여주는 들보(beam) 지도

유사성 지표 : RIV_{jk}

말뭉치 : 1687개의 작업 지도(ALF)

시각화 알고리즘 : MEDMW(6개-요소)

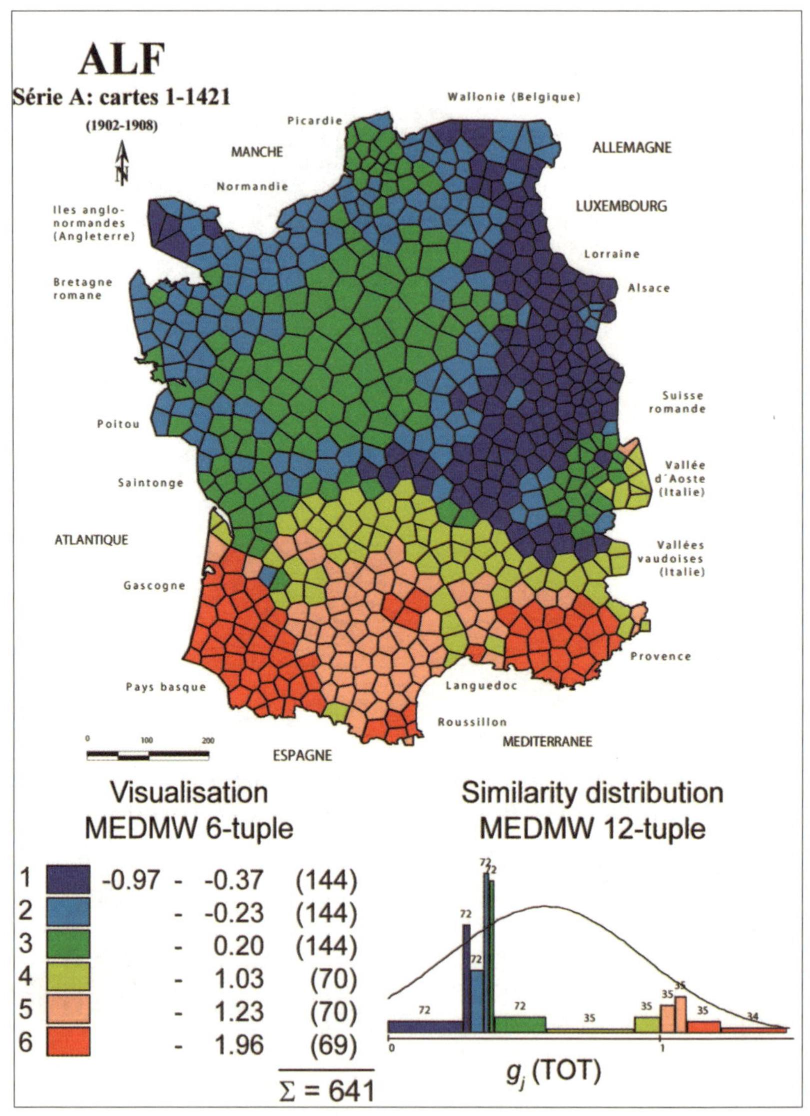

[지도 84] 641개의 유사성 분포에 대한 비대칭값 일람의 코로플레트(choropleth) 지도
유사성 지표 : RIV_{jk}
뭉치 : 1687개의 작업 지도(총 말뭉치)
시각화 알고리즘 : MEDMW(6개-요소)

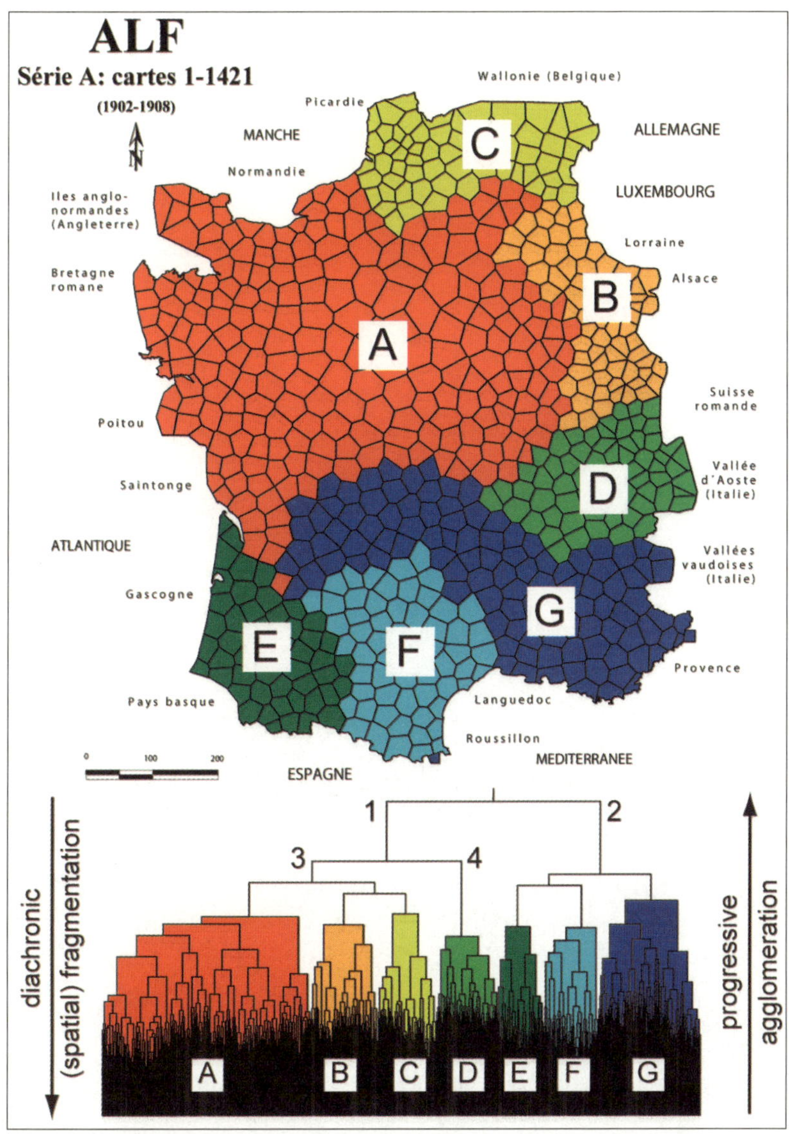

[지도 85] 641개의 방언 대상(ALF-지점들)의 수형적 분류 그리고 수형도의 공간적 변화
유사성 지표 : RIV$_{jk}$; 말뭉치 : 1687개의 작업 지도(총 말뭉치)
수형도 알고리즘 (위) : Ward의 계층적 배치 방법
dendreme에 대응하는 choreme의 수 (아래) : 7

방언에서 변화 공간까지
—The "Regionalsparache.de"(REDE) 프로젝트—

요하킴 헤르겐(Joachim Herrgen)

1. 근대 독일 구어의 다양화 구조 연구에 대한 필요성

어제 필자는 DiWA(Digital Wenker Atlas) 프로젝트에 관한 요약 보고를 하였는데, 이 프로젝트는 Georg Wenker의 독일제국 언어지도(Sprachatlas des deutschen Reichs)의 디지털 발간과 복잡한 지리정보시스템(GIS) 두 가지가 현재의 언어학적 자료와 함께 투영될 수 있는 것이며 또 역사상의 자료들을 함께 비교해 볼 수 있는 것이다. 이것은 언어 역학, 즉 공간 내 언어의 역사적 변화에 대한 고찰을 가능케 한다. 오늘 필자는 독일에서 현재 계획 중인 연구 프로젝트들에 대한 세부사항을 소개하고자 한다. 프로젝트들 중 첫 번째는 독일 북부의 언어변화(Sprachvariation in Norddeutschland)인데, 현재 북부 유럽의 한 학자들 모임에 의해 준비 중이다.1) 두 번째 프로젝트로 마르부르크(Marburg) 연구소에서 독일어를 위한 독일 언어지도집(Deutscher Sprachatlas)을 준비 중이다. 이것이 필자가 오늘 소개하려는 "Regionalsparache.de"(REDE) 프로젝트이다. 두 프로젝트는 함께 독일어 공간 내 변화에 관한 미래의 연구에 결정적인 영향을 미칠 것이다.

20세기 초중엽 이래, 독일어의 긴 역사와 그 공간적 변화에 있어 휴지기가 분명히 존재해 왔다. 모든 독일어 화자가 인식하고 있음에도 불구하고 이것이 연구 문헌에서 충분히 논의된 적이 없었다. 대조적으로, 이 휴지기 이전의 상황에 대하여는 일반적으로 잘 알려지고 연구가 되었다. 긴 역사적 과정을 거쳐, 다음과 같은 체계가 독일어에서 발생하였다. 문어 변화가 한결같은 문헌상의 언어를 형성하였다면, 구어 변화는 두 유형이 존재하였는데, 첫째는 지방 방언이고 그리고 둘째로는 단일 문어 규약의 지역적 발음들에서 비롯한 지역적으로 분화한 표준 독일어가 그것이다. 이 상황은 몇 세기에 걸쳐 이루어져, 가장 최근으로는 1920년대 이래의 근본적인 휴지기를 맞게 되었다. Bühnen-aussprache 발음 규약 제정을 시작으로(Siebs, 1898), 국정 발음 규범이 독일, 오스트리아, 스위스에서 오랜 과정에 걸쳐 점진적으로 발전되어서 1923년부터 라디오에서 유포되고 이후에 텔레비전으로 확대되어 20세기 중반부터는 의사소통상의 영향력을 얻게 되었다. 이 표준 독일어 발음 규약의 최고의 명성은 오랜 지역적 표준의 급격한 가치 감소에 이르게 하였고 결과적으로 구어 독일어의 전혀 새로운 언어학적 구조에 이르게 하였다. 최근 연구(Lameli, 2004)에서 보이듯, 최소한 독일에서, 모든 지역에서 단지 매체에 의해 보급된 표준 발음과 아주 소수의 눈에 띠지 않게 잔류하는 지역 특징을 포

---

1) Michael Elmentaler(Kiel), Joachim Gessinger(Potsdam), Jürgen Macha(Münster), Peter Rosenberg(Frankfurt / Oder), Ingrid Schröder(Hamburg) 그리고 Jan Wirrer(Bielefend). Elementaler 2006a와 Elmentaler 2006b를 보시오.

함하는 구어 표준만이 표준어의 구어 형식을 나타내는 것으로 생각된다. 대조적으로, 오래된 지역적 표준어는 지역적으로 한정된 것으로 이해되고, 점점 더 구어적(언어학적으로는, 표준어가 아닌)인 것으로 낮추어 보게 된다. 그러나 이러한 과정은 새로운 국정 표준에 의한 구 지역 표준의 단순한 대체로 이르지는 않았다. 오히려 반대였다. 이전의 방언과 앞선 지역 표준 독일어의 조합이 지역적 발화 층위(Regionalsprachen)로 이해될 수 있는 구어 체계의 형태로 계속해서 존재한다. 이것은 유일하기는 하나 매우 차별화된, 한 지역 내에서(= 독일인 다수의 일상적인 발화) (언어적으로) 사회화된 모든 발화자들에게 실질적인 구어 형태로 남았다. 그러나 이것은 놀라운 변형 과정을 겪게 되었고, 특히 지방 방언의 지역 방언으로의 발달에 의해 두드러진다.

[표 12]에서 보이듯, 특히 Kehrein(2006 : 94)은 변화로 향하는 이러한 경향이 오늘날의 중부 구어 독일어의 다양한 양식의 구조로 귀착하였음을 보이고 있다.[2]

[표 12] 중부 독일어의 다양화 구조

표준 독일어(Standard German)	
지역 강세(Regional Accent)	지역방언(Regiolect)
하위 지역방언(Lower Regiolect)	
방언(Dialect)	

더 앞선 시기와 비교하여 이 분야내의 연구는 지금까지 전적으로 새로운 언어적 현실, 즉 현대의, 내부적으로 복잡한, 대부분의 발화자들의 일

---

2) 지역 강세와 lower regiolect 사이에 한층 더한, 중간 형태가 추가될 필요가 있는가 혹은 없는가 하는 것은 Kehrein(2006)에 따르면, 그 이상의 연구가 함께 있어야 확실해진다. 또 Lenz(2003)을 참고하시오.

상적인 대화를 결정하는 지역적 발화 층위의 출현에 대해 적절한 설명을 하는데 완전히 실패했다. 언어학의 역사에 연결된 요소들은 전체 구어 스펙트럼의 양 극단에 독점적으로 집중하도록 하였다. 따라서 독일 언어학은 표준어, 구획점 이전 방언의 재구조에 관한 방언학(최근에는 단지 방언 변화 과정에 대한 분석에 의해서 추가되는), 공간 차원에 대한 어떤 고려도 배제하고 문맥과 그룹의 특정한 언어 변화에 대해 연구하는 사회언어학에 오래도록 집착해 왔다. 대개, 이것은 지워졌거나, 단순히 새 규범(희석된 표준 발음으로서 구어적 발화)에 대한 부적당한 정통으로써 제거됐거나, 오래된 방언 분해의 부산물인 새로운 언어 현실에 이르게 하였다. 새로운 근접－표준적 변화는, 대부분의 독일어 발화자들이 그들의 일상적인 구어 규범을 제시하는 것인데, 체계적으로 조사되지 않았다. 일련의 지역성 혹은 소지역 심화 연구(Tiefenbohrungen)들이 그 사이에 변화－언어학적 조사를 독창성 없이 전통적인 패러다임을 따르지 않는 특정한 구어 독일어로 올려놓는데 성공하지 못했으나, 대신 방언과 구어 표준 사이의 지방적으로 한정된 변화의 전체 스펙트럼을 조사해 내었다.3) 하지만 이러한 분석이 가치가 있음에도 불구하고, 전체 언어 지역에 대해 혹은 더 넓은 면적의 독일어 언어에 대해 지역적 발화 층위들에 대한 어떤 언어학적 설명도 없다는 것을 파악하게 되었다. 위에 언급된 프로젝트들은 이 격차를 메우기 위해 노력할 것이다. "이어서 발화 층위의 개별적 범위 재구성을 허락하는 다양한 상황에서의 자연스러운 대화에 대한 자료를 수집하는 것이 필요하다."(Elmentaler, 2006b, 28f.).

---

3) 예를 들어, Lenz(2003)을 참고하시오.

2. 첫 번째 프로젝트의 목표
: 오늘날의 구어 독일어의 다양한 구조에 관한 연구

이 연구의 필수적인 배경에 반하여, 마르부르크(Marburg) "Regionalsprache. de"(REDE) 프로젝트의 목표는 처음으로 새로운 언어학적 현실을 독립적인 대상으로 하여 체계적으로 조사하는 것이다(기초 세우기). 이 목적은 변화-언어학적인 구조에 대한 분석과 현대 독일어의 지역적 발화 층위의 역동성을 처음으로 결집하는 것이다. 이것은 첫째로, 연대가 여전히 전적으로 검토되지 않는 현대의 발화 층위의 분절에 대한 체계적인 조사를 포함한다. 여전히 지역적 악센트, 즉 옛 지역의 표준 독일어가 지속되면서 발달하고 있다. 둘째로, 발화자들의 대표적인 그룹들 사이의 다양한 신독일어 발화 층위에 대한 언어학적 구조가 완전히 분석될 것이다(지역적 악센트와 발달 중인 방언 사이의 지역 변이 스펙트럼). 계획한 프로젝트의 이러한 부분으로부터 결과물은 공간을 가로지른 독일어 변이 스펙트럼들에 관한 기술이 될 것이다. 비유적으로 말해서, 결국에는 지방 방언들을 단지 지도화할 뿐만 아니라 모든 조사 지역에 대한 전체 변이 스펙트럼을 지도화한 언어지도를 얻게 될 것이다. 사실 현재, 자료는 지도의 형태로 수집된다기보다는 인터넷 기반의 변화-언어학적 정보 체계로 수집된다. 이 프로젝트의 이러한 부분은 마르부르크(Marburg)의 Kehrein 박사에 의해 지휘되며, 그는 다양한 포럼에서(가장 최근에는 Kehrein, 2006) 이 논의를 위한 개념에 관하여 발표해 왔다. 가장 중요한 점들은 다음과 같이 요약할 수 있다.

현재까지 이르는 사실은- 정착한 발화자들의 가장 깊숙한 방언들에 대조적으로- 일상적인 구어, 특히 지역적 변화 스펙트럼에서 상위 수준의 발화들은 한 번도 효과적으로 수집되어 분석된 적이 없었으며 이는 본질적으로 방법론적인 문제 때문이다. 한 예로서, '관찰자 역설'로 자주 언급되는 일반적인 문제가 있는데, 이것은 즉, 어떻게－소리 기록을 통하여－관찰의 (일그러지는) 효과를 불러내지 않으면서 발화자들을 체계적으로 관찰하는가 하는 문제이다. 그리고 더욱 한정적인 문제로는, 일상 발화의 광범위한 수집을 위해 적절히 안정적인 문맥을 확인하는 문제가 있는데, 가장 많은 수의 언어외적 변수(항)가 그 안에 계속적으로 유지될 수 있다. 그러나 이것은 확실하게 비교할 비교가능성을 가지고 자료를 수집하는 유일한 방법이다.

이 두 방법론적 문제에 대한 해결책이 발견되었으므로, 이제는 지역적 언어 변화 스펙트럼의 상위 부분이 상세히 조사될 수 있는 연구 계획을 세우게 되었다. 구어 표준으로 향하는 특정적이고 지속적이며 의사소통적인 문맥에서 관찰될 수 있는 일원들로 이루어진 대표적인 사회적 그룹이 선정되었다. 이러한 문맥은 전면적으로 발견되며 이미 비언어학적 목적을 위하여 기록되고 있다. 의사소통적 문맥은 독일 경찰서의 응급 콜 센터에서 일하는 경찰관들의 응급 전화 통화 답변이다. 이 방법은 뚜렷한 이점들을 제공한다. 첫째로, 발화자들은 명료하게 한정되는 사회적 무리를 형성한다. 중간 서열의 선임 경찰관들, 즉 중위의 사회적 지위를 갖는 무리의 일원들이다. 둘째로, 발화 상황은 제보자들의 일상적인 상황을 보여준다. 그리고 셋째로, 대화는 일상적으로 기록되어 범죄 조사 목적을 위하여 공문서화 된다. 녹음이 되는 도구인 전화와 헤드셋은 경찰들에게는 일상적인 근무 환경의 일부로 만들어졌으며 따라서 제어되지 않는 방식으로써 그들의 발화 행위에 영향을 미치지 않는다.

응급 콜 센터가 독일어권 전역에 분포되어 있으므로, 150개의 조사 지역으로 균등하게 펼쳐진 연결망으로 구성하는 것이 가능하다. 각 지역마다 세 명의 제보자를 취했는데, 두 명은 경찰관 신분의 사람들이고 한 사람은 소위 'NORM'(즉 비이동의, 나이든, 시골의, 남성 발화자) 집단의 사람이다. 발화자들의 변화 스펙트럼을 분석하는 것을 가능하도록 하기 위하여, 모든 제보자들은 공간을 가로질러 끊임없이 이루어지는 4개의 부가적인 의사소통적 문맥에서 관찰되고 기록된다. 이 상황들은 다음과 같다.

- 표준 구어 독일어에 대한 언어능력 테스트(= 제보자들의 표준에 가장 근접한 음성학적 / 음운론적 접근)
- 표준어 화자와 함께하는 유도 인터뷰. 이 발화 문맥은 타인들과의 면대면 의사소통에 있어서의 대표적인 언어 용법이며 발화자로 하여금 표준 발음에 적응하도록 요구하도록 한다.
- 현장 혹은 지역으로부터 친숙한 회화 상대자와의 대화. 이러한 발화 문맥에서, 발화자들이 지방 방언(혹은 방언에 가장 가까운 그들의 개별적 지역 언어−변화 스펙트럼의 극단)으로 이동하는 (일상의) 의사소통 모임이 조사될 수 있다.
- 방언적 언어능력에 대한 테스트. 제보자들은 표준 독일어로 제시된 문장들을 가장 깊은 방언으로 말하도록 요구받는다. [= (잔류의) 방언 능력 측정]

따라서 이 결과물은, 4개(혹은 5개)의 여러 의사소통적 문맥에서, 두 개의 관련된 사회 그룹에 대한, 150개 장소의 광범위한 연결망으로부터 엄격하게 비교할 수 있는 발화 자료로 구성된다. 이렇게 새로 수집된 자료는 힘이 미치는 범위 내의 지방 방언과 구어 표준어 사이의 독일어 변화 스펙트럼에 대한 체계적인 조사라는 목적을 달성할 것이다. 그러므로 연대를 추정하는데 있어서 연구 내에서 체계적으로 무시되었던 현재 언어 변화의 중심적인 측면에 대한 연구가 가능해질 것이다.

3. 두 번째 프로젝트의 목표 : 연구 중심의 정보 체계 확립

이 중요한 언어학적 자료의 새로운 수집물이 REDE 프로젝트의 유일한 목표는 아니다. 두 번째 주요 목표는 IT와 함께하는 언어학적 입장을 갖는 것이다. 새롭게 수집된 자료는 인터넷 기반 GIS-양식의 정보 체계 내에 기존의 자료들과 연결된다. 이 목표는 독일어 지역 발화 층위를 위한 포괄적인 연구 중심의 정보 체계를 확립하는데 있다. 과거에 이루어 놓은 이 연구 대상에 관한 풍부한 내용의 연구 결과와 자료(지도, 소리 문서, 논문, 사전, 연구 기관)와 미래 연구에서 얻어질 결과물들은 서로 연관되어 연구를 위해 사용가능해진 상태로, 쌍방향의 정보 체계로 묶인다. 이 프로젝트는 학문 공동체와 일반 대중들에게만 지역 언어 연구의 결과를 제공하는 것은 아니다. 이것은 이 서비스를 제공하는 것에서 훨씬 더 나아간다. 지역 언어학 연구 100년에 이미 걸쳐 자료의 체계적인 연결은 '언어 역학'이라는 신생 언어학 하위 분야를 위한 경험적 토대를 제공할 수 있는 연구 도구를 만들 것이다. 전혀 공통점이 없는 유형의 지역 언어자료들이 서로 덧붙여질 수 있다는 점에서(덧붙여질 것이라는 점에서), 자료의 다양한 사회층을 교차 확인하는 것뿐만 아니라 언어를 역사적이고 지역적인 차원에서 검토하여 공간적이고 시간적인 역동성을 파악하는 것을 가능케 하였다.[4] 프로젝트의 이 두 번째 목표와 관련하여, REDE는 DFG-기금의 DiWA 프로젝트에서 얻은 경험과 결과물을 믿을 수 있을 것이다. REDE의 기술적인 실현과 관련하여서는, 물론 새 프로그래밍과 기술적 해결을 필요로 하는 훨씬 더 포괄적인 기획이 관련됨에도 불구하고 필자는 여러분에게 본질적으로 DiWA를 참조시킬 수 있다.

---

4) 현재는 www.diwa.info, 앞으로는 www.regionalsprache.de를 참고하시오.

DFG(독일어 연구 재단)를 통한 자금제공을 위한 신청이 '북부 독일어 언어 변화' 프로젝트를 위하여 만들어졌다. REDE 프로젝트는 Union of German Academies of Science에 의해 기금을 받을 것이다(우리는 2008년 초에 작업을 시작할 수 있기를 희망한다).

언어지도 자료의 분석
─H─탈락의 (사회)언어학적 맥락─

하인리히 라미쉬(Heinrich Ramisch)

1. 소개

이번 발표에서 필자는 영어의 다양한 H─탈락, 즉 모음 앞의 강세 음절에서 첫 번째 위치에 자리한 /h/가, 예를 들어, hand on heart['ænd ɒn 'ɑ : t]나 my head[mɪ 'ɛd]에서처럼 실현되지 않는 현상에 관하여 다룰 것이다. H─탈락은 높은 수준의 대중적인 인지를 얻어 온 유명한 비표준적 특징이다. '당신의 aitches 탈락'은 일반적으로 '교양 없고', '부주의하며', '게으르다'고 간주되고 비난 받는다. Wells(1982 : 254)에 의하면, H─탈락은 심지어 영국에서 단일하고 가장 강력한 발음 관습으로 보고 있다.

이러한 대중적인 주의에도 불구하고, H─탈락은 매우 일반적이다. H─탈락과 사회적 특징 사이에 밀접한 관계가 있기에, 이 특징은 영국 영어에 대한 사회언어학적 연구에서 자주 분석되어 왔고 이것은 사실 노동

계급 발화의 전형적인 표지로 간주될 수 있다. 게다가, H-탈락은 'Estuary English'와 관련해 자주 언급되는 특징들 중 하나이다. 'Estuary English'라는 용어는 지방색을 가장 두드러지게 드러내는 런던의 발화 코크니(Corkney)와 대런던 지역 발음의 표준형의 중간에 위치발화 변화를 부르는 말로 쓰인다. Estuary 영어의 발화자들은 단지 교양 없어 보인다는 이유 때문에 H-탈락을 피하도록 권장된다. 이러한 논리는 발음이 영어의 철자법과 일치하므로 [h-]를 정확히 사용함으로써 발화자의 교육수준이 명백하게 드러난다.

H-탈락은 언어학적인 순수한 관점에서 상당히 간단하며 문제가 되지 않는 것으로 가정할 수도 있다. 'H-탈락'이라는 이름이 암시하듯, 표준 강세에서는 /h/가 나타나는데 반해, house와 같은 단어 내의 /h/는 발음이 되지 않는다. 그러나 영어의 개별 지역적 변화를 더 깊이 들여다보면, 언어 과정으로서의 H-탈락이 더욱 복잡하고 항상 규칙적인 것이 아님이 분명하게 드러난다.

2. 통시적인 측면

언어학자들은 이러한 특징적 역사를 살펴왔으며 사실 H-탈락의 역사적 발달에 관한 다양한 시각이 있어왔다. 전통적인 시각에 따르면, H-탈락은 상대적으로 근래의 현상이다. Wyld는 그의 저서 '현대 구어 영어의 역사(History of Modern Colloquial English)'에서 다음과 같이 말하였다. "[…] 오늘날의 문법파격 [H-탈락]은 18세기 후반 이전에는 널리 퍼지지 않았던 것으로 보인다."(Wyld, 1936 : 296) 그는 중세 영어 문헌의 /h/

생략에 관하여 말한다. "노르만 필기사들은 영어 원고를 복사하는데 있어서 h- 사용이 매우 불규칙하다. 따라서 우리는 13세기에서 심지어 14세기 초에 이르기까지 여기저기서 발생하는 자모의 생략을 그렇게 중요시 할 수 없다."(Wyld, 1936 : 295)

H-탈락을 상당히 최근의 일로 간주하는 주된 이유는 이 특징이 미국 영어에서는 보통 발견되지 않는다는 사실과 연관되어 있다. 그러므로 H-탈락은 17세기, 18세기에 미국 대륙에서 영어가 확립된 이후에 영국 영어에서 널리 쓰이게 되었다고 추정된다. 그래서 Wells(1982)는 '영국의 혁신들' 장에서 H-탈락을 설명하였다. H-탈락이 미국 영어에서 발생하지 않는다는 사실은 또한 Oxford 학자인 T.K. Oliphant의 유명한 인용에 대한 배경이기도 하다. 그는 미국인들이 '자모 h'에 관하여 실수를 하지 않는 것에 대해 칭찬하고 영국인들의 발음을 비판하였다.

> 공평하게 말해서 나는 h를 탈락하거나 잘못 삽입하는 혐오스러운 습관에 대해 미국인들은 실수하지 않는다는 것을 인정해야 한다. 우리가 '자수성가한 사람'이라고 부르는 사람들은 이 끔찍한 무지를 더 좋아한다. […] 영국 젊은이들은 여생에서 전술한 자모의 올바른 사용보다 더 이로운 것을 발견할 수 없을 것이다(Oliphant, 1873 : 226).

Wyld는 H-탈락이 18세기 이후로 계속 널리 퍼졌다는 것을 지적하면서도 더 이른 시기의 예들을 제공한다. 그가 보여주는 H-탈락에 대한 가장 이른 예는 14세기 후반으로 거슬러 올라간다. 그러나 그에게 이 증거가 충분히 중요하지 않은 것 같다. H-탈락의 역사에 있어서 전통적인 시각은 특히 Milroy에 의해 문제시 되었다. 그의 공헌물인 '중세 영어 방언'이라고 이름 붙인 '영어의 캠브리지 역사(The cambridge History of the English Language)'에서 그는 사회적이고 문체적인 지표로서의 영어의 H-

탈락이 훨씬 오래됐다는 견해를 유지한다.

만약 언어학적 이형태가 매우 널리 퍼져있고 굳건히 확립되었다면 그 것은 그 언어 내에서 긴 역사를 가졌다고 가정하는 것이 합리적이다. Wyld 등에 의해 제시된 18세기 후반의 증거는 원래의 연대보다는 '문법 파격'으로 비난받게 된 연대를 지시하는 듯하다(Milroy, 1992 : 198).

지리언어학적 자료를 더 면밀히 관찰하기 전에 세기의 변환에 H-탈 락이 일반적으로 북부 몇 지역을 제외한 잉글랜드 전역에 걸쳐 일어났다 고 보는 것이 주목할 만하다. Joseph Wright는 그의 저서 '영어 방언 문 법 English Dialect Grammar'에서 "Shetland & Orkney Isles, Scotland, Ireland, Northumberland 그리고 아마도 북부 Durham과 북부 Cumberland 일부에서 또한 모음 앞 어두의 h가 남아있다. 잉글랜드의 다른 지방에서 는 사라졌다[…]"고 하였다(Wright, 1905 : 254).

3. 지리언어학적 측면

'영어 방언 연구(SED)'의 자료가 발간되었을 때, H-탈락이 아직은 그 리 일반적인 분포에 이르지 않았다는 것이 분명해졌다. SED는 최소한 전통 방언에서, 여전히 북쪽뿐만 아니라 East Anglia와 다른 여러 남부 지방에서의 [h-]의 존재를 기록했다. 방언지도나 교과서에 H-탈락에 대해 발행하였던 지도들은 언어학적 관점에서 볼 때 이 특징이 실로 간 단한 것임을 제안한다. 기본적으로, [h-]가 존재하거나 부재한다는 이분 적 대립이 있으므로 따라서 H-유지 지역과 H-탈락 지역이 존재한다. 게다가 어두의 [h-]가 여전히 유지되는 지역들은 명백히 한정되어 있다.

Upton / Widdowson의 '영어 방언 지도'로부터의 [지도 86]은 항목 'house'에 대한 이러한 명백한 H-탈락/H-유지의 분포를 보여준다. [h-]가 북쪽(Northumberland, Cumberland 그리고 Durham)뿐만 아니라 East Anglia(Norfolk, Suffolk 그리고 Essex)과 일부 남서쪽 군(Somerset, Wiltshire, Dorset)에서도 존재한다는 것을 볼 수 있다.

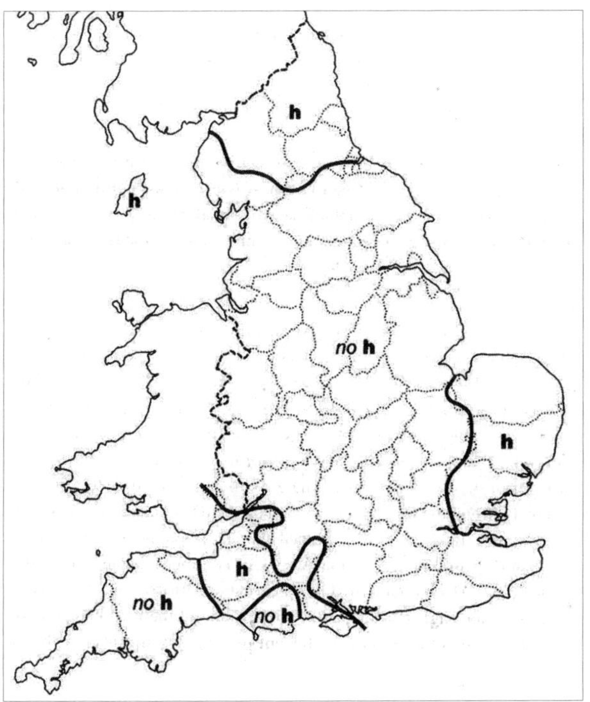

[지도 86] house(Upton / Widdowson, 2006 : 58)

필자의 연구 일부로서, SED로부터 더 많은 H-탈락 항목들이 측량되었을 뿐 아니라 분석되었다. 조사한 25개의 항목을 다음 표에 목록으로 제시한다.

[표 13] '영어 방언 조사'의 H-탈락

SED item	total number	[ø]	[h−]	[hi−+V] [hj−+V]	[j−]	[w−]	Maps
hand(Ⅵ.7.1)	325	248	77				LAE Ph220
horse(Ⅰ.6.5)	329	264	65				
harvest(Ⅱ.6.1)	307	258	49				
houses(Ⅴ.1.1.1)	309	237	72				
hundred(Ⅶ.1.15)	320	239	81				
holly-bush(Ⅳ.10.9)	311	236	75				
half(Ⅶ.5.4)	311	256	55				
hammer(Ⅰ.7.13)	309	234	75				
hames(Ⅰ.5.4)	311	229	36	12	34		AES M114
heifer(Ⅲ.1.5)	302	220	65		17		AES M308
hair(Ⅵ.2.1)	323	218	81		24		
herrings(Ⅳ.9.11)	316	203	71	3	39		AES M307
(too) hot(Ⅴ.6.8)	311	208	85	1	13	4	LAE Ph221
hear(Ⅵ.4.2)	326	195	7	55	69		AES M97
hearse(Ⅷ.5.9)	309	223	57	18	11		
home(Ⅷ.5.2)	328	210	14	9	27	68	
halter(Ⅰ.3.17)	301	231	70				
hay(Ⅱ.9.1.2)	323	238	85				
hoof(Ⅲ.4.10.1)	302	225	66	9	2		
hare(Ⅳ.5.10)	317	223	89	2	3		AES M318
hive(Ⅳ.8.8.1)	313	239	73				
head(Ⅵ.1.1)	364	208	86	1	69		AES M54
height(Ⅵ.10.9)	315	245	70				
how (many)(Ⅶ.8.11)	307	255	52				AES M22
holiday(Ⅷ.6.3)	303	229	74				

SED의 25개 항목에 대한 이 요약 지도는 H−탈락 / H−유지 지역 사이에 명백한 분리선이 없다는 것을 보여준다([지도 87]). 북, 동, 남쪽의 H

-유지 핵심지역은 분명히 드러나지만, 동시에 이 지역들에서 어두 [h-]가 더욱 낮은 빈도로 발생하는 인접 지역에 둘러싸여 있다는 것이 명백하다. 이것은 특히 잉글랜드 남부의 여러 지역성에 있어 사실이다. 이러한 분포는 H-탈락이 단지 지역적인 특징일 뿐 아니라 사회언어학적인 특징이라는 것을 분명히 밝힌다. 이러한 지역에서 [h-]는 말하자면, 발화자의 역할이나 발화 상황의 격식과 같은 다른 사회적 요소들에 의존하여 잠재적으로 존재한다. Trudgill에 의해서 광범하게 연구된 Norwich의 영어 변화는 이러한 사회언어학적 패턴을 따른다. Norwich가 분명히 지역적 관점에서는 H-유지 지역에 놓여있음에도 불구하고, 이 변화는 "사실 최소한 70년간 h-없이 지속되어 왔다"(Trudgill, 1983 : 77). Norwich에서 H-탈락은 노동자 계급 발화의 특징이다. 동시에, [h-]가 덜 격식적인 발화에서는 즉시 탈락되지만 만약 발화자가 그들의 발화 행동을 감시하고 '더 바르게' 말하고 싶어 한다면 [h-]는 유지된다.

게다가, SED 자료의 정량은 H-탈락이 사실 순수한 언어학적인 견지에서는 더욱 복잡할 수도 있다는 것을 드러냈다. 이분적 대립(단순한 [h-]의 존재 / 부재)은 다수의 항목, 즉 14개의 항목에서 찾을 수 있다. 하지만 동시에, [h-]가 어두 소리로 나타나는 구조적인 위치에서, 대개는 [j-], 가끔은 [w-]인 반모음으로 11개의 항목이 존재한다. 최소한 어떤 경우에서는, [j-]의 출현이 후행하는 전설모음에 연관된 것으로 보인다. 반모음 [j-]는 [h] 더하기 짧은 [ɪ] 혹은 [h] 더하기 [j]의 기원적인 조합에 바탕을 두었을지 모른다. 예를 들면 이것은 항목 hearse에 적용된다.

결과적으로, H-유지 즉 어두 소리로서 [j-]가 출현하는 것과 H-탈락 사이에는 밀접한 관계가 있다고 주장할 수 있다. 대부분의 항목에서 실제로 [j-]가 [h]-유지 지역에 인접한 지역에서 일어난다는 것을 볼 수 있다. 이러한 경우에 최소한, [-j]의 실현은 H-유지와 H-탈락 사

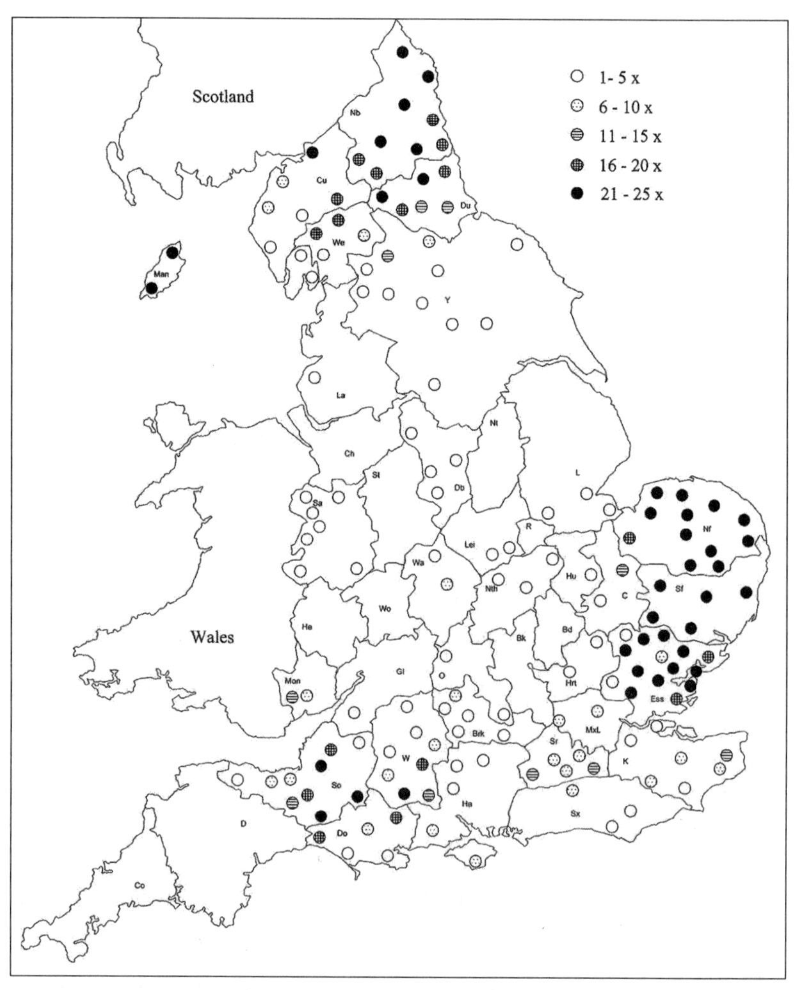

[지도 87] SED의 어두 [h-](25개 항목)

이의 과도기적 현상이라고 간주할 수 있다. 최소한 어떤 항목들에서
[j-]-실현은 H-탈락으로 향하는 중간 단계를 나타낸다는 역사적인
의미로도 동일한 과정이 사실로 생각될 수 있다. 그러므로 어두의 [j-]
가 단어의 초성을 반모음으로 표시할 잠재적인 H-탈락자들에 대한 절

충 형태인 것도 당연하다. 다른 말로, H-탈락자들은 [h-]의 생략을 보상하려고 노력한다. 음운 규칙은 [w-]가 후설 모음([표 13]에서 항목 home 참조)과 함께 발생하는 반면, [j-]는 전설모음과 협력하여 주로 사용된다는 것이다. 잉글랜드 방언에서 old의 발음이 [wəʊld]로 나는 것은 같은 종류의 경우이다. SED 제보자들의 의견도 어두에 위치한 반모음 [j-]의 항목들이 분리된 형태로 받아들여진다는 것과 더 오래되고 더 지역화된 형태인데, Ⅳ.9.11 herrings(So3, So8, So10 그리고 G17[jərɪŋz] '더 오래된'), Ⅵ.1.1. head(La14, Ch2, O3[jɛd] '더 오래된'), Ⅵ.2.1. hair(La14[jʊər] '더 오래된'), Sa2[jar] '더 오래된')로 설명된다는 것을 나타낸다.

마지막으로, 어두의 [h-] 위치에 [j-]가 나타나는 것이 현대 도시 방언에서 똑같이 발견된다는 점도 추가되어야 한다. Sheffield에서의 my head에 대한 지역 발음은 [mi jɛd](Foulkes / Docherty, 1997 : 77)이다. Cardiff 영어에서 단어 here and hear가 [jø](Foulkes / Docherty, 1997 : 192)로 발음되고 Guernsey 영어에서 here는 보통 철자로 'yer'가 되고 [jɪɚ]로 아마 실현될 것이다(Ramisch, 1989 : 105 참고). 동일한 철자 규약(어두 [j-]에 대하여 y-)과 이 특징에 대한 더 많은 증거를 'BBC 음성 프로젝트'의 어휘집에서 찾을 수 있다(http://www.bbc.co.uk/voicies/ 참고).

- Birmingham / Black Country : y'ed 'head'
- Devon : yaffer and yaws 'heifers and ewes', yerd tell 'heard, heard tell'
- Gloucestershire : yud 'head'
- Lancashire : yedmoster 'the headmaster' : North Yorkshire : yam 'home', yat 'hot'
- Somerset : yer 'here', yer tiz 'here it is', yer uz be 'here we are'
- Tyneside : gannnin yem 'I'm going home'

4. 결론

영어의 다양한 H-탈락에 대한 분석은 이러한 특징이 여러 방면으로 주목할 만하다는 것을 보여주었다. 단일-항목 지도를 봄으로써 이 특징의 지역적 분포를 조사하고 H-유지와 H-탈락 지역 사이를 구별하는 것이 확실히 가능하다. 그러나 다량의 항목에 대한 정량화는 이 경계선들이 심지어 전통적인 방언에서도 훨씬 덜 명확하다는 것을 보여준다. 지리언어학상의 전체적인 그림은 H-탈락이 단지 지역적인 특성인 것이 아니라 사회언어학적인 특성이기도 하다는 사실에 의해 분명히 복잡한 것이다. 영어 방언에서 흔히 있는 일이지만, 지리학적인 요소와 사회적인 요소 사이에 밀접한 내적 관련이 있다. 덧붙여서, 양적 분석은 이 특징 자체가 순수한 언어학적 견지에서 볼 때 단순하지 않다는 것을 보였다. 연구 결과는 H-탈락이 반드시 이분적 특징([h-]의 부재 혹은 존재)이 아니라는 것을 보여준다. 많은 다양화에서, 어두 위치의 [h-] 자리를 반모음([j-], [w-])으로 채우는 경우에 특히, 이 상황은 다양한 실현들로 더욱 복잡하다. 이러한 발견들을 기초로 하여, 지리언어학 자료가 변화와 한 언어에 대한 역사에 놀라운 통찰력을 빈번하게 제공한다는 점에서 H-탈락이 그 이상의 예시로서 기능할 수 있고, 우리의 (사회)언어학적 변화에 대한 지식을 진전시킬 수 있다.

카탈로니아 지리언어학과 새로운 기술 절차

마리아 필라 페리(Maria-Pilar Perea)

1. 소개

오늘날 새 기술들은 연구자들의 방언 자료 처리에 대해 새로운 방법을 적용할 수 있도록 돕고 있다. 이러한 기술들은 여러 목적을 달성하는 데 유용하다. 예를 들어, 자료 수집 단계에서, 노트북은 오디오 테이프 혹은 비디오 녹화 인터뷰를 대체해 왔으며, 자료는 쉽게 저장되고 처리될 수 있다. 게다가, 이제 질문들의 세트는 다양한 결과를 얻기 위하여 쓰일 수 있는 소리 혹은 그림의 아카이브를 이룬다.

자료 처리 단계에서, 표준 데이터베이스는 방언 자료들을 체계화하고 처리하는 유용한 도구를 제공하며 그것은 결과물들에 대한 발표에서뿐만 아니라 종이 형식 혹은 자동화된 지도제작법에서도 도움이 된다. 자동화된 지도제작법 또한 대량의 자료를 제시하는데 바람직한 방법이다.

이것은 주어진 공간 안에서 자료 설명을 더 쉽게 만드는 쌍방향 도구를 제공한다.

방언학은 최소한 두 가지 측면을 갖는다. a) 현재의 언어 변화를 확인하기 위한 새 자료를 모으는 것 그리고 b) 언어 변화 연구를 촉진하여 그러한 자료를 오늘날의 결과물과 비교하는 새로운 기회들을 창조하기 위하여 이전의 자료를 복구하는 것이다. 그러한 견지에서 이 글의 주요 목표는 자료에 대한 지도 제작적 표현을 향상시키기 위해 여러 기술들을 다양한 종류의 방언 자료에 적용하는 것을 보이는 것이다. 카탈로니아어 자료에 있어서 지도화는 두 유형의 자료에 적용되어 왔다. a) ECOD 프로젝트에 의해 행해진 조사로부터 취한 최근의 자료들(Clua, Lloret & Perea 2006 참고), 그리고 b) Antoni M. Alcover에 의해 대략 1세기 전에 카탈로니아어 동사 형태의 완전한 말뭉치인 La flexió verbal en els dialectes catalans(동사 활용)에서 모아진 이전의 자료들이다. 우리는 이전의 방언 자료에 적용된 새로운 자원을 제시한다. (1) 거의 50만 개의 동사 형태에 방언측정적 계산을 사용하는 것과 (2) 음성 합성을 통하여 형태론적 형태의 음성적 소리를 복구하는 것이다. 공간뿐 아니라 시간에 관하여 언급하면서, 우리는 언어 표시의 두 축을 사용한다. 그리고 언어 변화 때문에 공간에서의 단어들의 표시는 층으로 겹쳐진다. 그러한 이유로 우리는 '방언 층 그림'에 관해 이야기할 수 있다.

2. 이전 방언 자료들을 이용하기

카탈로니아어의 방언 지도는 1964년에 Antoni Griera가 만든 Atlas

Lingüístic de Catalunya 가 처음이다. 60년 전에, 카탈로니아 방언의 아버지인 Antoni M. Alcover가 서로 다른 지역의 어휘적, 음성적, 형태적, 통사적 특이성을 모으기 위하여 언어 조사를 시작했다. 그러나 그의 주된 목표는 방언 지도를 만드는 것이 아니라, 사전(Diccionari català-valencià-balear, DCVB, 1930~1962)을 만드는 것이었는데, 이것은 Francesc de B.Moll의 공저로 완성되었다(Perea, 2004 참조). 그 결과, 어휘 정보를 모았던 조사들은 지도가 되기 위해 계획된 것이 아니라 10권의 엄청난 사전 편집상의 작업물을 만들기 위해 계획되었다. 이것은 인터넷에서 참고할 수 있다(http://dcvb.iecat.net/).

오늘날, Alcover의 조사에서 두 종류의 자료가 재발견되었다. 우리는 65권의 공책에서 방언 정보(소위 Quaderns de camp, Perea, 2006 참고) 그리고 La flexió verbal en els dialectes catalans(Perea, 2005 참고)의 동사 형태들을 좀 더 상세하게 살펴볼 것이다. 후자의 작업에서 동사 형태론의 체계적인 제시가 다음을 가능하게 만들었다. a) 자료를 방언 측정적으로 분석하기 위하여 양적 접근을 적용하는 것, 그리고 b) 음성 전사의 소리를 복원하는 것이다.

1) 카탈로니아어 형태론적 동사 자료의 사용(La flexió verbal en els dialectes catalans)

앞선 발표에서, 우리는 동사 활용의 몇몇 특징에 관하여 이야기하였다. Alcover는 그의 조사를 1906년에 시작하였다. 그의 방법론은 여러 가지 기록에서 서술되었다. 조사의 초기 단계에서 Alcover는(남성과 여성 간에 구별을 두지 않고), 언어의 가장 순종 형태를 발화할 수 있는 나이든 제보자들을 찾으며 방언학의 전통적인 방법들을 적용하였다. 질문지는 몹시 까다로웠다. 피실험자들은 77개 이상 동사의 완전한 활용을 제시해야 했다. 방언학자는 자신의 마음을 바꾸어 10살에서 14살 사이의 어린 피실험자들을 연구해야 했다. Alcover는 어린이들과 청소년들이 언어학적 편견에서 자유롭다고 말함으로써 이러한 변화를 정당화하였다. 피실험자들은 4개 혹은 6개의 그룹 안에서 질문 받았다.

조사의 마지막 해인 1928년에, 그의 협력자인 Francesc de B.Moll가 현장수첩에 포함된 모든 자료를 정리하고, 모으고, 처리하는 작업을 시작하였다. 그는 자료가 출판에 적합하도록 이 정보에 대한 표시를 수정하였다. 목적은 개별 현장에 숫자를 부여하고 개별 동사에 대해 사람들의 어미를 정서법적이고 음성적인 표현으로 각각 기록해서, 이 막대한 정보를 종합하는 것이었다. 참고 형태는 부정사이나 어떤 두 번째 활용 동사들은 동사의 원형을 참고형태로 취했다.

Moll에 의해 실행된 순서 정리는 무척 귀중한 것이었다. 순서 정리는 연구자들에게 단지 368쪽 안에 매우 큰 자료의 세트(40만 개 동사 형태)를 참조할 기회를 제공하였다. 그러나 자료를 검색하기 쉽지 않았다는 것과 사실 과도한 단순화가 독자들로 하여금 그 모든 가능성들을 이용하기 어렵게 했다는 점은 사실이다. 새로운 전산화된 표시가 이러한 실질적인 곤란을 극복하였다.

동사 활용이 본래는 언어 지도로 착상되지 않았음에도 불구하고―아마도 그렇게 방대한 양의 자료에 의해 나타나는 기호논리학의 곤란 때문에―이러한 형태론적 연구의 자료는 전산화된 언어지도를 만들기 위한 말뭉치를 이룬다. 2000년도에, 발레아레스 정부(Balearic Government)가 후원한 프로젝트가 컴퓨터 제작 프로그램을 개발하기 위해 이 자료를 사용하였다. 2001년에 발간된 CD-ROM, La flexió verbal en els dialectes catalans d'A. M. Alcover i F. de B. Moll. Les dades i els mapes는 두 개의 컴퓨터 프로그램을 포함한다(La flexió verbal en els dialectes catalans(데이터 베이스) Les dades i els mapes de La flexió verbal(화면상에 지도를 설계하는 프로그램)). 2005년에 새 CD-ROM 버전이 윈도우즈 버전들(97, 2000, 밀레니엄, XP)의 계속되는 업데이트에 의해 발생하는 비양립성과 시각화의 문제들을 피하기 위하여 편집되었다.

사실, 470,225개의 동사 형태를 처리하는 유일한 방법은 전산화된 기술을 적용하는 것이다. 만약 우리가 개별 동사가 지닌 동사 형태의 총수(55)와 연구한 동사의 총수(117)를 곱하면 가능한 지도의 수는 6,000개를 넘는다. 이는 말뭉치의 전통적 언어지도가 필요로 하는 쪽수이다. 전통적인 방언 지도를 만드는 것은 오늘날 그 차원과 비용 그리고 그러한 작업이 필요로 하는 시간 때문에 불가능하다. 전산화된 프로그램을 사용함으로써 사용자는 형태론적 지도를 보충하기 위하여—일반적인, 혹은 방언 지역에 따라—자신만의 지도 세트를 기획할 수 있다.

자동화된 지도제작에 더하여, 동사 활용은 두 개의 새로운 절차를 사용할 수 있다. 그것은 방언측정과 음성 합성이다.

(1) 방언측정

언어지리학의 최종 목적은 방언 지도를 제작하는 것이다. 지도위에서 방언 분류의 단위는 등어선의 개념이다. La flexió verbal의 각 6,000장의 지도에서 특정한 형태론적 모양의 끝과 처음을 보여주거나, 동일한 결과가 겹치는 지역을 보여주는 방언 경계를 그리는 것이 가능하다. 문제는 이러한 결과가 실제 상황의 단 한 광경만 제공한다는 것이다. 언어지리학에서 자료 전체 대부분에 대한 동시적인 연구는 가능하지 않다. 그러나 방언측정은 언어학적 실재를 전체적이고 종합적인 견지에서 분석하며, 개별 자료의 특이성에 의한 문제들은 회피한다(Goebl, 2003 : 61). 이 방법론은 또한 내적인 배치와 직접적인 관찰을 확인할 수 없는 언어 자료로부터의 구조를 강조한다. 양적 방법을 통하여, 이것은 피상적인 구조로부터 얻어지는 깊숙한 구조를 노출시킨다(Goebl, 2003 : 61).

완전하며 체계적인 La flexió verbal의 형태적 말뭉치는 방언측정적 분석의 적용을 촉진시킨다. 이 방법은 측정, 요약, 자료의 단순화에 의해 해설적인 지도를 제작할 것이다. 방언측정적 분석은 또한, 방언 분류의 기본 단위로서의 등어선의 개념이 언어적 거리의 개념으로 대체됨으로써 방언 지역을 분류하는 데도 유용하다. 등어선은 언어 지도에서 주어진 자질의 존재 혹은 부재하는 사이의 한계를 표시하는 이상적인 선으로 이해된다. 언어적 거리는 두 지역 방언의 언어학적 실현 사이의 유사성의 정량화와 관계된다.

동사 활용의 경험적이고 지도제작적인 준비의 첫 단계는 들로네-보로노이(Delaunay-Voronoi) 지리학의 원칙을 적용하여 Thiessen 다각형을 구성하는 것이었다. 이후 방언측정적 방법을 동사 활용의 자료에 사용하는 것은 전산화된 처리를 요구한다. 다음으로, 자료를 분류하거나 부호화하기 위하여, Alcover의 (마이크로소프트 액세스 내) 원본 데이터베이스의 자료들을 적용시키는 절차가 시작된다.

번호 부호화 이후에, 그 다음 절차가 잘츠부르크(Salzburg) 대학교에서 실행된다. Goebl 박사의 추출 방법을 사용했다. 말하자면, 그는 앞서 언급한 할당된 숫자들의 일부를 포함하는 더 작은 데이터베이스를 구축했다. 이 하위 데이터베이스 결과물은 VDM 프로그램으로 합쳐진다. Edgar Haimerl에 의해 제작된 분류측정, 제도제작 프로그램인 VDM은 사용자들에게 일련의 방식들과 알고리즘을 제공하여서, 사용자들로 하여금 그들의 자료가 가진 매우 특징적인 면들을 분석할 수 있도록 하는 도구 상자이다(프로그램 특성과 소프트웨어 전개를 관하여 http://ald.sgb.ac.at/를 참조).

VDM 프로그램은 자료 행렬로부터 방법상의 일련의 계산을 유사성과 거리 행렬로 인정한다. 이 프로그램은 또한 클릭 한번으로 개별 유사성 행렬에 저장된 모든 다른 유사성 데이터를 즉시 시각화한다. 유사성 행렬에 대한 개요의 평가가 가능하고(즉 최소, 최대, 중수, 표준 편차, 비대칭도) 다른 유형의 지도(유사성 윤곽, 벌집 지도, 들보(beam) 지도, 클러스터 분석 수형도)를 표시할 수 있다([지도 88] 참조).

방언측정은 자료를 전체적으로만 다루는 것이 아니라—지도들의 개별적 표시만 가지고서는 불가능한 것—형태론적 시점에서 카탈로니아어의 주 방언과 하위 방언들을 결정하고 객관적으로 분류하는 것 또한 가능하게 한다. 게다가 클러스터 분석은, 통시적 해석을 가지고, 유례없고 변화가 없는 언어 단계의 존재에 대한 증거, 혹은 몇 학자들에 의해 옹호되는 카탈로니아어가 방언적 이중 분화(동쪽 그리고 남쪽)에 의해 생겼다는 가설에 대한 증거를 제공할 수 있다.

(2) 음성 합성

동사 활용의 자료로부터 최대의 효율을 얻기 위하여, 발레아레스 정부(Balearic Government)는 음성 합성 기술을 이용한 실험을 지원해왔다. 해당 말뭉치는 각 기록에 대한 음성적 전사를 합치므로, 음성 합성을 하는 프로그램, 즉, 동사 활용의 데이터베이스를 이용하여 각 기록에 대응하는 소리 연속물을 자동적으로 낭독하는 프로그램을 개발하는 것은 불가능한 것이 아니다. 이 낭독은—약 4,000개 음절에 대한 여러 명의 제보자들의 발음에서 얻은—일련의 음성적 부호가 언어 사용자들에게 이해 가능한 음향적 신호로 변형되는 것을 필요로 한다. 이 목적을 달성하기 위하여, 음성 신호는 각각의 동사 형태에 대응하는 소리를 지지해야만 하며, 최종 산출물은 합성된 목소리의 생성으로 이것은 사용자의 요구에 따라 남성 혹은 여성의 목소리가 될 수 있다. 결과물을 나타내기 위하여, 합성된 소리연속은 자동적으로 생성된 각 지도에 나타나는 음성적 실현들에 따라 놓인다([지도 89] 참조). 결과물을 선정할 때에, 주어진 검색의 기능으로서, 개별 기록은 대응하는 소리 연속을 획득하기 위하여 활성화될 수 있다. 따라서 합성된 목소리로 제작된 여러 소리 지도가 생성된다.

이 프로젝트의 이점은 네 가지이다. 첫째로, 이 프로젝트는 백년도 더 전에 조사한 제보자들의 어투를 재창조하거나 재구성하는 음성 합성의 사용을 포함한다. 카탈로니아어가 20세기의 중후반까지도 방언 조사로부터의 소리 등록사항이 없었다는 것에 주의할 필요가 있다. 둘째로, 자료의 수명에도 불구하고, 자료가 통시적 유형론에 대한 비교 연구를 가능하게 하며, 새로운 적용은 사용자와 프로그램 사이의 상호작용을 촉진시킨다. 게다가, 교육적 견지에서, 이 프로젝트는 표준어에서 멀리 떨어진 방언 변화에 대한 지식과 유념을 장려한다. 그리고 이제는 사라진 동사 형태들을 분석하는 것을 가능케 한다. 마지막으로, 이 프로젝트는 다양한 특징을 가진 방언 자료를 처리하는 개선된 도구의 창작을 포함하는데, 그 결과물은 유사한 기술을 요구하는 다른 컴퓨터 응용 소프트웨어에 적용될 수 있다.

2) 통시적 자료를 가지는 역동적인 지도제작 : 방언 층 그림

다른 언어에서 그렇듯이, 카탈로니아 방언에서도 어휘의 '동시대의 다른 지역적(diatopic)' 변화가 공존하다. 다른 어원을 가지고 있다고 해도 다른 단어가 동일한 의미체를 지시할 수 있다(예를 들어 arena 대 sorra [모래],

anyell 대 corder [양], enemic 대 padrastre [거스러미]). 더욱이, 이들은 다른 지리
학적 지역으로 확장될 뿐 아니라 다른 시간대에도 나타날 수 있다.

동시대의 다른 지역적(Diatopic) 변화는 두 단어에만 영향을 미치는 것
이 아니다. 가끔은 네 개 혹은 그 이상의 단어들이 함께 생존할 수 있다.
예를 들어, 'ham'은 카탈로니아어로 최소한 네 단어로 지시될 수 있는데
―'cuixot', 'pernil', 'bacó', 'perna'―이들은 지리적 구역과 시기에 따라
사용되었다.

오늘날, 카탈로니아어 사용자는 Majorca에서 사용되는 단어 'atlot'(소
년)이 Valencian 단어 'xiquet'이나 카탈로니아 단어 'nen'과 동일한 의미
를 가지고 있다는 것을 지적한다. 이러한 자료를 지도에 공시적으로 붙
잡아 두는 것은 큰 문제를 나타내는 것은 아니다. 그러나 역사적인 특성
에 대한 자료에서 발생할 경우 어원학적인 시각에서 카탈로니아어를 보
면―잠정적으로, 언어의 기원으로부터의 문헌적 그리고 비문헌적인 기록
에 대한 접근의 부재 때문에―어떤 단어를 연대순으로 첫 번째 사용과
그 지리적 위치를 결정하는 것이 가능하다. Colón 연구(1989 : 283~296)
덕분에, 예를 들어 우리는 단어 'enemic'이 16세기부터 카탈로니아뿐 아
니라 Aragon과 Navarra 지역에서도 손톱 주변에 형성된 작고 성가신 피
부조각(거스러미)을 지시했다는 것을 안다. Portugal과 Castile에서도 그렇
듯, Balearic Islands와 Valencia에서는 대조적으로, 19세기부터 이 성가신
피부조각이 'padrastre'라고 불리었다. 카탈로니아어에서 'enemic'과
'padrastre'는 'reveizí'(19세기), 'repèl'(19세기), 'repeló'(20세기), 가끔은 학구
적인 단어인 'cutícula'로 대체되었다. 어떻게 이러한 시공간적인 변화가
지도제작상으로 반영될 수 있을 것인가?

발레아레스 정부(Balearic Governmnet)의 후원 아래 Germán Colón의 공
동연구로 실행된 '방언 층 그림' 프로젝트는 역사적 어휘의 지도제작화

에 초점을 둔다. 이것은 동시대의 다른 지역적(diatopic) 변화를 보이는 50개 이상의 단어 중 한 예가 경험한 발전을 지도제작적으로 표시하는 동시에 시간과 공간 축을 보여준다. 이 프로젝트는 비록 그 결과물이 대략적임에도 성문 문헌의 가장 이른 시기에서부터 시작하여 단어들의 지리적인 위치와 단어들의 시간에 걸친 형식적이고 의미적인 진행을 보여준다.

방법론적 관점에서 많은 역동적인 지도들이 제작되어 왔다. 지도들은 a) 단어의 근원에서부터 시작하여 단어(혹은 단어들)의 위치를 허가하고, b) 세기의 변화에 걸친 진전을 보여주고 c) 지리적 분포를 관찰하는 것을 가능하게 하는 연대순의 축을 갖는다.

지질학에서 층 그림의 개념은 겹쳐진 층들을 포함한다. 이러한 겹침은 방언 층 그림에서 가능하지만 항상 발생하는 것은 아니다. 다른 색을 가진 또 다른 층에 의해 한 색깔의 층이 대체되도록 이르는 것이 이 경우에는 그리 간단하지 않다. 때로는, 한 단어가 완전히 다른 단어를 대체하지 못하고, 오히려 단어 두 개가 같은 지역에서 공존한다. 그러한 경우에 우리는 두개의 다른 색깔이 혼합된 결과를 그 색깔로 갖는 층의 사용을 선택한다. 그 층은 동일한 지리적 구역에서 답변의 양면성을 보여준다(14세기 이전 Valencia와 Roussillon의 cucal 대 cornella '까마귀'). 자료가 특정한 지리적 지점에서 이루어진 조사로부터 나온 것이 아니므로 방언 지역은 카탈로니아의 여섯 개의 주요 방언(Rossellonès, 동부 카탈로니아어, 서부 카탈로니아어, Valencian, Balearic 그리고 Alguerès)과 관련되어 있다. 가끔, 단어들의 분포에 의존하여 더 작은 지리적 구역들이 결정되었거나 혹은 일정한 마을(예를 들어, Valencia의 Vall d'Albaida 혹은 Aragon의 동쪽 가장자리)로 단어들이 한정된 경우도 있었다.

3. 결론

음성 합성, 방언측정과 방언 층 그림은 언어학적 자료에 적용중인 새로운 방법들의 세 가지 예에 불과하다. 이 경우에 이들이 이전의 자료에 사용되어 왔으나, 이 세 가지 절차는 다른 종류의 자료에도 적응시킬 수 있다. 오늘날의 기록을 가지고 새로운 기술 또한 전개될 수 있다. 음성인식은 구어 기록의 음성적, 정서법적인 전사를 더 쉽게 만들 것이며, 아마 그리 멀지 않은 미래에 우리는 그 절차를 발전시켜 도구를 제시할 수 있을 것이다.

[부 록]

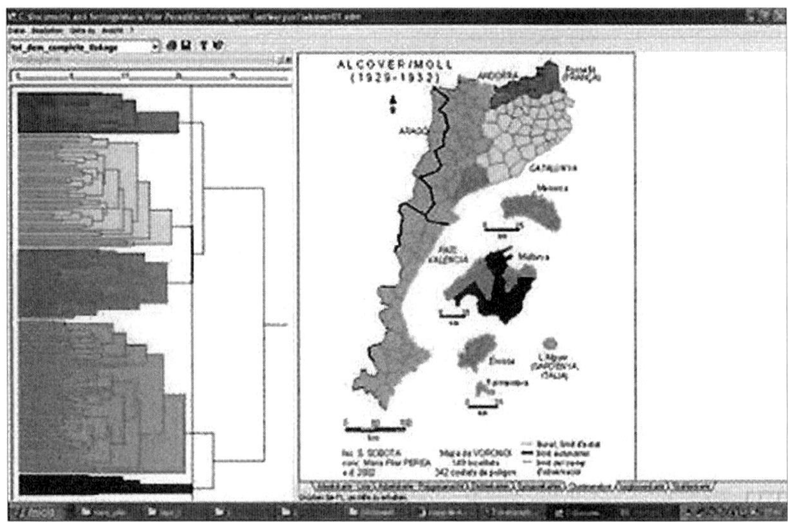

[지도 88] 방언측정 : 동사 활용의 수형도 제시

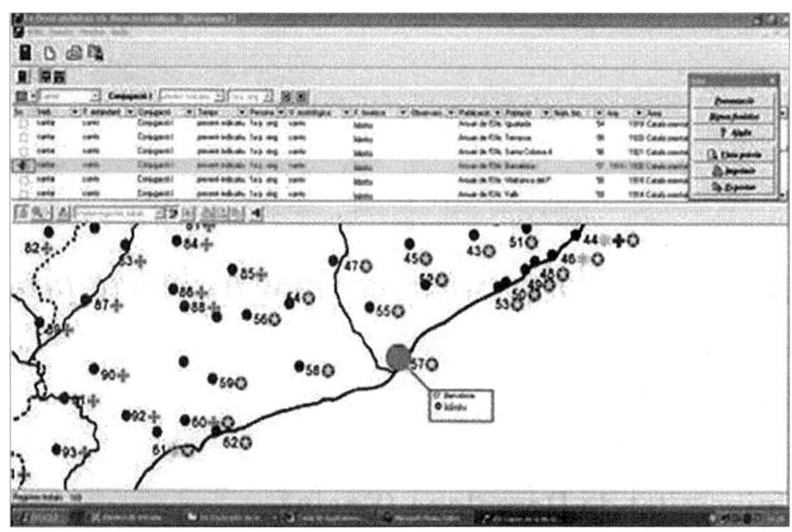

[지도 89] 동사 활용에 음성 합성을 적용하기

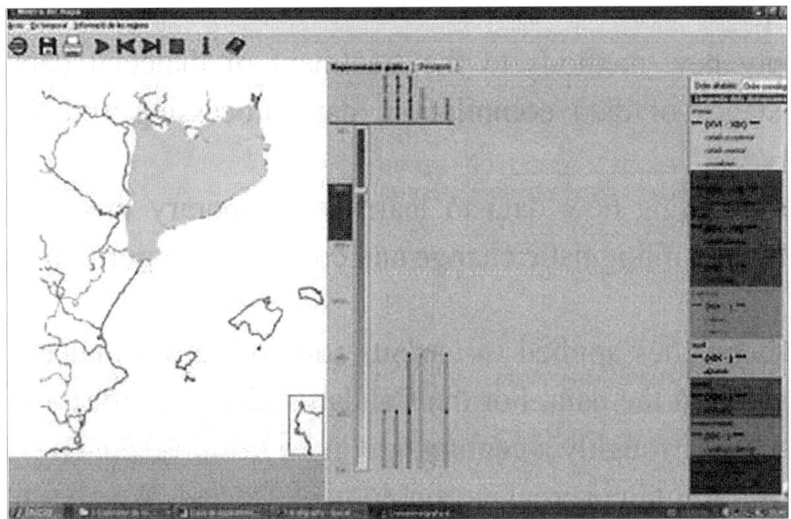

[지도 90] 방언 층 그림 : 14세기의 카탈로니아 단어 'repeló'(거스러미)

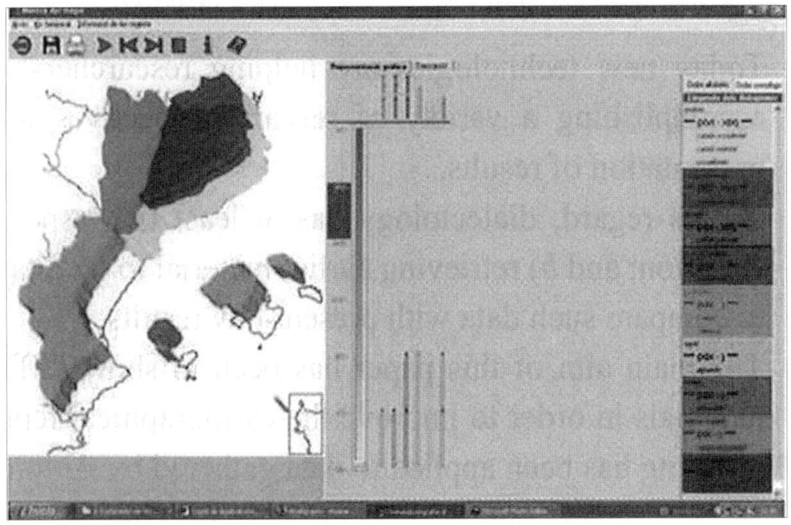

[지도 91] 방언 층 그림 : 'repeló'(거스러미)의 연대순 전개

참고문헌

■ 언어지도 유형과 제작 기법

곽충구, 「왕겨의 방언형들의 지리적 분포와 그 비교연구」, 『개신어문연구』 2, 1982.

김덕호, 『경북방언의 지리언어학』, 월인, 2001.

김덕호, 「언어지도와 제작 기법」, 경북대 지역어 연구회, 2004.

김덕호, 「언어지도 유형과 제작 기법의 진화」, 『대구대 지역어 연구소 학술발표대
　　　회 논문집』, 대구대 지역어 연구소, 2005.

김병제, 『조선언어지리학시고』, 평양 : 과학백과사전종합출판사, 1988.

김충회, 『충청북도의 언어지리학』, 인하대 출판부, 1992.

방언연구회 간, 『방언학 사전』, 태학사, 2001.

이익섭, 「한국방언연구의 방향」, 『어학연구』 14-1, 서울대 어학연구소, 1978.

이익섭, 『방언학』, 민음사, 1984.

이상규, 『방언학』, 학연사, 1994.

이상규·김덕호·강병주, 『언어지도의 미래』, 한국문화사, 2006.

한국정신문화연구원, 『한국방언자료집 I -IX』, 1987~1995.

Asher et al.(eds), *The Enclopedia of Language and Linguistics*, Oxford : Pergomon
　　　Press, 1994.

카와치 히데키(河內秀樹), 「音聲言語研究室」(http://dialect-labo.hp.infoseek.co.jp/), 2002.

키시에 신스케(岸江信介), 「음성언어지도를 바탕으로 한 언어 연구의 방향」, 지역
　　　어연구회 특별 초청 강연회, 2005. 2.

■ '통합적' 방언 구획 방법론

김덕호, 「전산처리에 의한 언어지도 작성에 대하여」, 『내일을 위한 방언연구』, 경
　　　북대 출판부, 1996.

김덕호, 「경북방언의 지리언어학적 연구」, 경북대 박사논문, 1997.

김충회, 『忠淸北道의 言語地理學』, 인하대학교 출판부, 1992.

김택구, 「경상남도 방언의 지리적 분화에 관한 연구」, 건국대 박사논문, 1991.

이기갑, 『전라남도의 언어지리』, 탑출판사, 1986.

이기백, 「경상북도의 방언구획」, 『동서문화』 3, 계명대, 1969.

이상규, 『방언학』, 학연사, 1995.

이익섭, 『嶺東嶺西의 言語分化』, 서울대학교출판부, 1981.

이희연, 『地圖學－主題圖 제작의 원리와 기법』, 법문사, 1995.

정 철, 「동남지역어의 하위방언구획 연구」, 『어문론총』 31호, 경북어문학회, 1997.

천시권, 「경북 지방의 방언구획」, 『어문학』 13, 1965.

최명옥, 「경상도의 방언구획시론」, 『우리말 연구』(권재선박사기념논문집), 우골탑, 1994.

한영균, 「방언의 지리언어학적 연구와 언어지도에 대하여」, 『국어생활』 5, 1986.

Carver, C.M., *American Regional Dialects —a word geography*, University of Michigan press, Ann Arbor, 1987.

Chamber, J.K. & Trudgill, P., *Dialectology*, Chambridge Univ., Press, 1980.

Séguy, J., "Les atlas liguistique de la France par Régions", *Langue Francais* 18, 1973.

■ 언어 전파의 계측 방법

김덕호, 「어두 ㅅ 비경음 실현 지역의 지리언어학적 고찰」, 『어문론총』 27, 경북어문학회, 1993.

김덕호, 「경북방언의 지리언어학적 연구」, 경북대 박사논문, 1997.

김영배, 「語彙統計學으로 본 平安方言과 咸鏡方言」, 『玄平孝博士回甲紀念論叢』, 1980.

김영배, 『평안방언연구』, 서울 : 동국대 출판부, 1984.

김영송, 「경남방언의 음운」, 『국어국문학』 22, 1960.

김영송, 「경남방언의 음운」, 『국어국문학지』 4, 부산대, 1963.

김영송, 『국어방언학』, 서울 : 형설출판사, 1974.

노웅희·박병석, 『교실밖 지리여행』, 사계절, 1996.

신승원, 「경북 의성지역어의 음운론적 분화 연구」, 영남대 박사논문, 1996.

이상규 譯, 『방언 연구 방법론』, 형설출판사, 1988.

이상규, 『방언학』, 서울 : 학연사, 1995.

이익섭, 『方言學』, 서울 : 민음사, 1984.

李 燦, 『韓國의 古地圖』, 서울 : 汎友, 1991.

정 철, 「동남지역어의 하위방언구획 연구」, 『어문론총』 31, 경북어문학회, 1997.

최명옥, 『慶北 東海岸 方言硏究』, 영남대 출판부, 1980.

최영준, 『嶺南大路-韓國古道路의 歷史地理的 硏究-』, 高大民族文化硏究所 出版部,
        1990.

한국정신문화연구원, 『한국방언자료집』Ⅷ(경상남도 편), 1993.

한영균, 「방언의 지리언어학적 연구와 언어지도에 대하여」, 『국어생활』 5, 1986.

영천시, 『영천통계연감』, 영천시청, 1996.

포항시, 『포항통계연감』, 포항시청, 1996.

경상북도, 『경북통계연감』, 경상북도청, 1960~1997.

Chamber, J.K. & Trudgill, P., *Dialectology*, Chambridge Univ., Press, 1980.

井上史雄(2003), 『日本語は年速一キロで動く』, 講談社現代新書 1672, 김순임 역(2008),
        『일본어는 연속 1킬로미터고 움직인다』, 박이정.

高橋顯志, 上流の方言 / 下流の方言, 『言語』 vol.22 No.9, 大修館書店, 1993.

梅田博之, 朝鮮語諸方言の基礎語彙統計學的硏究, 『朝鮮學報』 第27輯, 1963.

服部四郎, 言語年代學卽ち語彙統計學の方法について, 『言語學の方法』, 1954.

眞田信治, 『地域言語の社會言語學的硏究』 和泉書院, 1990.

■일본 언어지도의 작성

W.A. グロ-タ-ス(1976) 『日本の方言地理學のために』(平凡社) [Grootaers, W.A. 1976.
        For the Japanese Dialectal Geography.]

國語調査委員會(1905) 『音韻分布図』 [Language Research Commission. 1905 *Phonetic
        Dialect Atlas*.]

國語調査委員會(1906) 『口語法分布図』 [Language Research Commission. 1906 *Grammatical
        Dialect Atlas*.]

小林隆(1990) 「方言地図の方法について-柴田武氏 「書評 國立國語硏究所編 『方言文法
        全國地図1』を讀んで-」 『國語學』 163 [Kobayashi, Takashi. 1990 On the

Methodology of Dialectal Maps. Kokugogaku 163]

佐藤亮一(1990) 「『方言文法全國地図・第一集』を刊し行て-その特徴と問題点」『玉藻』25 [Sato, Ryoichi. 1990 Publishing Grammar Atlas Japanese Dialects vol.1. Tamamo 25]

柴田武(1969) 『言語地理學の方法』(筑摩書房) [Sibata, Takeshi. 1969 *Methods in Linguistic Geography*.]

柴田武(1988-1995) 『糸魚川言語地図』(秋山書店) [Sibata, Takeshi. 1988-1995 *Linguistic Atlas of Itoigawa*.]

德川宗賢(1993) 『方言地理學の展開』(ひつじ書房) [Tokugawa, Munemasa. 1993 *Development of Dialect Geography*.]

馬瀬良雄(1992) 『言語地理學研究』(桜楓社) [Mase Yoshio. 1992 *Studies in Japanese Linguistic Geography*.]

柳田國男(1930) 『蝸牛考』(刀江書院) [Yanagita, Kunio. 1930 '*Kagyuukoo*' *On the Lexicon of snail*.]

■중국어의 지리언어학(1) : 역사와 현상태

曹志耘 2004. 「地理言語言学及其在中國的発展」, 曹志耘編『漢語語言学文萃：方言卷』, 北京語言大学出版杜, 1-18.

趙元任 1928. 『現代吳語的研究』, 清華挐学校研究院叢書第四種.

趙元任, 丁聲樹, 楊時逢, 吳宗濟, 董同龢 1948. 『湖北方言調査報告』, 中央研究院歴史語言研究祈.

Chinese Academy of Social Sciences and Australian Academy of Humanities. 1987. Language Atlas of China(中國語言地図集). Lengman(朗文), HongKong.

Grootaers, Willem(グローダース). 1994. 『中國の方言地理學のために, 好文出版 (岩田礼・橋爪正子共訳).

Grootaers, Willem(賀登崧). 2003. 『漢語方言地理学』, 上海教育出版社 (石汝傑・岩田礼共訳).

Hayashi, Tomo(林智). 2005. "Introduction to the PHD System". Progressive Report. Vol.1, Grant-in-Aid for Scientific Research (B), 2004-2006, Director：Ray Iwata, Linguistic geography Chinese Dialects by Use of a Newly Developed Computer system "PHD", 8-24.

河北省昌黎県県志編纂委員会・中國社会科学院語言研究所合編 1960. 『昌黎方言志』, 上海教育出版社.

Iwata, Ray. 1995. "Linguistic Geography of Chinese Dialects-Project on Han Dialects (PHD)-" Cahiers de Linguistique Asie Orientale, Vol.24-2, EHESS-CRLAO, Paris, 195-227.

Iwata, Ray(岩田礼). 2005. "Linguistic Geography of Chinese Dialects by use of a Newly Developed Computer System "PHD" - History, aim and some controversial issues-", Progressive Report, Vol.1, Grant-in-Aid for Scientific Research (B), 2004-2006.

岩田札 1992. (漢語諸方言の言語地理学的研究-PHD(Project on Han Dialects)の概要と結果」『日本方言研究会第55回研究發表会予稿集』, 27-36.

岩田札 2002. 「世界の方言地理学・中國」 馬瀬良雄監修・左藏藤亮-他編『方言地理学の課題』, 明治書院, 117-126.

岩田札・太田斎共編 2007. 『方言地図及其解釋(中文版)』, 平成 16-18 年度科学研究費基盤研究(B)研究成果報告書"中國語方言の言語地理学的研究-新システムによる『漢語方言地図集』の作成" 第3分冊.

李榮 1985, 「漢語方言分区的幾個問題」『方言』 1985年第2期, 81-88.

Normam, Jerry.1988. Chinese, Cambridge University Press.

Simmons. Richard(史皓元), 石汝傑, 顧黔. 2006. 『江淮淮話与吳語辺界的方言地理学研究 (Chinese Dialect Geography : Distinguishing Mandarin and Wu in Their Boundary Region), 上海敎育出版杜.

項夢冰・曹暉 2005 『漢語方言地理学-入門与実践』, 中國文史出版社.

Zavjalova, O. and E, Astrakhan. 1998. The Linguistic Geography of China. Progressive Report, Vol.1, Grant-in-Aid for Scientific Research (A), 1997-1999, Director : Mitsuaki Endo, *Linguistic Geography & Vultural-Natural Geography in China*.

■일본에서 고안해 낸 글로토그램

井上史雄 1985『關東・東北方言の地理的・年齢的分布 (SF : グロットグラム)』東京外國語大学語学研究所.

江端義夫 2001「日本の社会地理言語学のために」(『山形方言』33. 1-8)

江端義夫 2007「『十年間隔言語地図』を用いた『言語地図年代學』の發見」(『國語教育研究』 48.1-20)

W A. ぐロータース, 1976『日本の方言地理学のために』(平凡杜)園語

國語調査委員会 1905『音韻分布図・音韻調査報告書』(日本書籍)

國語調査委員会 1906『口語法調査報告書・口語法分布図』(國定敎科書共同販賣祈)

國立國語硏究所 1966-75『日本言語地図』(全6卷 大藏省印刷局)

國立國語硏究所 1985『方言の諸相-「日本言語地図」檢証調査報告』(三省堂)

眞田信治 1971「富山県利賀谷におけるアクセントの動態」(『文芸研究』68.39-45)

眞田信治 2002『方言の日本地図-ことばの旅』(講談社＋a新書)

德川宗賢 1993『方言地理学の展開』(ひつじ書房)

都染直也 2007 「グロットグラム作成のための方言調査法-甲南大學での実践例をもとに-」(『甲南大学紀要 文学編』148.1-36)

Guido Oebel (ed.) 2006. *Japanische Beiträge zu Kultur und Sprache.* LINCOM EUROPA Muenchen.

Sanada, Shinji & Daniel Long (eds.) 1997. *Japanese Sociolinguistics Illustrated* AKIYAMA SHOTEN Tokyo.

■방언학-디지털과 상호작용 : 디지털 벤커 언어지도, DiWA

Barbour, Stephen / Patrick Stevenson(1990) : Variation in German. A Critical Approach to German Sociolinguistics. Cambridge : Cambridge Univ. Press.

Bellmann, Günter(1986) : Zweidimensionale Dialektologie. In : Bellmann, Günter(ed.) : Beiträge zur Dialektologie am Mittelrhein. Stuttgart, 1-55.

Deutscher Sprachatlas auf Grund des Sprachatlas des deutschen Reichs(DSA). 1927-1956. By Georg Wenker, begun by Ferdinand Wrede, continued by Walther Mitzka & Bernhard Martin. Marburg.

Digital Wenker Atlas(DiWA). First complete edition of Georg Wenker's "Sprachatlas des Deutschen Reichs"(1888-1923), hand drafted by Emil Maurmann, Geogr Wenker and Ferdinand Wrede. Jürgen Erich Schmidt & Joachim Herrgen(eds.). Executed by Alfred Lameli, Alexandra Lenz,

Jost Nickel & Roland Kehrein, Karl-Heinz Müller, Stefan Rabanus. Marburg.

Herrgen, Joachim(2001) : Die Dialektologie des Deutschem. In : Auroux, Sylvain et al.(eds.) : Geschichte der Sprachwissenschaften. Ein internationales Handbuch zur Entwicklung der Sprachforschung von den Anfängen bis zur Gegenwart. Part 2. Berlin/New York (Handbücher zur Sprach-and Kommunicationswissenschaft 18.2), 1513-1535.

Herrgen, Joachim(2006) : Die Dynamik der modernen Regionalsprachen. In : Gessinger, Joachim/Voeste, Anja(eds.) : Dialekt im Wandel. Perspektiven einer neuen Dialektologie. (OBST 71), 119-142.

Herrgen, Joachim / Jürgen E. Schmidt (to appear) : Sprachdynamik : Eine Einführung in die moderne Regionalsprachenforschung. Berlin : Erich Schmide(Grundlagen der Germanistik).

Lenz, Alexandra N. (2005) : Zur Struktur des westmitteldeutschen Substandards-Dynamik von Varietäten. In : Eggers, Eckhard/Jügen Erich Schmide / Dieter Stellmacher (eds.) : Moderne Dialekte-Nenu Dialektologie. Akten des 1. Kongresses der Internationalen Gesellschaft für Dialektologie des Deutschen (IGDD) am Forchungsinstitut für deutsche Sprache "Deutscher Sprachatlas" der Philipps-Universität Marburg vom 5.-8. März 2003. Stuttgart : Steiner (Zeitschrift für Dialektologie und Linguistik Beiheft 130), 229-252.

Macha, Jürgen (1991) : Der flesible Sprecher. Untersuchungen zu Sprache and Sprachbewußtsein rheinischer Handwerksmeister. Köln.

Marttheier, Klaus J. / Wiesinger, Peter (eds.) : Dialektologie des Deutschen. Forschungsstand und Entwicklungstendenzen. Tübingen(Reihe Germanistische Linguistik. 147), 393-411.

Mittelrheinischer Sprachatlas (MRhSA). 1994-2002. Ed. by Günter Bellmann, Joachim Herrgen and Jürgen E. Schmidt. Tübingen.

Niebaum, Hermann / Macha, Jürgen (1999) : Einführung in die Dialektologie des Deutschen. Tübingen(Genmanistische Arbeitshefte 37).

Rabanus. Stefan (2003) : La geografia linguistica tedesca e la Scuola di Marburg. In : Bollettine dell'Atlante Linguistico Italiano. Ⅲ Series Dispensa 26.

Schmidt, Jürgen Erich (2005) : Sprachdynamik. In : Eggers, Eckhard / Jürgen Erich Schmidt / Dieter Stellmacher(eds.) : Moderne Dialekte - Neue Dialektologie. Akten des 1. Kongresses der Internationalen Gesellschaft für Dialektologie des Deutschen (IGDD) am Forschungsinstitut für deutsche Sprache "Deutscher Sprachatlas" der Philipps-Universität Marburg vom 5.-8. März 2003. Stuttgart : Steiner (Zeitschrift für Dialektologie und Linguistik Beiheft 130), 15-44.

Sprachatlas der Rheinprovinz nördlich der Mosel sowie des Kreises Siegen. 1878. Assembled, conceived and drafted on the basis of systematically collected material from c. 1500 locations by Dr. Georg Wenker. Marburg.

Sprachatlas des deutschen Reichs. Laut-and Formenalas. 1888-1923. By Georg Weaker. 1653 hand-drafted multicoloured maps in the archives of the Research Institute for German Language-Deutscher Sprachatlas in Marburg and in the State Library Prussian Cultural Heritage Foundation in Berlin (2 exemplars).

Sprachatlas von Bayerisch-Schwaben(SBS). 1997-. Ed. by Werner König and Hans Wellmann. Heidelberg.

Südwestdeutscher Sprachatlas. 1989- Ed. by Hugo Steger, Eugen Gabriel and Volker Schupp. Marburg.

Veith, Werner H. (2006a) : Dialect Atlases. In : Brown, Keith et al. (eds.) : Encyclopedia of Language and Linguistics. Second edition. Vol.3, 517-528.

Veith. Werner H. (2006b) : Dialects : Early European Studies. In : Brown, Keith et al. (eds.) : Encyclopedia of Language and Linguistics. Second edition. Vol.3, 540-560.

■영국 지리언어학의 최근 경향-과거와 현재의 연결

Barker, Stephanie et al. 2007. *An Atlas of English Surnames*. Frankfurt : Peter Lang.

Händler, Harald. 1991. "Computational Aspects", in W. Viereck, in collaboration with H. Ramisch. 1991, 9-15.

Händler, Harald and Christian Marx. 1997. "Computational Aspects", in W. Viereck and H. Ramisch. 1997, XII.

Orton, Harold et al. 1962-71. *Survey of English Dialects. The Basic Material*. leeds : E. J. Arnold. [SED]

Orton, Harold et al., *The Linguistic Atlas of England*. London : Croom Helm 1978. [LAE]

Ramisch, Heinrich. 1997. "Dialectological and cartographical features of the *Computer Developed Linguistic Atlas of England* (CLAE)", in Alan R. Thomas, ed. *Issues and Methods in Dialectology*. Bargor : Department of Linguistics, University fo Wales Bangor, 224-233.

Ramisch, Heinich and Wolfgang Viereck. 2006. "Recent Developments in Computer Cartography", in H. Grabes and W. Viereck(eds.), *The Wider Scope of English*. Frankfurt : Peter Lang, 67~78.

Upton, Clive and J. D. A. Widdowson. 2006. *An Atlas English Dialects*. Oxford : OUP (2nd edition).

Viereck, Wolfgang, in collaboration with Heinrich Ramisch. 1991. *The Computer Developen Linguistic Atlas of England 1*. Computational production : Harald Händler, PetromHoffmann, Wolfgang Putschke. Tübingen : Niemeyer. [CLAE 1]

Vierek, Wolfgang and Heinrich Ramisch. 1997. *The Computer Developed Linguistic Atlas of England 2*. Computational production : Harald Händler and Christian Marx. With dialectometrical contributions by : Sheila Embleton, chitsuko Fukushima, Hans Goebl, Harald Händler, Fumio Inoue, Guillaume Schiltz, Alan R. Thomas, Wolfgang Viereck and Eric Wheeler. Tübingen : Niemeyer. [CLAE 2]

Wells, John. 1982. *Accents of English*. Cambridge : CUP(3 vols.).

Wirght, Jhseph. 1898-1905. *The English Dialect Dictionary*. Oxford : Clarendon Press. [EDD]

■카탈로니아어와 스페인어 언어지도의 기술들

Aurrekoetxea, Gotzon. 2004. "El atlas Lingüístico vasco : 20 años de innovación tecnológica", in M.P. Perea, *Dialectologia i recursos informàtics*, Barcelona : PPU, 15~41.

Alvar, Manuel ; A. Llorente & G. Salvador. 1961-1972. *Atlas Lingüístico y Etnográfico de Andalucia* (ALEA). Granada. CSIC.

Alvar, Manuel ; T. Buesa & E. Alvar. 1977-1981. *Atlas Lingüísitco y Etnográfico de Andalucia, Navarra y la Rioja* (ALEANR). Madrid. CSIC.

Alvar, Manuel. 1995. *Atlas Lingüísitco y Etnográfico de Cantabria* (ALECan). Madrid. Arco / Libros.

Baver, Roland & Hans Goebl. 2006. *L'atlante ladino sonoro* (con DVD). Ist Culturale Ladino.

Chambers, J. K. & P. J. Trudgill. 1980. *Dialectology*, Cambrideg : Camnridge Univesity Press.

Corbera, Junma (dir.) 2006. *Arxiu audiovisual dels dialectes catalans de les Illes Valears. Antologia*, Palma de Mallorca : Càtedra Alcover-Moll-Villangómez, Govern de les Illes Balears, Universitat de les Illes Balears.

García Mouton, Pilar & F. Moreno Fernández (dir) *Atlas Lingüístico (y etnográfico) de Castilla-La Mancha*. Universidad de Alcalá(http://www.uah.es/otrosweb/alecman/).

Gimeno Betí, Lluís. 1997. *Atles Lingüístic de la Diòcesi de Tortosa*, Barcelona : Institut d'Estudis Catalans.

Goebl, Hans. 2004. "Presentació de l'atles sonor en el marc de l' Atles lingüístic del ladí dolomítici del diaectes veïns, primera part", in M.P Perea, *Dialectologia i recursos informàtics*, Barcelona : PPU, 89-115.

Gonzàlez, Manuel. 1994. "El atlas lingüístico gallego", in P. Garcia Mouton, *Geolingüística, Trabajos europeos* Madrid : C.S.I.C,.

Griera, Antoni. 1923-1964. *Atlas Lingüístic de Catalunya*(ALC), Barcelona : Institut d'Estudis Catalasn/Ediciones Polígrafa.

Heap, David(dir.) *Altas lingüístico de la península Ibérica*(ALPI)(http://www.alpi.ca/).

Lloret, Maria-Rosa, Perea, Maria-Pilar. 2002. "A report 2. 'The Corpus Oral Dialectal del Català Actual(COD)", *Dialectologia et Geolinguistica*, 10, 59-76.

Navarro Gómez, Pere. 1996. *Atlas lingüístic de la Terra Alta*, Tarragona : Diputació de Tarragona.

Navarro Tomàs, Tomàs. 1962. *Atlas lingüístic de la Península Ibérica* (ALPI), 1, Madrid : Consejo Superior de Investigaciones Científicas.

Perea, Maria-Pilar. 2004. "Nes Techniques and Old Corpora : La flexió verbal en els dialectes catalans(Alcover-Moll, 1929-1932). Systematisation and Mapping of a Morphological Corpus", *Dialectologia et Geolinguistica*, 12, 25-45.

Perea, Maria-Pilar. 2005. *Dades dialectals. Antoni M. Alcover*, Palma de Mallorca : Conselleria d'Educadió i Cultura. Govern de les Illes Balears, (CD-ROM edition).

Perea, Maria-Pilar (to be appeared) "Dedialectalization or the death of a dialect : the case of the Catalan subdialect spoken in the Costa Brava", *Dialectologia et Geolinguistica*, 15.

Veny, Joan & Lídia Pons i Griera. 2001, 2004, 2006. *Atles Lingüístic del Domini Català*, vols. Ⅰ, Ⅱ y Ⅲ, Barcelona : Institut d'Estudis Catalans.

■일본어 방언분포 분석

Onishi Takuichiro(2005) Application of GIS Technology to the Studies in Japanese Dialectology. Twelfth International Conference on Methods in Dialectology, Moncton, Canada.

大西拓一郎(2007), 「方言分布の解明に向けて―原点に帰る言語地理学―」, 『日本語科学』 21 [Onishi, Takuichiro 2007 For the Analysis of the Dialectological Distributions. Nihonkokagaku21]

小林隆(2004), 『方言学的日本語史の方法』(ひつじ書房) [Kobayashi, Takashi. 2004 *The Method of Dialectological Studies in the history of Japanese Language*.]

眞田信治(1979) 『地域語への接近』(秋山書店) [Sanada, Shinji. 1979 *Approach to the Regional Language.*]

柴田武(1969) 『言語地理学の方法』(筑摩書房) [Sibata, Takeshi. 1969 *Methods in Linguistic Geography.*]

新村出(1940), 『東西語法境界線概略』(1993年, 新村山財団複製, 解說：德川宗賢) [Shinmura, Izuru. 1904 *The Boundary Lines between the East and west Japanese on Grammar.*]

ドーザ(1938), 『言語地理学』(松原秀治訳, 富山房, 後年, 改訳：ドーザ(1958), 『フランス言語地理学』(松原秀治・横山紀伊子訳, 大学書林))

東條操(1954), 「序說」, 『日本方言学』(吉川弘文館) [Tojo, Misao. 1954 Prolegomena. *Japanese Dialectology.*]

日本方言研究会編(1964), 『日本の方言区画』(東京堂出版) [Dialectological Circle of Japan (ed.) 1964 *Divisions of Japanese Dialects.*]

馬瀬良雄(1964), 「ある山村地帯での「もんぺ」の方言分布とその解釈」, 『国語學』59(馬瀬(1992)に再錄) [Mase, Yosio. 1964 The Distribution and the Interpretation of the Dialect of 'Monpe' in one Mountain Village. Kokugogaku 59].

馬瀬良雄(1969), 「学区と方言」, 『国語學』77(馬瀬(1992)に再錄) [Mase, Yosio. 1969 School District and Dialects. Kokugogaku 77].

馬瀬良雄(1969), 「言語地理学－歴史・学說・調査法－」, 『国文学解釈と鑑賞』34-8(馬瀬(1992)に再錄) [Mase, Yosio. Geolinguistics. kokubungaku 34：8]

馬瀬良雄(1992), 『方言地理学研究』(桜楓社) [Mase, Yosio. 1992 Studies in Japanese Linguistic Geography.]

柳田國男(1930), 『蝸牛考』(刀江書院) [Yamagita, Kunio. 1930 *'Kagyuukoo' On the Lexicon of Snail.*]

■중국어의 언어지리학(2)-언어지도의 해석

Dauzat, Albert. 1922. La géographie linguistique. Librairie Ernest Flammarion, Paris. [松原・横山 1958 『フランス言語地理学』, 東京, 大學書林.

Gilliéron, Jules and Mario Roques. 1912. Etudes du Géographie Linguistique d'aprés I'Atlas Linguistique de la France. Paris, Librarie Honoré

Champion. [大川・グロータース・佐々木. 1991-1997「ALFによる言語地理学的研究」, 日本方言研究会予稿集 52-57号, 61-64号].

Iwata, Ray. 2000. "The Jianghuai Area as a Core of Linguistic Innovation and Diffusion : A Case of the Kinship Term "ye爺"" In Memory of Professor Li Fang-Kuei : Essays of Linguistic Change and the Chinese Dialects, University of Washington/Academia Shinia, 179-196.

Iwata, Ray. 2006. "Homonymic and Synonymic Collisions in the Northeastern Jiangsu Dialect—On the formation of geographically complementary distributions—" Linguistic Studies in Chinese and its Neighboring Languages : *Fetschrift in Honor of Professor Pang-hsin Ting on His Seventieth Birthday*, 1035-1058.

岩田礼 1995a 「漢語方言史」不連続性－中国言語地理学序説」, 『人文論集』45-2, 静岡大学人文学部, 43-77.

岩田礼 1995b 「漢語方言"祖父""外祖父"稱謂的地理分布-方言地理学在歷史言語學研究上的作用」, 『中国語文』1995年第3期4, 北京, 203-210.

岩田礼 2000. 「現代漢語方言の地理的分布とその通詩的形成」, 『中国における言語地理と人文・自然地理(7)：言語類型地理論シンポジューム論文集』(科研費研究成果報告書, 研究代表者：遠藤光曉), 5-49.

岩田礼 2007. 「方言接觸及混淆形式的産生-論漢語方言"膝蓋"一詞的歷史演變」 Bulletin of Chinese Linguistics, 1.2, 182-212.

馬瀨良雄 1992. 『方言地理学研究』, 東京, 櫻楓社.

馬瀨良雄 1969. 『方言地理学の方法』, 東京, 筑摩書房.

■방언측정 : 이론적 우선 조건, 실제 문제들 그리고 구체적인 적용

ALF : GILLIERON, Jules/EDMONT, Edmond (eds.) : Atlas linguistique de la France, Paris : Champion 1902~1910, 10vols. (reprint : Bologna : Forni 1968)

GOEBL, Hans (1984) : Dialektometrische Studien. Anhand italorlmanischer, Rätoromanischer und galloromanischer Sprachmaterialien aus AIS und ALF [*Dialectometric Studies : based on geolinguistic data taken from the AIS and ALF*], Tübingen : Niemeyer, 1984.

GOEBL, Hans (2003) : Regards dialectométriques sur les données de l'Atlas Linguistique de la France (ALF) : relations quantitatives et structures de profondeur [*Some dialectometric considerations on the data of the ≪Atlas linguistique de la Franc (ALF)≫ : quantitative relations and deep structures*], in : Estudis Romànics XXV, 59-121.

GOEBL, Hans (2005) : La dialectométrie corrélative. Un nouvel outil pour l'étude de l'aménagement dialectal de l'espace par l'homme [*The correlative Dialectometry : a new tool for the study of the dialectal management of space by man*], in : Revue de linguistique romane 69, 321-367.

GOEBL, Hans (2006) : Recent Advances in Salzburg Dialectometry, in : Literary and Linguistic computing 21/4, 411~435.

GOEBL, Hans (2007) : A Bunch of Dialectometric Flowers : a brief Introduction to Dialectometry, in : SMIT, U. / DOLLINGER, St. / HüTTNER, J. / KALTENBÖCK, G./LUTZKY, U. (eds.) : Tracing English through Time. Explorations in Language Variation. In Honour of Herbert SCHENDL on the Occasion of his 65th Birthday, Wien : Braumüller, 133-171.

■방언에서 변화 공간까지 : The "Regionalsparache.de"(REDE) 프로젝트

Digital Wenker Atlas (DiWA). First complete edition of Georg Wenker's "Sprachaltlas Deutschen Reichs" (1888-1923), hand drafted by Emil Maumann, Georg Wenker and Ferdinand Wrede. Jürgen Erich Schmidt & Joachim Herrgen (eds.). Excuted by Alferd Lameli, Alexandra Lenz, Jost Nickel & Roland Kehrein, Karl-Heinz Müller, Stefan Rabanus. Marburg.

Elmentaler, Micheal (2006a) : Sprachlagenspenken im arealen Vergleidh. Vorüberlenungen Zw einem Altas der deutschen Alltagssprache. In : Zeitschrift für Dialektologie und Lingusitik 73, 1-29.

Elmentaler, Michael (2006b) : Dealektgeografie im Wandel : Polystratische Sprachgeografie und variationslinguistisch basierte Areallinguistik. In :

Gessinger, Joachim / Voeste, Anja (eds.) : Dialekt im Wandel. Perspedtiven einer neuen Dialektologe. (OBST 71), 17-31.

Herrgen, Joachim (2001) : Die Dialektologie des Deutschen. In : Auroux, Sylvain et al. (eds.) : Geschichte der Sprachwissenschanften, Ein internationales Handbuch zur Entwicklung der Sprachforschung von den Anfängen bis zur Gegenwart. Part 2. Berlin / New york (handbücher zur Sprach- and Kommunikationswissenschaft 18.2), 1513-1535.

Herrgen, Joachim(2006) : Die Dynamik der modernen Regionalsprachen. In : Gessinger, Joachim / Voeste, Anja (eds.) : Dialekt im Wandel. Perspektiven einer neuen Dialektologei. (OBST 71) 119-142.

Herrgen, Joachim / Jürgen E. Schmidt (to appear) : Sprachdynamik : Eien Einführung in die moderne Regionalsprachenforschung. Berlin : Erich Schmidt (Brundlagen der Germanistik).

Kehrein, Roland (2006) : Regional accent in the German language area - How dialectally do German Police answer emergency calls? In : Hinskens, Frans (ed.) : Language Variation. European Perspectives. Amsterdam / Philadelphia : Benjamins, 83-96.

Kehrein, Roland (to appear) : Regionalakzent und linguistische Variationsspektren im Deuschen, In : Ernst, Peter / Patocka, Franz / Wiesinger, Peter (eds.) : Dialektgeographie der Zukunft. Akten des 2. Kongresses der Internationalen Gesellschaft für Dialektologei des Deutschen (IGDD), Wien, 20.-23. September 2006. Stuttgart : Steiner (Zeitschrift für Dialektologie und Linguistik. Beihefte).

Kehrein, Roland [u.a.] (2005) : Möglichkeiten der computergestützten Regionalsprachenforschung am Beispiel des Digitalen Wenker-Atlas (DiWA) (with A. Lameli and J. Nickel). In : Braungart, Georg [u.a.] (Hrsg.) : Jahrbuch für Computerphilologe 7, 149-170. Availble from <www.computerphilologie.uni-muenchen.de/jg05/kehrein/kehrein.html>.

Lameli, Alfred(2004) : Standard und Substandard. Regionalismen im diachronen Längsschnitt. Stuttgart : Steiner. (Zeitschrift für Dialektologei und

Linguistik. Beicheft 128.)

Lenz, Alexandra N. (2003) Struktur und Dynamik des Substandrds. Eine Strdie zum Westmitteldeutschen(Wittlich/Eifel). Stuttgart : Steiner (Zeitschrift für Dialektologie und Linguistik. Beiheft 125).

Lenz, Alexandra N. (2005) : Zur Struktur des westmitteldeutschen Substandards - Dynamik von Varietäten. In : Eggers, Eckhard / Jürgen Erich Schmidt / Dieter Stellmacher (eds.) : Moderne Dialkete - Neue Dialektologie. Akten des 1. Kongresses der Internationalen Gesellschaft für Dialektologie des Deutschen (IGDD) am Forschungsinstitut für deutsche Sprache "Deustscher Sparchatlas" der Philipps-Universität Marburg vom 5.-8. März 2003. Stuttgart : Steiner (Zeitschrift für Dialektologie und Linguistik. Beiheft 130), 229-252

Mittelrheinischer Sprachatlas (MRhSA). 1994-2002. Ed. by Günter Bellmann, Joachim Herrgen and Jürgen E. Schmidt. Tübingen.

Niebaum, Hermann / Macha, Jürgen (1999) : Einführung in die Dilektologie des Deustchen. Tübingen (Germanistische Arbeitshefte 37)

Schmidt, Jürgen Erich (2005) : Sprachdynamik. In : Eggers, Eckhard / Jürgen Erich Schmidt / Dieter Stellmacher (eds.) : Moderne Dialekte - Neue Diaketologei. Akten des 1. Kongresses der Interationalen Gesellechaft für Dialektologie des Deustchen (IGDD) am Forschungisnstitut für deutsche Sprache "Deutscher Sprachatlas" der Philipps-Universität Marburg vom 5.-8. März 2003. Stuttgart : Steiner (Zeitschrift für Dialektologie und Linguistik Beiheft 130), 15-44.

■언어지도 자료의 분석 : H－탈락의 (사회)언어학적 맥락

Foulkes, Paul and Gerard Docherty, eds. 1999, *Urban Voices*. London : Arnold.

Kolb, Eduard et al. 1979. *Atlas of English Sounds*. Bern : Francke. [AES]

Milroy, James. 1992. "Middle Englich Dialectology". In : Norman Blake, ed. *The Cambridge History of the English Language*, Vol. II, 1066-1476. Cambridge : CUP, 156-206.

Oliphant, T. K.1873. *The Sources of Standard English*. London : Macmillan.

Orton, Harold et al. 1962-71. *Survey of English Dialects. The Basic Material.* Leeds : E. J. Arnold. [SED]

Orton, Harold et al. *The Linguistic Atals of England*. London : Croom Helm 1978. [LAE]

Ramisch, Heinrich. 1989. *The Variation of English in Guernsey/Channel Islands*. Frankfurt : Peter Lang.

Trudgill, Peter. 1983. *On Dialect : Social and Geographical Perspectives*. Oxford : Blackwell.

Upton, Clive and J. D. A. Widdowson. 2006. *An Altas of English Dialects. Oxford* : OUP(2nd edition).

Wells, John. 1982. *Accents of English*. Cambridge : CUP(3 vols.).

Wright, Joseph. 1898-1905. *The English Dialect Dictionary*. Oxford : Clarendon Press. [EDD]

Wright, Joseph. 1905. *The English dialect Grammar*. Oxford : Henry Frowde.

Wyld, Henry. 1936. *A History of Mordern Colloquial English*. Oxford : Blackwell (3rd edition).

■카탈로니아 지리언어학과 새로운 기술 절차

Alcover, Antoni M. & F. de B. Moll. 1929-1933. *Diccionari català - valemcià - balear*, Palma de Mallorca : Moll(http://dcvb.iecat.net/).

Clua, Esteve, M. R Lloret, M. Perea. 2006. "How to exploit a corpus : The experience of the Catalan Corpus Oral Dialectal", in *Proceedings of the 4th International Congress of Dialectologists and Geolinguists*, Riga : Latvian Language Institute, 102-111.

Colón, Germán. 1989. *El español y el catalán, juntos y en contraste*. Barcelona : Ariel.

Goebl, Hans. 2003 "Regards dialectométriques sur les donnés de l'Atlas Linguistique de la France (ALF) : Relations quantitatives er structures de profondeur", *Estudis Romànics*, XXV, 61-117.

Griera, Antoni 1923-1964. *Altas Lingüistic de Catalunya*, Barcelona : Institut d'Estudis Catalans/Ediciones Poligrafa

Perea, Maria-Pilar. 2004. "New Techniques and old corpora : *La Flexió verbal en els dialectes catalans*(Alcover-Moll, 1929-1932). Systematisation and Mapping of a Morphological Corpus", Dialectologia et Geolinguistica, 12, 25-45.

Perea, Maria-Pilar. 2005. *Dades dialectals. Antoni M. Alcover*, Palma de Mallorca : Condelleria d'Educació i Cultura. Govern de les Illes Balears, (CD-ROM edition).

Perea, Maria-Pilar. 2006. "From the notebook to the computer : the systematisation of a dialectal corpus", in *Proceedings of the 4th International Congress of Dialectologists and Geolinguists*, Riga : Latvian Language Institute, 400-412.

Perea, Maria-Pilar. (to be appeared). A new interpretation of dialectal morphological data, 12th International Conference on Methods in Dialectology, 1-5 August 2005, Université de Moncton, New Brunswick, Canada.

찾아보기

지도 차례

표 차례

그림 차례

편역저자 김덕호

경북대학교 대학원 국어국문학과(문학박사)
경북대학교 외래교수 역임
국립국어원 학예연구사 역임
현, 문화체육관광부 학예연구사

저서 『경북방언의 지리언어학』(2002 대한민국학술원 우수도서)
　　　『언어지도의 미래』(2007 문화관광부 우수도서)
　　　『내일을 위한 방언 연구』 외 다수

지리언어학의 동향과 활용

초판 인쇄　2009년 8월 18일
초판 발행　2009년 8월 28일

엮은이　김덕호
펴낸이　이대현
편　집　권분옥
펴낸곳　도서출판 역락
　　　　서울 서초구 반포4동 577-25 문창빌딩 2층
　　　　전화 02-3409-2058, 3409-2060 ㅣ FAX 02-3409-2059
　　　　이메일 youkrack@hanmail.net
　　　　등록 1999년 4월 19일 제303-2002-000014호
ISBN　978-89-5556-727-4 93700

정　가　18,000원

* 잘못된 책은 교환해 드립니다.